MR. Capri-Sun

DIE AUTOBIOGRAPHIE

Dr. Hans-Peter Wild

mit Imre Török und Ansgar Graw

Bibliografische Information der Deutschen Nationalbibliothek
Die Deutsche Nationalbibliothek verzeichnet diese Publikation in der Deutschen Nationalbibliografie. Detaillierte bibliografische Daten sind im Internet über http://dnb.d-nb.de abrufbar.

Für Fragen und Anregungen:
info@finanzbuchverlag.de

1. Auflage 2022

Türkenstraße 89
80799 München
Tel.: 089 651285-0
Fax: 089 652096

Redaktionelle Mitarbeit: Imre Török, Ansgar Graw
Korrektorat: Silvia Kinkel
Umschlaggestaltung: Isabella Dorsch
Umschlagabbildung: © Capri-Sun, Foto von Dr. Hans-Peter Wild: © privat
Bilder im Bildteil: © Helmut R. Schulze Photography International;
© Marc Lang, DROHNEN-LUFTBILDER360
Satz: Melika Mahmoudi, Satzwerk Huber, Germering
Druck: GGP Media GmbH, Pößneck
Printed in Germany

ISBN Print 978-3-95972-637-5
ISBN E-Book (PDF) 978-3-98609-220-7
ISBN E-Book (EPUB, Mobi) 978-3-98609-221-4

Wir produzieren nachhaltig
www.m-vg.de

Weitere Informationen zum Verlag finden Sie unter

www.finanzbuchverlag.de

Beachten Sie auch unsere weiteren Verlage unter www.m-vg.de.

Inhalt

Vorwort zu der Autobiographie von Dr. Hans-Peter Wild

von Dr. Dr. Rainer Zitelmann

In den USA schreiben erfolgreiche Unternehmer häufig Autobiografien – in Deutschland leider sehr selten. Das ist schade, denn im Laufe eines Unternehmerlebens sammelt der Unternehmer viele Erfahrungen, die für jüngere Menschen sehr wertvoll sein können. Zudem motivieren solche Bücher und zeigen eine Alternative auf zu dem üblichen Leben als Angestellter oder Beamter.

Ich habe mich sehr gefreut, dass Hans-Peter Wild diese Autobiografie geschrieben hat. Und ich habe sie selbst förmlich verschlungen. Was kann man aus seinem Leben lernen? Zuerst: Es ist wichtig, sich wirklich große Ziele zu setzen. »... sich immer wieder neue Ziele vorzunehmen und sie zu erreichen, diese Einstellung durchzieht daher nicht nur meine persönlichen Lebenserinnerungen, sondern genauso meinen unternehmerischen Einsatz«, schreibt Wild gleich zu Beginn seines Buches.[1]

Bis ich vor einigen Jahren Hans-Peter Wild durch meinen Freund Theo Müller kennenlernte (beide leben in der Schweiz und sind mehrfache Milliardäre), kannte ich den Namen Wild nicht, aber natürlich kannte ich – so wie meisten Menschen – Capri-Sonne, die ich als Kind gern getrunken habe. Wild gab sich nicht damit zufrieden, in Deutschland erfolgreich zu sein, er wollte die ganze Welt mit seinem Getränk erobern. »Mein Ziel war es schließlich von Anfang an

---

1 S. 17.

gewesen, Capri-Sonne und WILD-Flavors zu Global Playern zu machen. Man muss sich Ziele setzen und darf sie, trotz eventueller Unwägbarkeiten auf der Strecke, nicht aus den Augen verlieren.«[2]

Sein Vater rechnete ihm vor, dass sein Unternehmen, wenn jeder in der damaligen Bundesrepublik nur eine einzige Capri-Sonne im Jahr trinke, 60 Millionen Beutel verkaufen würde. Seine Mitarbeiter hielten solche großen Zahlen für unrealistisch, aber für Wild waren sie zu klein. Sein Ziel war es, jedes Jahr weltweit mehrere Milliarden Capri-Sonnen zu verkaufen – und er hat dieses Ziel, das die meisten Menschen sicherlich als »unrealistisch« oder gar »unmöglich« abgetan hätten, erreicht.

Das hat er mit vielen erfolgreichen Unternehmern gemeinsam. Sam Walton, der mit Wal-Mart das zeitweise größte Unternehmen der Welt gründete, erklärte sein Erfolgsgeheimnis so: »Ich habe mir meine Messlatten immer ziemlich hoch gelegt: Ich habe mir persönlich extrem hohe Ziele gesetzt.« Der legendäre Unternehmer und Milliardär Richard Branson brachte es wie folgt auf den Punkt: »Die Lektion, die ich bei all dem gelernt habe, ist, dass kein Ziel außerhalb der eigenen Reichweite liegt, und selbst das Unmögliche kann möglich werden für Menschen mit Visionen und dem Glauben an sich selbst.«

Hans-Peter Wild ist mit dieser Einstellung also nicht allein. Gewinner leben in der Zukunft. Jeder Unternehmer muss zukunftsorientiert sein. Aber die Richtung, in die er geht, und das Maß seines Erfolgs hängen nicht zuletzt von der Größe seiner Ziele ab. Wild schreibt, dass er eigentlich in der Zukunft lebt: »Mein Denken, mein Engagement, meine Investitionen hatten und haben ferne Ziele im Visier. Es handelt sich dabei um konkrete Ziele, die unsere Zukunft sowohl im Unternehmen selbst als auch darüber hinaus sicherer gestalten sollen.«[3]

---

2 S. 77

3 S. 170.

Was treibt Unternehmer wie Wild an? Ich habe das in meinem Buch *Setze dir größere Ziele!* mit dem Begriff »produktive Unzufriedenheit« bezeichnet. Wild nennt es »constant dissatisfaction«, »wenn ein Unternehmer sich mit dem Erreichten nicht zufriedengibt, sondern stets auf der Suche nach neuen Herausforderungen ist«.[4] Denn sobald ein Unternehmer zufrieden ist mit dem, was erreicht hat, hört er auf, besser werden zu wollen.

Der Ökonom Joseph Schumpeter hat die Psychologie des Unternehmers mit diesen Worten charakterisiert: Derjenige, der etwas »Neues und Ungewohntes« tun wolle, habe nicht nur mit äußeren Widerständen zu rechnen, »sondern auch solche in seinem eigenen Inneren zu überwinden«. Der von Schumpeter beschriebene Typus des Unternehmers schwimmt »gegen den Strom«. »Die Tatsache, dass etwas noch nicht getan wurde, wird von ihm nicht als Gegengrund empfunden. Jene Hemmungen, die für die Wirtschaftssubjekte sonst feste Schranken ihres Verhaltens bilden, fühlt er nicht.« Wer dieses Buch liest, wird zahllose Beispiele finden, wie sehr diese Beschreibung auf Wild zutrifft.

Vor allem zeigt sein Buch eines: Entscheidend für den unternehmerischen Erfolg ist die Kombination von Ausdauer und Experimentierfreudigkeit. Ausdauer ist wichtig, aber sie führt zu nichts, wenn sie sich nicht mit der Freude am Experimentieren verbindet.

Mich erinnerten die Schilderungen, wie schwierig es war, das Produkt Capri-Sun zu entwickeln, an die faszinierende Geschichte von McDonald's. Vielleicht kennen Sie den Hintergrund des amerikanischen Unternehmens nicht, und daher möchte ich Ihnen etwas ausführlicher davon erzählen, denn wenn Sie in diesem Buch über die Entwicklung des Produktes Capri-Sun lesen, werden Sie viele Parallelen entdecken – hinsichtlich der Experimentierfreudigkeit und dem Sinn für scheinbare Details, die aber am Ende entscheidend für Erfolg oder Misserfolg eines Produktes sind.

---

4 S. 122.

Selbst für die richtige Zubereitung von Pommes frites, ein Thema, über das sich zuvor kaum jemand den Kopf zerbrochen hatte, entwickelte Ray Kroc, der Mann, der McDonald's groß machte, ein geradezu wissenschaftliches Interesse. In den ersten drei Jahrzehnten von McDonald's gab das Unternehmen mehr als 3 Millionen Dollar für die Erforschung und Verbesserung der Zubereitung von Pommes frites aus.

Die McDonald's-Leute fanden beispielsweise heraus, dass die Qualität der Pommes entscheidend von dem Stärkegehalt der verwendeten Kartoffeln abhing, der 21 Prozent betragen musste. Ray Kroc schickte Spezialisten zu den Kartoffellieferanten, die mit einem merkwürdigen Gerät – einem Hydrometer – den Stärkegehalt der Kartoffeln maßen. Der Anblick der McDonald's-Spezialisten mit ihren Hydrometern verschlug so manchem Kartoffelbauern die Sprache. Dass jemand bei ihnen auftauchte, um ihre Kartoffeln eingehenden Tests zu unterziehen, das hatten sie noch nicht erlebt.

Doch Kroc gab sich noch immer nicht zufrieden. Er ließ nachfragen, wie die Kartoffeln gelagert wurden, und bekam einen Schreck, als er hörte, dass die meisten Lieferanten die Erdknollen in künstlichen, mit Torfsoden ausgelegten Höhlen lagerten. Also begann er, sich nach Verarbeitungsfirmen umzusehen, die bereit waren, in eine moderne Lagerhaltung mit automatischer Temperaturkontrolle zu investieren.

Damit jedoch nicht genug. Mit wissenschaftlicher Genauigkeit ließ er den Frittierprozess in den Restaurants analysieren und Verbesserungsmöglichkeiten ausarbeiten. Der Ehemann von Krocs Sekretärin, der früher als Elektroingenieur für Motorola gearbeitet und dann zusammen mit seiner Frau ein McDonald's-Restaurant eröffnet hatte, studierte das Frittierverfahren für die Pommes mehrere Monate lang im Keller seines Restaurants. Schließlich gelangte er zu der Überzeugung, dass McDonald's ein eigenes Forschungslabor benötigte, denn trotz aller Verbesserungen blieb die Qualität der Pommes unterschiedlich – und dies wollte Kroc nicht dulden. Kroc stimmte schließlich dem Vorschlag zu, ein kleines Laboratorium einzurichten.

Die Geschichte von Wild hat mich immer wieder an die von Ray Kroc erinnert. Wild hat sein Unternehmen nicht gegründet, sondern es von seinem Vater übernommen. Und Ray Kroc übernahm das Unternehmen von den Gebrüdern McDonald's. Aber Wild und Kroc machten aus kleinen, mittelständischen Firmen Weltkonzerne – weil sie größer dachten als die Gründer der Unternehmen.

Eine Capri-Sun oder eine Portion Pommes scheinen einfache Dinge zu sein. Man ahnt gar nicht, wie schwierig es ist, ein solches Produkt für den Weltmarkt zu perfektionieren, wie viele Schwierigkeiten und Rückschläge überwunden werden müssen. Das gelingt nur, wenn der Unternehmer die erwähnte Freude am Experimentieren hat. Tatsächlich trifft es auf Hans-Peter Wild zu, dass er für Neues, für Experimentelles stets aufgeschlossen war und ist. Etwa alle fünf Jahre etwas kreativ bedeutend Neues anzufangen, ohne dabei Erfahrungsgrundlagen außer Acht zu lassen, diese Einstellung hat wesentlich dazu beigetragen, dass er seine zwei weltweit agierenden Konzerne etablieren und ausbauen konnte. Zuerst gelang es ihm, mit Capri-Sun die Weltmärkte zu erobern, danach mit seinem zweiten Unternehmen WILD Flavors.

Nur wer groß denkt, erreicht auch große Ziele. Groß denken heißt für Wild vor allem, global denken. Anfang der 1960er-Jahre war das Unternehmen noch stark auf den deutschen Markt fokussiert. Doch schon früh reifte in Hans-Peter Wild der Entschluss, weltweit zu expandieren. Er eroberte ein Land nach dem anderen. 1994 errang Capri-Sun in Kooperation mit Kraft General Food auch in den USA die Marktführerschaft bei flexibel verpackten fruchthaltigen Getränken. »Ein Vierteljahrhundert nach dem Produktionsstart in Heidelberg war somit der sonst umgekehrt übliche Weg auf dem Getränkemarkt geschafft. Die Überraschung war perfekt: Ein Erfrischungsgetränk aus Deutschland hatte den amerikanischen Markt erobert.«[5]

Das wäre nicht möglich gewesen, wenn Wild sich nicht der Bedeutung des Marketings bewusst gewesen wäre. In meiner Disser-

---

5 S. 112.

tation über die *Psychologie der Superreichen*, die Wild mehrfach zitiert und an der er auch selbst mitgewirkt hat, hebe ich die Bedeutung verkäuferischer Fähigkeiten hervor. Charakteristisch ist auch hier wieder, dass Wild keine Angst vor dem scheinbar »Unmöglichen« hatte. Für eine weltweite Expansion brauchte er einen Werbeträger, der weltweit bekannt war. In einer Sitzung mit den Mitarbeitern ging er die Namen von weltweit Prominenten durch, und Wild sagte scherzhaft, dass der Papst seine erste Wahl wäre, aber leider nicht in Frage käme. Das gleiche gelte wohl für den Schwergewichts-Boxweltmeister Muhammad Ali. »Aber im selben Moment, als ich in unserer Sitzung von der schieren Unmöglichkeit sprach, diesen weltbekannten Sportler für uns zu gewinnen, setzte sich in meinem Kopf die Idee fest, ›den größten Champion aller Zeiten‹ zu engagieren.«[6]

Später hat Ali für viele Produkte Werbung gemacht, aber zu diesem Zeitpunkt hatte er noch nie einen Werbevertrag unterzeichnet. Das *Handelsblatt* staunte, Wild habe »der gesamten internationalen Werbeelite den wohl zur Zeit zugkräftigsten Werbeträger vor der Nase weggeschnappt«.

Diese Geschichte ist nicht nur interessant, weil sie zeigt, wie sehr Wild sich der Bedeutung des Marketings bewusst war. Vor allem dokumentiert sie eine Einstellung, die einst schon der legendäre Unternehmer Henry Ford formulierte: »Ob du denkst, du kannst es, oder du kannst es nicht: Du wirst auf jeden Fall recht behalten.«

Larry Page, der Erfinder von Google, sagte, man dürfte sich »nie vom Unmöglichen einschüchtern lassen«. Deshalb sollten wir vorsichtig sein, ein Ziel oder einen Herzenswunsch vorschnell als »unmöglich« zu klassifizieren. Denn wenn wir das einmal getan haben, beginnt ein gefährlicher Automatismus: Wir beginnen, all jene Gründe zu sammeln, die belegen können, warum es nicht geht.

Wild hätte es sich einfach machen, sich ins gemachte Nest setzen und die Firma seines Vaters übernehmen können. Doch genau das

---

6 S. 123.

tat er nicht. Er heuerte bei einem Unternehmen aus einer ganz anderen Branche an und wurde dort nach sechs Wochen zum Geschäftsführer befördert. Das ist natürlich sehr ungewöhnlich, beweist aber neben seinen Fähigkeiten vor allem eines: Wild ist jemand, dem Menschen schnell vertrauen.

Vertrauen ist im Geschäftsleben entscheidend. Niemand anderes als John D. Rockefeller, einer der reichsten Männer der Geschichte, hat die Bedeutung des Vertrauens immer wieder betont. Ein Schlüsselerlebnis für den jungen Rockefeller war, als er nach Gründung seiner ersten Firma bemerkte, dass auch »ältere Männer mir sofort Vertrauen entgegenbrachten«. »Meinen Erfolg im Leben verdanke ich vor allem meinem Vertrauen in Menschen und meiner Fähigkeit, in anderen Menschen Vertrauen zu mir zu wecken«, so Rockefeller. Menschen, die das Vertrauen anderer Menschen gewinnen, schenken auch selbst anderen Menschen schnell ihr Vertrauen.

In diesem Zusammenhang erinnere ich mich, wie ich Hans-Peter Wild kennenlernte: Ich schrieb an meiner zweiten Doktorarbeit »Psychologie der Superreichen« und interviewte dafür 45 vermögende Menschen. Er war einer davon. Ich besuchte ihn in Zug und legte ihm zu Beginn des Gespräches eine Vereinbarung vor, in der ich zusagte, seinen Namen nicht in dem Buch zu nennen und er mir erlaubte, aus unserem Interview (anonym) zu zitieren. Als ich mein Aufnahmegerät einschalten wollte, intervenierte er strikt: »Nein, also das kommt auf gar keinen Fall in Frage, dass Sie das aufnehmen. Sie können sich ein paar Notizen machen, aber das Gerät bleibt aus.« Punkt. Das war eindeutig und ließ scheinbar keinen Widerspruch zu. Ich holte Luft, denn ich war den weiten Weg angereist und ohne Tonbandaufnahme (wie bei allen anderen Interviewpartnern), wäre es nicht möglich gewesen, ihn als Interviewpartner mit wörtlichen Zitaten einzubeziehen. Ich schaute ihm in die Augen und zeigte ihm an einem Beispiel, wie in den Transkriptionen sogar die Namen und andere Dinge, die auf den Gesprächspartner schließen lassen, geschwärzt werden. Nach fünf Minuten meinte er: »Okay, machen Sie das Ding an.«

Als ich nach Hause fuhr, berichtete ich meiner Freundin stolz: »Heute habe ich einen mehrfachen Milliardär bezwungen.« Ich muss dazu sagen, dass ich immer etwas stolz bin, wenn ich ein »Nein« in ein »Ja« umwandeln kann – besonders, wenn es sehr starke Persönlichkeiten sind, bei denen mir das gelingt. Aber ich lag falsch. Ich hatte Wild nicht »bezwungen«. Ich hatte in diesen fünf Minuten durch meine Art zu reden und ihn anzuschauen, sein Vertrauen gewonnen.

»Wer nicht genügend vertraut, wird kein Vertrauen finden«, sagte Laotse, der chinesische Philosoph. Und in der Tat: Menschen, die überaus misstrauisch sind und Probleme damit haben, anderen ihr Vertrauen zu schenken, haben es selbst schwer, das Vertrauen ihrer Mitmenschen zu gewinnen. Ein Grund dafür ist, dass viele Menschen unbewusst davon ausgehen: Wer seinen Mitmenschen misstraut, projiziert damit häufig nur seine eigenen Denk- und Verhaltensweisen auf andere. Weil er es selbst mit der Wahrheit nicht so genau nimmt, sieht er überall unehrliche Menschen und Schwindler am Werk. Eine grundsätzlich misstrauische Haltung wird also von anderen Menschen als Indiz dafür gewertet, dass man selbst kein Vertrauen verdient. Und ein Mensch, der – wie Wild – jemandem wie mir in fünf Minuten vertraut, ist auch ein Mensch, dem seine Geschäftspartner schnell vertrauen. Nur so lässt sich verstehen, dass er sechs Wochen, nachdem er als Assistent begonnen hatte, Geschäftsführer wurde.

Noch etwas ist mir aus dem Gespräch mit ihm in Erinnerung geblieben: Als ich das Wort »Reiche« verwendete, sagte Wild: »So reich bin ich ja nun auch wieder nicht. Da gibt es ganz andere, wie einen Warren Buffett.« Er verwies darauf, dass es laut der *Forbes*-Liste der reichsten Menschen der Welt über 600 andere gab, die reicher seien als er. Ich hielt das erst für Koketterie, aber das war es nicht: In diesen Vermögenskategorien orientiert man sich »nach oben«.

Wild beschreibt, wie er immer wieder Nachteile in Vorteile zu verwandeln verstand. So gab es beispielsweise keine geeigneten Abfüllmaschinen für die Capri-Sonne-Getränkebeutel. Und es gab auch keinen Maschinenbauer, der ein solches Gerät herstellen konnte. Andere hätten sich davon abhalten lassen. Wild wurde selbst zum Maschinenbauer und sicherte sich damit einen Vorsprung, denn niemand konnte seine Idee so einfach kopieren, weil ihm dafür die Maschinen fehlten. Ein Kernsatz des berühmten Buches von Napoleon Hill, *Denke nach und werde reich*, lautet: »Jeder Misserfolg trägt für den, der von sich und seinem Ziel überzeugt ist und in seinen Bemühungen nicht nachlässt, den Keim eines weit größeren Erfolgs in sich!« Beispiele dafür finden Sie viele in diesem Buch – aber ich will sie in diesem Vorwort nicht verraten, um Ihnen nicht die Spannung beim Lesen zu nehmen.

Man kann dieses Buch auf zweierlei Art lesen: Es liest sich unterhaltsam, und Sie werden bestimmt Freude bei der Lektüre haben, manchmal schmunzeln und noch öfter staunen. Wenn Sie aber den vollen Gewinn aus dem Buch ziehen wollen, dann schreiben Sie sich die Lehren heraus, die Sie für sich ziehen können. Wenn Sie bereits Unternehmer sind, dann werden Sie eine Menge bei der Lektüre lernen. Und wenn Sie noch kein Unternehmer sind, dann werden Sie vielleicht Lust bekommen, einer zu werden.

Dr. Dr. Rainer Zitelmann, Autor des Buches *Setze dir größere Ziele!*

EINLEITUNG

Warum diese Autobiographie?

Warum dieses Buch? Das haben mich in den Monaten, in denen ich an dem Manuskript arbeitete, viele Freunde, Bekannte und Geschäftspartner gefragt. Hier ist meine Antwort: Eine bloße Darstellung der Ereignisse in meinem Leben reicht mir als Anliegen nicht. Auch meine Weltmarke bedarf keiner ausführlichen Würdigung in dieser Form. Erfolge allein wären mir keine ausreichende Motivation für diese Rückschau gewesen. Es gibt gewichtigere Gründe, warum es mir sinnvoll erscheint, einige Erinnerungen an meine unternehmerische Laufbahn und an die wichtigsten Stationen meines Lebens aufzuschreiben.

Das Leben eines Menschen, eines Unternehmers ist selbst dann, wenn er es zu einem Weltkonzern gebracht hat, keine durchgängige Erfolgsstory. Selbstverständlich kommt es im Lauf der Jahre und Jahrzehnte zu Fehleinschätzungen, zu Missgeschicken, zu Rückschlägen. Auch mir sind Fehler unterlaufen. Meine Einstellung in solchen Situationen aber war und ist stets die gleiche: Aus Niederlagen kann man mindestens so viel lernen wie aus den Erfolgen – und mitunter sogar mehr.

Darum will ich hier einerseits meine privaten wie unternehmerischen Lebenserfahrungen offenbaren, gewissermaßen den Horizont eines Mannes darlegen, der Mitte 2021 im kleinen Kreis seinen

80. Geburtstag feiern durfte. Und ich will andererseits vermitteln, was ich an welcher Weggabelung, aus welchem Sieg oder welcher Niederlage gelernt habe, damit andere Menschen, meine Leserinnen und Leser, für sich ihre Erkenntnisse daraus ziehen können. Und selbstverständlich soll meine Vita – auch das ist ein Ziel – mit ihren überraschenden und spektakulären Momenten unterhalten.

Geboren in den letzten, furchtbaren Jahren des Zweiten Weltkriegs, habe ich als gebürtiger Heidelberger vor über drei Jahrzehnten Deutschland verlassen. Seither lebe ich in der Schweiz und habe inzwischen die Schweizer Staatsbürgerschaft. Ich schätze dieses innovationsfreundliche Land, das (trotz kantonaler Unterschiede) insgesamt weniger bürokratisiert ist als Deutschland und mir von Beginn an die Möglichkeit eröffnet hat, weltweit unternehmerisch tätig zu sein. In gewisser Weise bin ich nicht ausgewandert, sondern heimgekehrt in das Land, aus dem ich familiär stamme. Aber dazu später mehr.

Als ich meine Studien in Jura und Betriebswirtschaft in Deutschland erfolgreich abgeschlossen hatte, hätte ich nie zu träumen gewagt, dass ich zwei weltweit agierende Konzerne in der Nahrungsmittel- und Getränkebranche aufbauen und dadurch viele Arbeitsplätze schaffen, aber auch persönlichen Wohlstand bilden würde. In wissenschaftlichen Studien und in Publikationen im Internet stößt man auf den Hinweis, dass neun von zehn der wohlhabendsten Menschen der Welt ihren Status durch die Gründung und den Aufbau eines eigenen Unternehmens erlangt haben. Zu diesen Top Ten gehöre ich nicht. Ich habe das Unternehmen nicht gegründet. Dennoch habe ich meinen Wohlstand durch meine Arbeit und die Führung meiner Unternehmen in die Reihe der Weltkonzerne erworben. Ich hatte das Glück, 1974 in einen von meinen Eltern aufgebauten kleinen, aber innovativen Betrieb einzusteigen, der unter meiner Führung dann die Basis für zwei global agierende Unternehmen wurde: Capri-Sun und WILD Flavors.

Ich will in meinem Buch am Beispiel meiner Person zeigen, welche Eigenschaften und welche Initiativen jeden Menschen befähigen können, Herausforderungen zu stemmen und im günstigen Fall auch große Erfolge zu erzielen.

Was also hat mich auf meinem langen und wechselvollen Lebensweg geprägt und mich zu dem Menschen gemacht, der ich bin? Wie ausschlaggebend war bei meinen Unternehmungen, dass ich neugierig geblieben bin, mein Wissen ständig erweitert habe und bereit blieb, immer noch etwas Neues zu lernen? Welcher Unternehmergeist, welche praktizierten Einstellungen im Geschäftsleben weisen uns Wege in die Zukunft? Die Beantwortung solcher Fragen steht im Mittelpunkt dieses Buches.

Mit meinen Ausführungen will ich keineswegs nur die erfahrene Businesswelt ansprechen. Vielmehr soll für eine breite Öffentlichkeit ein realistisches Gesamtbild entstehen. Ich möchte insbesondere junge Leser erreichen – ihre Generation wird schließlich die kommenden Jahrzehnte gestalten und sich den großen Herausforderungen stellen müssen. »Habt Mut«, rufe ich den jungen Leuten zu. Und, ohne belehrend klingen zu wollen: »Lernt! Wann immer und was immer ihr könnt!«

Lebenslanges Lernen und zeitgemäßes, junges Denken haben in ihrer Wechselwirkung die Jahrzehnte meines beruflichen Weges bestimmt. Die Fähigkeit und Bereitschaft dazu bleiben wohl unverzichtbar in unserer modernen, von der Digitalisierung geprägten Welt.

Aufgewachsen bin ich in einer von althergebrachten Traditionen beeinflussten Zeit. Aber die Begeisterung für Neues bestimmt bis heute mein unternehmerisches und privates Denken und Handeln. Auch Eigenschaften wie meine Dankbarkeit (ich finde, man kann nicht häufig genug »Danke« sagen!) oder mein Grundvertrauen wurzeln in der Kindheit. Und später haben viele einschneidende, manchmal brisante Lebenssituationen diese Charaktereigenschaften noch weiter verstärkt. Ehrlichkeit, Pflichtbewusstsein oder die Aufgeschlossenheit für innovative Ideen zählen ebenfalls zu herausragenden Werten, die ich bereits durch meine Eltern zu befolgen gelernt habe. Auch die Grundlagen für meine Sportbegeisterung wurden in früher Jugend gelegt. Als Sportler habe ich gelernt, wie bedeutsam

Fairness im Wettkampf ist – neben Durchhaltevermögen, Training und Disziplin. Dieser sportliche Geist, sich immer wieder neue Ziele vorzunehmen und sie zu erreichen, diese Einstellung durchzieht daher nicht nur meine persönlichen Lebenserinnerungen, sondern genauso meinen unternehmerischen Einsatz.

Ich war immer ein weltoffener Mensch, interessiert an Besonderheiten in anderen Ländern und Kulturen. Dabei habe ich die gegenseitige Notwendigkeit von Verständnis und Toleranz erfahren. Bedeutsam ist in jeder Zeit die Integration neuer Einflüsse und Erfahrung statt Ignoranz ihnen gegenüber. Rückblicke, zukunftsbezogene Gegenwart und weitreichende Ausschau ergänzen sich. Wie dieser Zusammenhang hergestellt wird und warum die unterschiedlichen Perspektiven, ebenso die Höhen wie die Tiefen in einem langen Leben, zu einer gemeinsamen Lernerfahrung führen, will ich in diesem Buch anhand der Stationen meines Werdegangs zeigen.

Die Zukunftsorientiertheit meines unternehmerischen Denkens und Engagements finden sich in den Ausführungen über die Historie und Entwicklung meiner beiden Unternehmen wieder. Anmerkungen über meine Fördertätigkeit und Investitionen in unterschiedlichen Bereichen wie Sport, Kunst und insbesondere in der wissenschaftlichen Forschung sollen meine Autobiographie abrunden.

Ich möchte zeigen, dass das Merkmal »all natural« als Leitmotiv und zugleich als praktizierte Wissenschaft mein Leben und das Unternehmen von Anfang an und über 90 Jahre lang bestimmt hat. Unter meiner Leitung haben sich die von meinem Vater gegründeten WILD-Werke zu einem international führenden Produzenten von rein natürlichen Grundstoffen für die gesamte Lebensmittel- und Getränkeindustrie entwickelt. »Capri-Sonne«, die inzwischen weltweit unter dem Namen »Capri-Sun« angeboten wird, ist vom Ursprung her ein WILD-Produkt, das nach seiner Einführung schnell zu einem Markengetränk avanciert ist. Es ist von mir in eine globale Position unter den Erfrischungsgetränken geführt worden.

Nach wie vor beschäftige ich mich intensiv mit jenen Aufgabenstellungen, die in unserem noch recht jungen Jahrtausend uns Menschen in den unterschiedlichen Regionen der Erde noch lange begleiten werden. Überall warten Problemfelder, die in den kommenden Jahrzehnten angenommen und gelöst werden müssen. Die wissenschaftliche Forschung leistet einen bedeutenden Beitrag bei den Problemlösungen, weshalb ich sie weiter mit Interesse begleiten und fördern möchte.

Eine mir nahestehende Person, die mich seit Langem gut kennt, hat mich einmal so charakterisiert: »He does not expect more of others than he expects of himself.« Ich stelle nicht größere Erwartungen an andere als an mich selbst. Und in diesem Sinn ist *Mr. Capri-Sun* Resümee und zugleich Blick nach vorn. Mein Fazit umfasst mehr als meine spannenden Abenteuer rund um den Globus, mehr als mein unternehmerisches Engagement, mit dem ich ein Fruchtsaftgetränk in einer einzigartigen Verpackung zu einer Kult- und Weltmarke gemacht habe. Ich erkläre anhand meiner Erfahrungen, welche Rolle zielgerichtetes Lernen, intrinsische Motivation, Innovationskraft und andere Charaktereigenschaften im unternehmerischen Denken und Handeln spielen. Über einige Lebensereignisse und last but not least Prägungen und Eigenschaften, deren Auswirkung ich in der Businesswelt grundsätzlich für bedeutsam ansehe, berichte ich hier zum ersten Mal. Von ihnen ausgehend soll dieses Buch nicht nur Rückblicke erlauben, sondern auch Ausblicke bieten.

TEIL I

Rückblicke, Ausblicke

SUMMARY TEIL I

Der erste Hauptteil der Autobiographie handelt von meiner Kindheit im Haus meiner Eltern im kurpfälzischen Eppelheim, von der Schulzeit in Heidelberg und von der Herkunft der Familie Wild. Er erzählt von meinen Lernerfahrungen an diversen europäischen Universitäten und von den Universitätsabschlüssen in BWL und Jura. Abschließend beschreibt dieser Teil meinen Einstieg ins Berufsleben in Norddeutschland, meine Rückkehr in das Familienunternehmen in Eppelheim sowie die nachfolgende Verlegung meines privaten und unternehmerischen Lebensmittelpunkts in die Schweiz.

KAPITEL 1

Kindheit

Es sind vor allem Charaktereigenschaften, die unser Leben prägen. Außerdem Zufälle – und mitunter Schlüsselerlebnisse. Wenn ich heute als »Mr. Capri-Sun« bezeichnet werde, dann ist das für mich eine Auszeichnung, weil sie mich mit dem in der Öffentlichkeit bekannteren von jenen zwei Weltkonzernen assoziiert, die ich aus dem mittelständischen Erbe meiner Eltern aufgebaut habe. Dass ich so genannt werde und überhaupt diesen Lebensweg eingeschlagen habe, hat nach meiner Überzeugung mit einem Erlebnis in meiner Kindheit zu tun, an das ich mich – obwohl es bereits ein Dreivierteljahrhundert zurückliegt – noch äußerst lebendig erinnere.

Da stand dieser freundliche Mann, hielt mir in seiner Hand ein seltsamfarbenes Ding entgegen, und ich starrte es für einen Moment an. Ohh, dachte ich. Wunderschön! Unbekannt! Und der verlockende Duft! »Eine Orange«, sagte der Mann, zu dem Mama mich mitgenommen hatte. »Nimm ruhig, bitte schön!« – »Vielen Dank«, antwortete ich artig. Und fügte mit kindlichem Selbstbewusstsein hinzu: »Ich möchte bitte zwei.« Der Mann sah mich, den Knirps, mit erstaunt fragendem Blick an. »Die zweite Orange ist für meinen kleinen Bruder zu Hause«, sagte ich.

Das war in Bayern und der Mann ein Geschäftspartner meiner Mutter, damals, kurz vor Kriegsende, als mein Vater noch nicht wieder daheim war. Er mag ein schlechtes Gewissen gehabt haben, weil sich eine Stunde zuvor auf dem Weg zu seinem Haus sein Schäferhund von der Kette gerissen und mich von hinten in die Wade gebissen hatte. Es zwar keine schlimme Bisswunde entstanden, doch musste ich die Zähne vor Schmerz tapfer zusammenbeißen.

Immerhin lenkte mich ab, was ich auf dem Hof des Mannes zu sehen bekam: Da war erst auf dem Speicher dieser riesige Vorrat an Schnapsflaschen. Der Inhalt interessierte mich nicht, aber der matte Schein dieses Lagers mit dem Glas im Halbdunkel war faszinierend. Und dann, nachdem die Erwachsenen ihre geschäftlichen Dinge erledigt hatten: diese Orange. Ein Objekt wie aus einer anderen Welt! Ein Zauber, der in das Grau der Nachkriegszeit einbrach!

Heutzutage ist die süße Zitrusfrucht, auch Apfelsine genannt, längst nichts Besonderes mehr. Aus zentralen Regionen Asiens stammend, holt man die *Citrus sinensis*, wie ihr botanischer Fachbegriff lautet, netzweise aus dem Supermarkt. Man lässt sich in einem Café, in einem Restaurant ein Glas frisch gepressten Orangensaft bringen. In mir ist jedoch nach wie vor jene Faszination lebendig, die ich als Kind erlebt habe. Ob ich wirklich »Ohh« gedacht habe beim Anblick des herrlichen Obstes, weiß ich natürlich nicht mehr, aber mein Empfinden entsprach ganz sicher diesem Laut. So wie der Vokal sich im O-Saft wiederfindet. Und vielleicht war es dieses Neue, dieses Unbekannte, dieser Fingerzeig in eine kommende Zeit, der mich beruflich prägen sollte. Es begann mit diesem auch in der Erinnerung noch beglückenden Erlebnis, und später sollte ich den Saft aus jenem Obst – und bald viele weitere Geschmacksrichtungen dazu – gemeinsam mit meinem Vater in einer damals revolutionären Verpackung in den Handel und schließlich, schon unter meiner eigenen unternehmerischen Verantwortung, auf den globalen Markt bringen: die Capri-Sonne. Heute: die Capri-Sun. Weltweit! Darum bin ich also Mr. Capri-Sun.

Den Namen empfinde ich als Anerkennung meines unternehmerischen Lebensweges. Die reife, saftige Frucht wird bis heute abgebildet auf dem berühmtesten Trinkbeutel der Welt, der es inzwischen nicht nur in nahezu alle Länder der Welt, sondern gar bis in den Weltraum geschafft hat. Dazu später mehr.

Als ich im Juni 1941 in Eppelheim vor den Toren Heidelbergs geboren wurde, stand die Welt in Flammen. Allerorts wütete der unmenschliche, zerstörerische Krieg, sechs Tage nach meiner Geburt begann unter der Bezeichnung »Unternehmen Barbarossa« der Feldzug der deutschen Wehrmacht gegen Russland – der Anfang vom Ende, das gleichwohl noch fast vier blutige Jahre, bis zur Kapitulation im Mai 1945, auf sich warten ließ. Um dann, endlich, die Chance auf einen Neubeginn zu bieten. Meine fürsorgliche Mutter und der Umstand, dass Heidelberg, der Ort meiner Kindheit, von Kriegshandlungen weitgehend verschont blieb, sorgten dafür, dass ich anders als viele meiner Altersgenossen eine weitgehend friedliche, umsorgte Kindheit erleben durfte. Und doch habe ich im Kindesalter bereits erfahren, was Krieg bedeutet.

In jenen letzten Jahren des Zweiten Weltkriegs wohnten wir als Familie allein. Meine Mutter Leonie, mein Bruder Rainer, der sich zwei Jahre nach meiner Geburt zu uns gesellte, und unser Dobermann Zeus tauchen in meinen frühen Kindheitserinnerungen auf. Auch mein Vater. Doch er musste weniger als ein Jahr nach meiner Geburt die Uniform anziehen, und so nahm unser Familienleben zunächst ohne ihn seinen Lauf, in unserem Wohnhaus direkt neben dem weiten Werksgelände in Eppelheim.

Manches überlagert sich im Rückblick leicht. Meine eigenen Erinnerungen und das, was mir meine Eltern später über meine Kindheitsjahre erzählt haben, ist im Laufe der Jahre miteinander verwachsen. Die bunte Intensität, die vielfältige Leuchtkraft der frühen Bilder begleiten einen Menschen auch im Alter. Ebenso verhält es sich mit den Lernerfahrungen und Motivationen, die im Laufe des Lebens an Tiefe gewinnen und oft auf den Grunderfahrungen des ersten Lebensabschnitts basieren.

Ich sehe das gewinnende Lächeln meiner Mutter. Eine einfühlsame, tapfere Frau, die trotz ihrer Doppelbelastung mit Familie und Fabrik meinem kleinen Bruder und mir eine behütete Kindheit bot. Und auch in meinen späteren Jahren als Schulkind, als Jugendlicher, als Heranwachsender war ich in meinem Elternhaus keiner übertriebenen Strenge oder gar Ungerechtigkeit ausgesetzt. Nur wenn meine Mutter mich als »Hans-Peter« rief und dabei das »Peeeter« arg in die Länge zog, wusste ich, dass ich etwas Dummes angestellt hatte und der Haussegen nun schief hing.

Wir hatten einen weitläufigen Garten, und er wurde ebenso zu meinem Spielplatz wie das Gelände und die Fabrikräume des von meinen Eltern 1931 gegründeten Zick-Zack-Werkes. In jenen Jahren entstanden auf der Gemarkung des einst landwirtschaftlich und handwerklich geprägten Eppelheim zunehmend kleine und mittelständische Gewerbebetriebe, so auch die aufstrebende Firma meines Vaters, die der Jungunternehmer ursprünglich in Heidelberg gegründet hatte. Nach dem Erwerb eines größeren Geländes im benachbarten Eppelheim, auf dem sich die Ruinen einer ausgebrannten Glasfabrik befanden, begann er dort 1937 die Produktion auf- und auszubauen. Erst der von Adolf Hitler entfesselte Weltkrieg zwang meinen Vater zur Unterbrechung seiner unternehmerischen Tätigkeit. Im März 1942 wurde mein Vater zur Wehrmacht eingezogen, und so übernahm meine Mutter die gesamte Leitung. Sie führte den gemeinsam mit ihrem Mann gegründeten Betrieb selbstbewusst allein weiter.

Und sie erzählte mir später, als ich größer war, über jene Jahre: In den letzten Wochen vor dem endgültigen Untergang des nationalsozialistischen Regimes im Mai 1945 rumorte es bereits in Teilen der Bevölkerung, auch bei uns im Südwesten. Weitgehend vergessene Widerständler, darunter oft Frauen, hatten ihre Gemeinden vor der sinnlosen Zerstörung bewahren wollen. Es war allen nachdenklichen Bürgern im letzten Kriegsjahr klar, dass der selbst verschuldete Krieg längst verloren war.

Auch unser Werk wäre in letzter Minute überfallartig fast zu einer Verteidigungsanlage umfunktioniert worden – und damit sicherlich der völligen Zerstörung durch die Panzer der Amerikaner anheimgefallen. Sie rückten in den letzten Märztagen von Karlsruhe vor. Doch für uns ging die Gefahr nicht von der US-Army aus, die von vielen eher als Befreier denn als Bedrohung betrachtet wurden. Sondern es war ein übereifriger Leutnant der deutschen Wehrmacht, auf dessen Anweisung unsere Fabrik schnell noch zu einer provisorischen Befestigung umgebaut werden sollte – für den unermüdlich propagierten »Endsieg«.

Meine Mutter wusste um die Absurdität und Gefährlichkeit des Planes. Beherzt ging sie auf die jugendlichen Wehrmachtssoldaten zu, bei denen es sich oft noch um Kinder in Uniform handelte. Sie redete auf die Jungs ein: »Um Gottes Willen, das macht doch überhaupt keinen Sinn, was ihr vorhabt. Der Krieg hat genug Zerstörung und Elend angerichtet. Wenn ihr hier in unseren Fabrikgebäuden eine Befestigung errichtet, bleibt weder von der Firma noch von unserer Gegend etwas übrig.«

Meine Mutter konnte sehr einfühlsam und ebenso energisch sein. Und zum Glück haben die jungen Soldaten, das »letzte Aufgebot des Führers«, wie sie damals genannt wurden, auf ihre Worte mit Einsicht reagiert. Einer nach dem anderen warfen die Burschen ihre Gewehre in unseren großen Garten und zogen ab. Vermutlich haben sie sich zu ihren Heimatgemeinden durchgeschlagen. Und damit war der Krieg in unserer Region sechs Wochen vor der bedingungslosen Kapitulation der Wehrmacht so gut wie beendet: Die Tage der Befreiung durften wir in unserer Region bereits vor dem 8. Mai 1945 erleben. Nach der Einnahme von Mannheim rückte die US-Armee also auf unsere Gemeinde Eppelheim zu. Am Karfreitag marschierten die amerikanischen Soldaten mit Panzern und Jeeps dort ein. Sie besetzten auch unsere Fabrik. Es geschah, ohne dass ein einziger Schuss fiel.

Die Osterfeiertage lagen gleich zu Anfang April, und es hat bereits Spaß gemacht, bei Frühlingssonne draußen herumzustöbern. Ich war ein neugieriges Kind, und es war mir nicht entgangen, dass nun fremde Menschen in Uniform unser Städtchen und unser Werksgelände bevölkerten. Wir mussten keine Angst haben, gerade zu uns Kindern waren die GIs besonders freundlich. Mich beschäftigte vielmehr die Frage, ob in diesen turbulenten Tagen der Osterhase den Weg in unseren Garten finden würde? Meine Mutter hatte heimlich hübsche Osternester gebastelt, doch etwas Süßes konnte sie nirgendwo auftreiben. Einige GIs sahen ihr zu und begriffen schnell ihre Lage. Es dauerte nicht lange, da hatten ihr die amerikanischen Soldaten Süßigkeiten aus ihren Vorräten gebracht und dafür gesorgt, dass die Mutter ihren Kindern ein schönes Osterfest bescheren konnte.

Rasen und Laubbäume glänzten bei Aprilwetter im Frühlingsgrün. Ich hüpfte und lief durch den weiten Garten und war glücklich, bunte Osternester mit Schokolade und anderen Leckereien zu entdecken. Die GIs schauten mir dabei rauchend zu und applaudierten kräftig, wenn ich wieder fündig geworden war. Sie teilten meine kindliche Freude.

Eine kleine, naive, romantisch anmutende Kindheitsepisode. Und doch viel mehr. Ich erzähle sie, weil sie von größerer Bedeutung ist. Die persönlichen Erinnerungen eines Menschen verweisen auf seine Wurzeln und erklären seine Wesenszüge. Im Nachhinein erinnere ich mich nämlich nicht nur gern an mein erstes bewusst erlebtes und fröhliches Ostern. Später erzählte mir meine Mutter, wer dem Osterhasen seinerzeit behilflich gewesen war, und überhaupt haben wir in der Zeit damals nie Belästigungen seitens der amerikanischen Soldaten erfahren. Sie haben sich hervorragend verhalten und uns Geschenke gemacht, nicht nur am Osterfeiertag. Und so wurde bereits in meiner frühesten Kindheit der erste Grundstein für meine ausgeprägte Affinität für Amerika gelegt. Sie hat später mein Jahrzehnte währendes unternehmerisches Engagement in den Vereinigten Staaten maßgeblich beeinflusst.

Aber zunächst war ich Kind: Ich spielte und tobte ausgelassen mit unserem aus meiner Sicht mächtig großen Dobermann. Auf meinem Dreirad erkundete ich jeden Winkel unserer Fabrik und sah häufig den Frauen bei der Arbeit zu. Kriegsbedingt hatten wir eine fast ausschließlich weibliche Belegschaft. Mein Lieblingsspiel mit vier Jahren bestand darin, meinen Dobermann Zeus vor mein Dreirad zu spannen. So jagten wir durch den Garten und über Stock und Stein am nahen Bahndamm entlang, bis wir beide völlig erschöpft waren und uns friedlich nebeneinanderliegend unter einem Baum ausruhten.

Leider hatte mein lieber Spielgefährte eine dumme Angewohnheit. Zeus hatte es auf Autoreifen abgesehen, die er mit Vorliebe zerbiss. Und nicht einmal die Autobahn konnte seinem Spieltrieb Einhalt bieten. Leider! Bis heute führt die Autobahn direkt am Gelände des Stammwerks in Eppelheim vorbei, auf dem inzwischen die riesigen Gebäudekomplexe der WILD-Werke und Capri-Sun entstanden sind. Die A5 der Gegenwart wird natürlich ungleich stärker frequentiert als ich die damalige »Reichsautobahn« in Erinnerung habe. Die altertümlichen Automobile in den 1940er-Jahren waren viel langsamer als die modernen Fahrzeuge, und ihre Zahl war im Vergleich minimal. Doch gerade, weil es weniger Autos waren und sie längst nicht so schnell rasten, jagte mein treuer Dobermann ihnen nach, um in ihre Reifen zu beißen. Er riss sich los, war nicht mehr zu halten, wenn er ein Motorgeräusch hörte. Er konnte kilometerweit mit den verhältnismäßig langsam tuckernden Automobilen mithalten. Laut kläffend hetzte er neben ihnen her und versuchte nach einem der Reifen zu schnappen. Völlig erledigt, mit hängender Zunge kehrte er von seinen Abenteuern zurück. Sein unbändiger, gefährlicher Spieltrieb wurde ihm schließlich zum Verhängnis – mein Dobermann wurde von einem Auto überfahren.

Meine Liebe zu Tieren zählt zu meinen oft schönen, in diesem Fall leider traurigen frühen Kindheitserinnerungen. Später habe ich mich begeistert Pferden und dem Reitsport gewidmet. Und auch heute warten in meinem Schweizer Domizil Hunde auf meine Heimkehr von Geschäftsreisen.

Die Rückkehr des Vaters

Vielleicht hätte Vater unserem Dobermann beizeiten seine Flausen aus dem Kopf getrieben. Aber er war nicht da – und er fehlte nicht nur bei der Erziehung des Hundes. Alles an familiären und unternehmerischen Aufgaben hatte meine Mutter zu managen. Rudolf Wild diente seit drei Jahren als Soldat. So wurde er erst nach Kriegsende ein Teil meines Lebens. Unsere erste bewusste Begegnung zählt zu den merkwürdigsten Umständen meiner Kindheit. Es passierte am 30. Mai 1945. Am Vormittag klingelte es an unserer Haustür.

Wie üblich, wenn meine Mutter in der Küche mit Zubereitungen oder im Arbeitszimmer im ersten Stock unserer Villa mit Firmenangelegenheiten beschäftigt war, lief ich allein zur Tür. Mit Staunen und Befremden schaute ich zu dem mir unbekannten, unrasierten Mann hoch. Er sah etwas verwahrlost aus, allerdings lag unser Haus gleich neben der schmalen Straße, die vom Ortszentrum zu der Fabrik führte, und es kam immer mal vor, dass Menschen hilfesuchend bei uns anklopften. Viel hatten wir nicht zu verschenken, doch wo meine Mutter helfen konnte, tat sie es von Herzen.

»Mutti, Mutti«, rief ich darum laut in die Wohnung, »da steht wieder ein Bettelmann vor der Tür.« Meine Mutter eilte herbei und war für Augenblicke sprachlos, bis sie von Wiedersehensfreude überwältigt wurde. Der abgemagerte »Bettler« in zerschlissenen Kleidern, der unangekündigt vor uns stand, war mein Vater.

Zunächst saß ich unbeholfen neben ihm im hellen Gartenzimmer auf dem Sofa, und meine Mutter beeilte sich, dem Heimkehrer etwas Herzhaftes zuzubereiten. An die ersten Gespräche meiner Eltern erinnere ich mich nicht. Sicherlich hatten sie einander sehr viel zu erzählen. Ich selbst war aufgeregt, dass ich nun plötzlich einen Vater hatte, mit dem ich reden und den ich anfassen konnte. Alles wollte aus mir herausplatzen, doch ich war zu schüchtern gegenüber diesem »Fremden«, der bei seiner Ankunft wirklich nicht aussah wie der wohlhabende Unternehmer, zu dem er es bereits vor dem Krieg gebracht hatte.

Schnell fasste ich aber Vertrauen zu dem Vater, den ich bis dahin nur vom Hörensagen gekannt hatte. Ich lernte ihn sehr schnell lieben und schätzen, und unser Vertrauensverhältnis, die Wertschätzung, die mein Vater und ich füreinander empfanden, begleitete uns all die folgenden gemeinsamen Jahre. Er wurde beispielgebend für meinen gesamten Werdegang. Zudem war er auch außerhalb des familiären Kreises ein allseits geachteter Mensch, der nicht zuletzt die Grundlagen einer faszinierenden Unternehmenskultur voll innovativer Kraft in Eppelheim geschaffen hat.

Mutter und Vater waren ein bestens eingespieltes, nahezu unschlagbares Team. Er hatte stets die großen Ziele und manche Visionen vor Augen. Seine Zeit widmete er lieber neuen Herausforderungen als der eher langwierigen Umsetzung seiner Ideen im Betrieb. Die besonderen Stärken meiner Mutter hingegen waren ihre Beständigkeit und Beharrlichkeit. Sie achtete auf Details im Betriebsablauf und nahm sich viel Zeit für die Mitarbeiter und ihre Fragen, Sorgen und Nöte. In ihr hatte mein Vater eine ideale Partnerin gefunden.

Um es hier kurz vorwegzunehmen, dieses elterliche Familienglück war mir in meiner eigenen Lebensgestaltung nicht durchgängig beschieden. Aber trotz meiner gescheiterten Ehe genoss und genieße ich wunderbare Zeiten mit meinen beiden Söhnen und mit inzwischen vier Enkelkindern. Ich weiß, dass positive Prägungen im Elternhaus einen Menschen grundlegend formen und den Verlauf seines Lebens sowie seine späteren Wesenszüge günstig beeinflussen. Das zufriedene und glückliche Eheleben meiner Eltern, die daraus erwachsene familiäre Geborgenheit, die Fröhlichkeit bei unseren Unternehmungen in der Freizeit und nicht zuletzt das vorherrschende Arbeitsethos haben auch mich vorurteilsfrei und humanistisch geprägt.

Die Freundlichkeit der Amerikaner

Mit uns Kindern hat Vater kaum über seine Kriegsjahre gesprochen, und auch nicht darüber, wie er es geschafft hatte, aus der Hölle zu entkommen und 1945 unbeschadet heimzukehren. Sicher haben viele Väter über ihre Kriegserinnerungen geschwiegen, weil bedrückende Erlebnisse oder Schuld schwer auf ihnen lasteten. Mein Vater jedoch hatte nichts Schlimmes zu verheimlichen.

Erst als ich bereits als Geschäftsführer bei WILD intensiv damit beschäftigt war, unser Unternehmen in den USA aufzubauen und dabei auch private Kontakte in Amerika pflegte, brach mein Vater sein Schweigen. Es sprudelte regelrecht aus ihm heraus, warum ihm Amerikaner nicht nur als neue Geschäftspartner wichtig seien, sondern dass er ihnen gegenüber große Dankbarkeit empfinde. Auf unsere Nachfrage begann er, seine vollständigen Erlebnisse aus den letzten Kriegstagen zu schildern.

Während des Zweiten Weltkriegs war Vater in Italien stationiert. Er hatte nie Ambitionen, Karriere beim Militär zu machen, sondern diente als Fahrer eines hochrangigen Wehrmachtsoffiziers. In den letzten Kriegswirren in Italien hat er sich »aus dem Dienst entfernt«, also nach damaligem Recht Fahnenflucht begangen. Mit ein paar Kameraden machte er sich zu Fuß auf den Weg nach Deutschland – wobei man sich dabei keine fröhliche Wanderung durch frühlingshafte italienische Landschaften vorstellen darf. Vielerorts herrschten chaotische Zustände. Zudem mussten die Männer nach wie vor höllisch aufpassen, um nicht in die Gefangenschaft von Partisanen zu geraten. Die kleine Gruppe schlug sich mit Mühe und Not bis Meran in Südtirol durch, und in den dortigen Bahnhof fuhr langsam ein amerikanischer Transportzug in Richtung Norden ein. Vater fasste sich kurzentschlossen ein Herz, sprang auf und versteckte sich im Bremserhaus eines Abteilwagens.

Als der lange Zug mit Transportwaggons und Abteilwagen an einem Bahnhof hielt und amerikanische Militärs ausstiegen, lauschte mein Vater in seinem Versteck ihrer Unterhaltung. Er war des Englischen mächtig und hörte sie sagen, dass sie nun in Deutschland angekommen seien und es an der Zeit sei, irgendwo ein deutsches Bier zu trinken. Die GIs fragten Passanten am Bahnhof, wo sie ihren Bierdurst denn stillen könnten. Doch sie fanden niemanden, der sie und ihr Anliegen verstehen konnte. Vater, der ja nun auf der anderen Seite gekämpft hatte und den die amerikanischen Soldaten mutmaßlich als Feind betrachten würden, kletterte mit mulmigen Gefühlen aus dem Bremserhaus.

»I can help you to find a place for a German beer«, bot er an. Erstaunt hörten die Uniformierten diese Worte. Sie waren erst skeptisch, doch schließlich nahmen sie sein Angebot an. Vater fragte sich durch, und es gelang ihm tatsächlich, einen Bierausschank zu finden. Erst in der fröhlichen Runde stellte sich heraus, dass er einen leibhaftigen US-General und dessen Stab an den Biertisch geführt hatte.

Für die weitere Strecke hockte er nicht mehr im zugigen Bremserhaus, sondern saß im Zugabteil des Generals. Und der erkundigte sich, wohin mein Vater unterwegs sei. Er wolle zu seiner Familie in der Nähe von Heidelberg und hoffe, dass alle wohlauf seien. Der Transportzug fahre leider nur bis Karlsruhe, erklärte der General. Bei der Ankunft auf dem Bahnhof versprach er jedoch, meinem Vater bei der Weiterreise behilflich zu sein: »Don't worry, please, Mister Wild, I will get you a train to Heidelberg.«

Diese Hilfsbereitschaft wurde auch bitter nötig. Von Karlsruhe bis zu ihm nach Hause waren es zwar nur noch etwas über 50 Kilometer. Doch obgleich Vater die gefahrenvolle Heimreise aus Italien geschafft hatte, wurde es jetzt noch einmal brisant. Denn Karlsruhe war von französischen Truppen besetzt. Französische Soldaten patrouillierten überall. Sie hatten die auffällige Gestalt in der zerschlissenen Kleidung bereits entdeckt und warteten darauf, meinen Vater zu kontrollieren. Sie hätten ihn ganz gewiss sofort gefangen genommen.

Auf dem Bahnhofsgelände selbst hatten jedoch die Amerikaner das Sagen. Nach ein paar Stunden fuhr tatsächlich ein Zug ein, und ein GI fragte »Are you Mister Wild?« Als mein Vater bejahte, sagte der GI »Hop on – we take you to Heidelberg« Dankbar stieg Vater ein. Der Zug fuhr in Richtung Mannheim, sodass er rechtzeitig abspringen und zu Fuß bei uns in Eppelheim ankommen konnte.

Horizonterweiterung im Ausland

Im Rückblick bestätigte mein Vater lediglich meine eigenen positiven Erfahrungen mit den zutiefst sympathischen Amerikanern, die in uns beiden und der gesamten Familie eine tiefe Affinität zu den USA wecken sollten. Später kamen noch andere Kindheitserfahrungen hinzu. So verfolgte ich mit sieben Jahren an der Seite meiner Eltern fiebernd die Nachrichten, nachdem die sowjetische Besatzungsmacht 1948 alle Zufahrtswege nach Berlin gesperrt hatte. Natürlich verstand ich damals noch nicht alle Einzelheiten und Zusammenhänge hinsichtlich der Berliner Luftbrücke, die infolge der sowjetischen Blockade notwendig geworden war. Doch die Bilder von der Versorgung der West-Berliner Bevölkerung durch die Flugzeuge der Westalliierten, die Stimmen aus dem Radio und was die Erwachsenen über die amerikanischen »Rosinenbomber« erzählten, von den Schokoladentafeln, die mit kleinen Fallschirmen vom Himmel segelten, das gefiel mir ausgesprochen gut.

Die Unterstützung Berlins vor allem durch die Amerikaner hinterließ einen bleibenden Eindruck bei mir. Und ein Gefühl der Verbundenheit. In jener Zeit rückten immer wieder einzelne englischsprachige Begriffe in den Nachrichtenfluss der Medien. Ich saugte sie begierig auf. Später sah ich in der spannenden Erzählung meines Vaters von seinem Rückzug aus Italien die Bestätigung meiner eigenen Erfahrung, wie wichtig und hilfreich es im Geschäftsleben ist, mindestens Englisch, möglichst sogar mehrere Fremdsprachen zu sprechen. Natürlich kann man sich mit einem Dolmetscher in die Verhandlung setzen und sich jedes Wort, jedes Dokument in die Muttersprache übersetzen lassen. Mancher wird mit dieser Methode erfolgreich sein – zumal mit den zunehmenden Kontakten im Zeitalter der Globalisierung niemand erwarten kann, dass ein Unternehmer die Sprachen all seiner Partnerländer beherrscht. Mancher mag noch Spanisch sprechen. Oder Italienisch. Aber Polnisch? Portugiesisch? Schwedisch? Oder gar Chinesisch? Arabisch? Hindi oder eine andere der 22 in der indischen Verfassung gelisteten Sprachen? Gleichwohl: Ein Grundgerüst an Fremdsprachkenntnissen ist ausgesprochen hilfreich. Weil es eben nicht nur um das Gespräch am Verhandlungstisch geht, sondern oft auch um die persönliche Annäherung in der Kaffeepause, bei einem Businesslunch oder nach Vertragsabschluss beim festlichen Dinner.

Aus diesen Erfahrungen, die ich selbst im Berufsleben und mein Vater gegen Ende des Zweiten Weltkrieges machte, kann ich nur jedem jungen Menschen raten: Lernt Sprachen! Auch deshalb denke ich gern an meine Studentenzeit zurück, die in Cambridge und Bristol begann und mich später nach Paris und Montpellier führte. Das akademische Lernen, natürlich auch das fröhliche Studentenleben, sind wertvolle Faktoren, die ich ebenso während meiner Semester in München, Tübingen, Heidelberg und Mannheim genoss. Aber die Auslandssemester in England und Frankreich ermöglichten zusätzlich das so wichtige Eintauchen in die Landessprachen. Es ist erfreulich, dass heutige Studenten fast schon obligatorisch Auslandssemester in ihre akademische Ausbildung einbauen. Zu meiner Zeit und selbst Jahrzehnte später war dies noch keine Selbstverständlichkeit.

Die neuen Kirchglocken

Der Betrieb eines Familienunternehmens bedeutet nicht automatisch, dass eine Familie im Wohlstand lebt oder die materielle Sicherheit durchgängig garantiert ist. In unserem Fall war es den glücklichen Umständen und nicht zuletzt meinen Eltern zu verdanken, dass uns Kindern die Armut erspart blieb. An ausgesprochene familiäre Not in den Kriegs- und Nachkriegsjahren kann ich mich nicht erinnern.

Es war für uns von großem Vorteil, dass der Betrieb, den meine Mutter während der Abwesenheit meines Vaters weitergeführt hatte, ohne nennenswerte Unterbrechung Getränke produzieren konnte. So besaßen wir immer etwas für die unumgänglichen Tauschgeschäfte jener Zeit. Die bäuerliche Umgebung von Eppelheim bot ausreichend Lebensmittel und Gelegenheiten für derartige Deals.

Und ich habe noch das große motorisierte Dreirad vor Augen, das die Erwachsenen damals für Besorgungen benutzten. Damit fuhren meine Mutter und der einzige verbliebene Mann in unserem Betrieb, der wegen seines Holzbeins nicht zum Militär eingezogen worden war, in die Umgebung oder nach Heidelberg. Aus der Stadt holten sie in Kanistern Benzin für die Maschinen, und sie konnten in den Monaten nach Kriegsende auf den Märkten und Schwarzmärkten meist das kaufen oder tauschen, was wir für den Alltag brauchten.

Meine Mutter und später auch mein Vater waren dankbar für diese Möglichkeiten, die damals längst nicht allen Menschen zur Verfügung standen. Sie lebten uns Kindern eine Demut vor, die ich früh empfunden habe. Zu den beeindruckenden, prägenden Erinnerungen in diesem Zusammenhang zählt die Stiftung einer Glocke, die ich als Neunjähriger bewusst erlebte. Es war drei Jahre nach Kriegsende, mein Vater war nun schon eine ganze Weile zurück, als unsere Familie die jeweils größte Glocke für die Kirchen der evangelischen und katholischen Gemeinden in Eppelheim spendete. Die ursprünglichen Glocken waren während des Krieges aus den Kirchtürmen entfernt worden, um sie einzuschmelzen und zu Munition zu verarbeiten. Meine Eltern spendeten aus inniger Dankbarkeit, weil unsere Familie die schreckliche Kriegszeit gut überstanden hatte. Ebenso spielte die ehrliche Verbundenheit mit den Menschen vor Ort eine große Rolle.

Die von üppigen Blumenbuketts umrankten Glocken wurden uns auf dem Fabrikgelände vorgestellt, bevor sie zu den Kirchen transportiert wurden. Sonntäglich gekleidet saßen mein Bruder Rainer und ich auf dem festlich geschmückten Transportwagen, vor einer der uns überragenden Glocken, und wir ließen die Füße von der

Ladefläche baumeln. Mutter und Vater schauten mit stiller Zufriedenheit in die Kamera des Fotografen, bevor das Pferdegespann mit den gestifteten Glocken auf dem damals noch gummibereiften Wagen sich auf den Weg zu ihren Bestimmungsorten machte. Ab November 1948 konnten sich die Kirchengemeinden dann wieder am Glockengeläut erfreuen.

Mein Vater blieb sein Leben lang sozial engagiert. Meine Mutter war in seine Entscheidungen stets involviert und führte sein Engagement mit der später von ihr gegründeten Leonie-Wild-Stiftung fort. Beide tätigten ihr umfangreiches soziales Engagement in der Regel ohne jedes öffentliche Aufsehen. »Tue Gutes, ohne viel darüber zu reden«, lautete die urwüchsige Philosophie meiner Eltern, mit der ich aufgewachsen bin und die ich bis heute befolge. Mein Vater starb 1995, meine Mutter blieb mir immerhin noch bis 2005.

Was also zählt im Leben? Das frage ich als Fazit der Erinnerungen an meine Kindheitserlebnisse. Sind es Herkunft, Nationalität, Konfession, Religion oder eine bestimmte Weltanschauung, die für unternehmerische Perspektiven eine ausschlaggebende Rolle spielen? Nein, entscheidend sind und bleiben Taten. Dabei geht es nicht nur um unternehmerisches Handeln, sondern auch um die Bereitschaft zu helfen. Mit der Unterstützung von Kindergärten oder Sportvereinen oder der Förderung von Kunst, Kultur oder anderen Charity-Projekten. Oder mit der Stiftung einer Glocke, deren Klang den Menschen in der Region über Jahrzehnte und Jahrhunderte erhalten bleibt.

Die Wurzeln meiner Familie

Das mutige Auftreten meiner Mutter gegen den Versuch, in den letzten Kriegstagen unsere Fabrik auf Anordnung der Wehrmacht zu einer Befestigungsanlage umzufunktionieren, ist nicht zuletzt deshalb bewundernswert, weil sie während der gesamten Nazi-Diktatur aufgrund ihrer Abstammung wirklich allen Anlass zur Vorsicht hatte. Unsere Familie ist nämlich jüdischen Ursprungs. Den sogenannten Arier-Nachweis hätten meine Eltern voraussichtlich nicht erbringen können. Darum drohten meinen Eltern Stigmatisierung, Ausgrenzung, Verfolgung und möglicherweise sogar der Tod.

Obwohl die Vorfahren meiner Eltern bereits ein christlich geprägtes Leben geführt hatten, trieb Mutter und Vater mutmaßlich die Sorge um, dass ihre jüdische Abstammung in der Nazizeit unter keinen Umständen bekannt werden durfte. Sogar in meiner Jugend hielten es meine Eltern nicht einmal im Familienkreis für wichtig oder angebracht, unsere Herkunft zu thematisieren. So bin ich erst viel später durch meine damalige amerikanische Lebensgefährtin auf unseren familiären Hintergrund aufmerksam gemacht worden. »Wild and Steinmann are Jewish names, you are Jewish«, erklärte sie mir zu meiner völligen Verblüffung in den 1990er-Jahren. Konnte das wirklich sein? Im Stillen fragte ich mich, ob sie sich nicht irrte.

Während eines späteren Israelaufenthalts kam bei einem Gespräch mit einem Mitarbeiter des Mossad die Familienherkunft noch einmal zur Sprache, und der Mann bestätigte mir, dass Wild durchaus ein jüdischer Name sei. Und aus Recherchen von Verwandten erfuhr ich schließlich, dass meine jüdischen Vorfahren mütterlicherseits tatsächlich aus der Schweiz stammten, aus der Gegend von Rapperswil, und dass sich dort die Ahnenreihe bis ins 15. Jahrhundert zurückverfolgen lässt. Ich habe den alten Friedhof in der Gemeinde besucht und fand auf etlichen Grabsteinen die Namen Wild und ebenfalls Steinmann, den jüdischen Familiennamen meiner Mutter.

Meine Vorfahren waren vor über 200 Jahren während der Napoleonischen Kriege aus der Schweiz geflohen. Nach der Flucht zogen sie zunächst in den Schwarzwald und später in den Odenwald. Meine Eltern fanden sich schließlich in Heidelberg. Sie führten ein zufriedenes und glückliches Eheleben, dessen familiäre Geborgenheit, das von ihnen vertretene Arbeitsethos sowie die Fröhlichkeit bei all unseren Unternehmungen in der Freizeit auch mich maßgeblich geprägt haben.

Dass ich seit vielen Jahren in der Schweiz lebe, habe ich bereits erwähnt. Von den Gründen, die dafür den Ausschlag gaben, werde ich an anderer Stelle erzählen. Hier sei aber schon so viel verraten: Die Schweiz, die ich seit meiner Jugend kenne, zählt zu den Ländern, deren Mentalitäten und Lebensstile mich besonders angesprochen haben. Der lang zurückliegende familiäre Ursprung war mir unbekannt und sicher nicht ausschlaggebend für meine Entscheidung, das Land zu Beginn der 1990er-Jahre zu meinem privaten und unternehmerischen Lebensmittelpunkt zu machen. Aber die Herkunft und das, was im Familienleben an Tradition und Lebensart weitergegeben wird, manches in meinem Fall vielleicht eher unbewusst, sind prägender, als wir oft ahnen. Möglicherweise haben die verborgenen Schweizer Wurzeln meinen Lebensweg stärker bestimmt, als ich es selbst wahrgenommen habe, und mein ganzheitliches Denken in den großen Dimensionen, das »big picture thinking«, wie es die Angelsachsen nennen, entscheidend geprägt. Ich bin nicht ausgewandert in die Schweiz, sondern in gewisser Hinsicht heimgekehrt.

KAPITEL 2

Jugend und Schulzeit

Wenn der erste Lebensabschnitt eines Menschen von keinem Ortswechsel oder gar dramatischen Einschnitten unterbrochen wird, gleitet die Kindheit nahezu unmerklich in die Jugendzeit über. Mein Elternhaus, unser naturnahes Anwesen und das mir über die Jahre zunehmend vertraute Eppelheim boten mir eine solche Kontinuität. Nach der Grundschulzeit wurde das Gymnasium, das »Englische Institut« in Heidelberg, mein schulischer Lebensmittelpunkt. Wobei angesichts meiner zahlreichen anders gearteten Interessen und Wissbegierden damals es etwas schwierig ist, von einem Mittelpunkt zu sprechen. Doch blicken wir der Reihe nach auf jene Lebensphase und ihre Lernerfahrungen.

An meine seinerzeit schon traditionelle, spitze Schultüte zur Einschulung erinnere ich mich noch gut. Sie war groß und hübsch, doch bedingt durch die Nachkriegszeit und die Umstände vor der Währungsreform im Jahr 1948 war sie leider leer. Mein Bruder Rainer durfte sich zwei Jahre später schon über eine mit Süßigkeiten gefüllte Schultüte freuen. Ich habe sie ihm gegönnt – zum Glück gehörte Neid noch nie in das Repertoire meiner Charaktereigenschaften. Daran hat sich bis heute nichts geändert: Um wie viel mehr oder weniger an Reichtum ein anderer Unternehmer in seiner »Schultüte« hat, ist für mich weder Maßstab des Handelns noch ausschlaggebend für mein Gerechtigkeitsempfinden.

Mein Bruder Rainer und ich sind bestens miteinander ausgekommen. Okay, es gab auch mal Reibereien oder eine kleine Rauferei. Unsere Mutter verstand es jedoch, die Situationen immer schnell zu schlichten und zu bereinigen. Von derartigen kindlichen Zankereien abgesehen spielten wir Buben oft und gern zusammen. Ein Lieblingsplatz war der nahe Bauernhof eines meiner Klassenkameraden aus der Grundschule, die sich damals Volksschule nannte. Dieser Schulfreund, er heißt Werner Fießer unterhält bis heute den landwirtschaftlichen Betrieb seiner Eltern, und wir sind gute Freunde geblieben. An Freundschaften festzuhalten und sie zu pflegen, zählt für mich übrigens ebenfalls zu den bereichernden Elementen im Laufe eines langen Lebens.

Der Bauernhof bot im kleinen Rahmen einen herrlichen Vorgeschmack auf die großen Abenteuer, die ich später auf vielen geschäftlichen Reisen in der Unwegsamkeit Afrikas oder in Süd- und Mittelamerika erleben durfte. Jene Ängste aber, die heute schon Kinder und Jugendliche umtreiben, diese Sorgen wegen der schwindenden Artenvielfalt und der zunehmenden Umweltzerstörung, solchen Einflüssen war meine Generation in Kindertagen nicht ausgesetzt.

Die Spuren des Krieges verschwanden allmählich, die Erinnerungen daran wurden in der Überganszeit von Kindheit zu Jugend von erfreulichen Erlebnissen überlagert. Unsere kindliche Fantasie wurde nicht fortwährend von Schreckensszenarien beeinträchtigt, vielmehr durften wir weitgehend unbekümmerte Abenteuer in freier Natur rund um meinem Geburtsort Eppelheim erleben. Der Wechsel der Jahreszeiten bestimmte wesentlich die großen Ereignisse. So suchten wir zum Beispiel in der Scheune des benachbarten Bauernhofs nach Eiern der auf dem Hof freilaufenden Hühner, und unsere Beschäftigungen und Spiele waren vom Frühling bis zum Herbst eingebettet in den bäuerlichen Ablauf oder in die Freizeitmöglichkeiten, die unser großes Anwesen und der Garten der elterlichen Villa boten. Im Winter waren wir dann häufiger daheim oder bei Freunden, zumindest in geschlossenen Räumen – wenn es nicht gerade geschneit hatte und wir uns mit Freunden zum Rodeln oder zur zünftigen Schneeballschlacht trafen.

Der Sommer präsentierte sich uns als eine besonders schöne Jahreszeit, die wir ausgelassen, mit viel Verbundenheit zur Natur und ausgiebigem Sport erlebten. Wir waren keineswegs die stets braven Kinder, haben manchen Unsinn angestellt und hatten viel zu lachen. Häufig kamen wir verdreckt nach Hause und wurden von der Mutter zum Waschen kommandiert.

In unserem weitläufigen Garten hatte Vater ein ansehnliches Schwimmbad bauen lassen. Nachmittags kamen meine Schulfreunde aus der Nachbarschaft zu uns, und wir planschten, schwammen, tobten zusammen. Oder wir spielten Fußball auf der großen Rasenfläche in der Mitte des Gartens, neben dem Pool. Das Anwesen bot wahrlich Platz genug für Spiel und Sport.

So führten wir schon als Kinder eine Art Zehnkampf durch, dessen Disziplinen im Laufe der Jahre immer anspruchsvoller wurden. Mit Schwimmen, Laufen, Springen, Tischtennis, Federball und Ähnlichem fing es an, und mit der Zeit wurden daraus ganze Wochenenden, an denen wir Wettkämpfe in verschiedenen Disziplinen durchgeführt haben. Der Rasen in unserem herrlichen Garten war von hohen Bäumen umsäumt, die vier Jahre vor meiner Geburt, also gleich nach dem Erwerb der ehemaligen Glasfabrik von meinen Eltern auf dem neuen Firmensitz gepflanzt worden waren. Bäume, die mit mir gewachsen und groß geworden sind. Viele dieser Bäume können Spaziergänger noch heute auf dem Anwesen bewundern. Wenn ich an meine naturverbundene Jugendzeit zurückdenke, so fällt mir sogleich auch ein besonderer, ein symbolischer Baum ein, der sogenannte WILD MISSION TREE. (Wie dieser WILD MISSION TREE entstanden ist, werde ich im Kapitel »Unternehmenskultur und Zukunftsdenken« erzählen.)

Mein Elternhaus

Das Wohnhaus meiner Eltern und von uns beiden Kindern in Eppelheim ist seit dem Tod meiner Mutter im Jahr 2005 unbewohnt. In dankbarer Erinnerung an Leonie und Rudolf Wild und auf deren Bitten habe ich die prächtige Villa bis heute in ihrem ursprünglichen Zustand gewissermaßen als Museum erhalten.

Der Garten, man darf auch von einer Parkanlage sprechen, wird gepflegt und bietet bis heute das Bild, das mein Bruder und ich als Kinder vor Augen hatten. Aus dem Gartenzimmer mit der Fensterwand im Erdgeschoss oder von der weiten Balkonterrasse im ersten Stock schaut man auf den Gartenteich unmittelbar vor der Villa und in den weitläufigen Park. Mit wachsendem Abstand zum Haus nimmt die Zahl der Nadel- und Laubbäume zu, es gibt allerlei Büsche und Sträucher, angelegte Blumenbeete und kleine hügelige Flächen mit Wildblumen wechseln sich ab. Dazwischen ein kleiner künstlicher Bachlauf. In den Räumen im Erdgeschoss der Villa, deren Mobiliar bis heute unverändert im Stil wie zur Zeit meiner Eltern erhalten ist, spielte sich das Tagesgeschehen ab. Gemälde und Kunst schmücken sämtliche Zimmer.

Oben beherbergt das Haus die ehemaligen Privatzimmer sowie einen großzügig bemessenen Raum, der als Büro und Besprechungszimmer diente. Neben dem Haupteingang, also jener Tür, an der ich als Vierjähriger den aus dem Krieg heimkehrenden Vater empfing, befindet sich auf der Seite zum Betrieb hin ein weiterer, kleinerer Eingang. Von hier aus gingen die Eltern in die Fabrik, hier gingen leitende Mitarbeiter für Besprechungen im häuslichen Büro ein und aus. Die Türklinke bewegte sich von morgens bis abends auf und ab, und wenn es sein musste auch in der Nacht.

Auch dieses Büro ist bis heute gediegen eingerichtet und atmet dieselbe Atmosphäre wie zu Lebzeiten meiner Eltern. Die hohen Bücherregale verraten die vielfältigen Lektüreinteressen meiner Mutter, und der große Brockhaus erzählt von der »guten alten Zeit« vor dem Internet. Für viele Jahre diente das Elternhaus als Sitz der Leonie-Wild-Stiftung. Nach dem Tod meiner Mutter habe ich den Vorsitz der Stiftung übernommen. Tradition lebendig zu halten – das scheint mir, der sich seit langer Zeit mit hochmodernen, immer wieder neuen Zukunftstechnologien beschäftigt, nach wie vor wertvoll.

An kühlen Sommertagen oder in der kalten Jahreszeit bot das große Schwimmbad in unserem Haus Gelegenheit zur Aktivität. Fitness und Sport wurden im Elternhaus großgeschrieben und bei mir von früher Jugend an gefördert. Fotos und Erinnerungsgegenstände in der Villa zeugen zudem von der Sportbegeisterung meines Vaters, der in jungen Jahren Rugby spielte und als Ruderer auf dem Neckar in Heidelberg trainierte. In dieser Sportart qualifizierte sich Rudolf Wild schließlich, um 24-jährig bei den Olympischen Sommerspielen 1928 in Amsterdam teilzunehmen. Der olympische Geist blieb für seinen späteren beruflichen Werdegang maßgeblich und hat auch mich beeinflusst. Sportlich zu sein und fair, diese Devise galt nicht nur im sportlichen Wettkampf, sondern sollte ganz allgemein meine Lebenseinstellung werden.

Deutschland nahm übrigens ein Jahrzehnt nach dem Ende des Ersten Weltkrieges in Amsterdam erstmals wieder an den Olympischen Spielen teil. Das Besondere an diesen Wettkämpfen war zudem, dass dort zum ersten Mal in der modernen Geschichte dieses sportlichen Großereignisses das olympische Feuer entzündet wurde. Vielleicht ist es Vaters positiven Erinnerungen an unser Nachbarland geschuldet, dass der niederländische Schokoladenhersteller Verkade in den 1970er-Jahren zu einem unserer allerersten ausländischen Geschäftspartner wurde.

Sportliche Begeisterung

Sobald wir es uns nach dem Krieg finanziell gut leisten konnten, reisten wir als Familie im Winter zum Skifahren. Regelmäßig verbrachten wir die Weihnachts- und die Osterferien zuerst im österreichischen Seefeld in Tirol und später dann in der Schweiz. Die Aufenthalte im Urlaubsparadies Arosa, im südlichen Kanton Graubünden gelegen, sind wunderbare Erinnerungen. Ich lernte bereits in jungen Jahren so gut wie jede Skipiste und die Gastfreundschaft in zahlreichen Hotels ebenso wie den Lebensstil in der Schweiz kennen und schätzen. Später genoss ich dann mit meinen eigenen zwei Söhnen etliche familiäre Winterurlaube und Skifahrten im Erholungsort Arosa. So wurden schöne Gewohnheiten von Vätern auf Söhne und auf Enkelkinder übertragen.

Im unternehmerischen Lebensbereich hat diese Weitergabe allerdings nicht bis zu der heutigen Generation gereicht. Ich bin 1974 als Geschäftsführer in das WILD-Familienunternehmen eingestiegen. Mein Bruder hat ebenfalls lange Jahre als Geschäftsführer dort mitgearbeitet. Nach dem Tod unseres Vaters im Jahr 1995 hat er das Erbe jedoch ausgeschlagen, um sich Aktivitäten außerhalb des Unternehmens zu widmen. Auch meine Söhne haben sich für andere hervorragende Lebenswege entschieden. In unser Familienunternehmen wollten sie nicht einsteigen.

Zurück zum Sport in meiner Jugendzeit: Neben dem Skifahren haben auch andere Disziplinen eine Rolle in meinem damaligen Leben gespielt. Schwimmen, Tennis, Zehnkampf, Volleyball und besonders der Reitsport haben meine Tagesabläufe bereichert. Mit 13 Jahren hatte ich zu reiten begonnen. Mein erstes Pferd hieß Dolly und war ein Weihnachtsgeschenk meiner Eltern. Die Bescherung am Weihnachtsabend fand daher teilweise im schneebedeckten Garten statt. Dort stand Dolly im Schatten versteckt. Meine Überraschung und meine Freude waren riesig, als wir auf der Terrasse standen, das Pferd hinter den Bäumen hervorgezogen wurde und ich es streicheln und herumführen durfte. Der Pferdesport wurde mit der

Zeit dann meine große Leidenschaft, ich ritt Turnier und war Springreiter, und als Ausgleich zum vielen Sitzen im Sattel dienten mir die erwähnten Zehnkämpfe an Wochenenden.

Sport und Fairness waren somit von Kindheit und Jugend an ungemein wichtig und prägend für meine Entwicklung. Sportlicher Wettkampf fördert einerseits Teamgeist, doch ebenso wichtig sind beim Sport der Spaß an körperlicher Bewegung und schließlich die Freude, zu gewinnen. Gewinn sollte darum nicht nur als etwas Monetäres begriffen werden. Im Kern geht es darum, eine Herausforderung erfolgreich zu meistern. Natürlich, in der Ökonomie, in der Wissenschaft oder im Kulturbereich und auf anderen Feldern sind herausragende Leistung und finanzieller Erfolg meist miteinander verbunden. Oft auch im Sport, insbesondere dann, wenn es sich um Disziplinen mit hoher TV-Reichweite und dementsprechenden Werbeeinnahmen handelt. In vielen anderen Sportarten, bis hin zu bestimmten Disziplinen in der durchaus populären Leichtathletik, gibt es hingegen nationale Rekordhalter oder Meister, die kaum eine finanzielle Kompensation erhalten, weil keine Fernsehkameras dabei sind, wenn sie ihre Titel holen. Im Synchronschwimmen oder beim Bogenschießen reicht auch eine Spitzenleistung kaum aus, um zumindest das wieder hereinzuholen, was man über Jahre in Training und Ausrüstung investiert hat. Allenfalls olympisches Gold oder ein Weltmeistertitel kann diese Athleten zumindest vorübergehend in die Fernsehstudios und Schlagzeilen bringen. Und trotzdem leben Athleten in derartigen Randsportarten für die Disziplinen, die sie betreiben, und begeistern sich zu Recht an ihren eigenen Erfolgen, ganz gleich ob auf internationaler oder nationaler oder regionaler Ebene – denn sie überwinden sich, steigern ihre persönlichen Bestleistungen und trainieren mit äußerster Disziplin. Gesunde Sportler übrigens ebenso wie behinderte Sportler in ihren spezifischen Wettkämpfen bis hin zu den Paralympics. Deshalb fördere ich seit Jahren den Olympiastützpunkt Metropolregion Rhein-Neckar Athletenförderung e.V. in Heidelberg.

Trotz meines vorhandenen Talents hatte ich persönlich keine Ambitionen, in irgendeiner Sportart ein Ass zu werden. Sicherlich wollte ich auf einen guten Level kommen. Aber es lag mir nicht, ununterbrochen hart zu trainieren. Meine Lebensziele sah ich nicht darin, ein herausragender Athlet zu werden, obwohl ich damals noch nicht mit einem Einstieg in das elterliche Unternehmen liebäugelte. Allerdings habe ich mich immer schon für unsere Firma interessiert, und mir war seit frühester Kindheit bewusst, dass dieses Unternehmen uns einen anderen Lebensstil ermöglichte als der Mehrzahl meiner Klassenkameraden.

Parallelen zwischen den Anforderungen an einen Spitzensportler und an einen erfolgreichen Unternehmer gibt es aber durchaus. Außerordentliche Leistungen im Sport setzen harte Trainingsarbeit voraus. Leistungssportler konzentrieren sich an jedem Tag des Jahres darauf, erfolgreich zu werden und es zu bleiben. Als Unternehmer ist es nicht anders. Man setzt sich ehrgeizige Ziele und arbeitet sich mit viel Disziplin und hoher Konzentration vorwärts. Man gibt nach Rückschlägen nicht auf, sondern intensiviert seine Anstrengungen.

Lehren der Rabaukenzeit

Obwohl ich damals noch nicht selbst in die Firma eintreten wollte, erfuhr ich in meiner Kindheit und Jugend entscheidende Prägungen für das Geschäftsleben. Denn im Elternhaus wurden letztlich alle Aspekte aus dem Firmengeschehen besprochen. Ob beim Frühstück, Mittagessen oder Abendbrot, das Business saß meist mit am Tisch, weil Vater und Mutter wochentags permanent mit Themen und Anforderungen aus dem Unternehmen befasst waren. Wohnhaus und Produktionsstätten bildeten sozusagen eine Einheit. Mein Bruder und ich lauschten den Unterhaltungen, verfolgten Entscheidungen und versuchten, geschäftliche Strategien nachzuvollziehen. Sicherlich verstanden wir zahlreiche Themen noch nicht in deren voller Tragweite. Doch Betriebsabläufe und unternehmerische Fragen waren mir in recht früher Jugend bereits geläufig. Ich fand manche Themen viel interessanter als meine schulischen Hausaufgaben.

Selbstredend hat sich in unserem Familienleben nicht alles um das Geschäftliche gedreht. An Abenden oder an verregneten Wochenenden spielten wir gern in der Bauernstube der Villa Karten, oder wir verfolgten das Weltgeschehen im Radio und später im Fernsehen. Ein Gläschen Bier stand ab dem entsprechenden Alter nicht nur vor den Eltern auf dem Tisch. An spielerischer Unterhaltung und erfrischenden Diskussionen ließen es unsere Eltern trotz ihres unternehmerischen Einsatzes gewiss nicht fehlen.

Mit meiner Mutter verstand ich mich besonders gut. Ich konnte mit ihr vieles besprechen, was mich als Heranwachsenden umtrieb. Sie war belesen, hatte meist gute, weise Sprüche parat. Ich erinnere mich, dass der indische Dichter und Philosoph Rabindranath Tagore sie stark beeindruckt hatte. Die Worte des bengalischen Intellektuellen, der 1913 den Literaturnobelpreis verliehen bekam, zitierte sie so oft, dass ich zeitweilig kaum noch hinhören mochte. Aber ein etwas abgewandelter Vers des Dichters, den Mutter als Spruch häufig auf den Lippen hatte, ist mir bis heute im Gedächtnis geblieben: »Ich träumte, das Leben sei schön; ich erwachte und sah, das Leben war Arbeit; ich arbeitete und fand, das Leben ist Freude!«

Mutter meinte damit, und das deckt sich mit meiner Ansicht, dass junge Menschen ausloten sollten, was sie wirklich gern tun. Dann erst macht der Beruf auch Freude. Wenn man berufliche Arbeit mit Spaß angeht, wird man sehr viel eher erfolgreich sein. Die gesunde Mischung von »hard work and fun«, ein Motto meiner Unternehmensphilosophie, habe ich im Berufsleben erfahren und praktiziert und somit letztlich das befolgt, was mir Mutter in Kindheit und Jugend aus dem Mund des berühmten indischen Weisen mit auf den Weg gegeben hatte.

In meinen jungen Jahren habe ich viele Freiheiten genossen. Beflügelt wurde mein Freiheitsstreben nicht zuletzt durch den Rock 'n' Roll und das damit verbundene Lebensgefühl. Diese Musikrichtung trat ab Mitte der 1950er-Jahre ihren weltweiten Siegeszug an und passte hervorragend zu uns Jugendlichen in der Pubertät. Wir mochten Bill Haleys »Rock Around the Clock«, oder wir hörten Fats Domino, später betrat Elvis Presley die Bühne, und bald danach die Beatles, die Stones und viele andere Bands. Ihre rebellischen Rhythmen wummerten unablässig aus den kleinen Transistorradios, die unser ganzer Stolz waren. Zudem war ich damals begeisterter Besitzer eines Mopeds. Auf zwei Rädern düste ich kreuz und quer durch die Gegend, aber besonders gern nach Heidelberg. Dort im Capitol-Keller in der Bergheimer Straße spielte nämlich die heiße Musik, dröhnte der Rocksound, und wir tanzten an etlichen Abenden, manchmal fast bis zum Umfallen. Auch erste Blicke auf hübsche Schulkameradinnen blieben dabei nicht aus, und sie wurden durchaus erwidert.

Eine unangenehme Begleiterscheinung brachte die Fahrerei mit dem Moped allerdings mit sich. Weil ich mich häufig verschwitzt aufs Zweirad setzte, sei es vom Tanzen oder nach dem Sport, hatte ich in jener Zeit dauernd mit Erkältungen zu kämpfen. Sie wuchsen sich manches Mal zu veritablen Stirnhöhlenentzündungen aus. Rock 'n' Roll und Arztbesuche, um beim Doktor die unangenehme Behandlung der Stirnhöhlenvereiterung über mich ergehen zu lassen, deren Beschreibung erspart werden darf, gingen sozusagen miteinander einher – »rock and doc«, gewissermaßen.

So präsent mir meine Gymnasialzeit geblieben ist, bildeten meine schulischen Leistungen damals ein wenig rühmliches Kapitel. »Es gab wirklich absolut keine Anzeichen dafür, dass er Milliardär werden würde«, las ich die Bemerkung eines Klassenkameraden in der Biografie von Elon Musk, »er hatte in der Schule nie die Stellung als Anführer. Ich war überrascht, zu sehen, was aus ihm geworden ist.« An meinen Schulnoten hätte man meine unternehmerische Karriere wohl auch nicht ablesen können. Die Erzählung über meine eigene Schulzeit ist tatsächlich nicht gerade beispielgebend für junge Leserinnen und Leser. Doch um es vorwegzunehmen: Schlussendlich habe ich meine Schulzeit mit einem guten Abiturzeugnis beendet.

Ich besuchte das »Englische Institut Heidelberg«, ein ausgezeichnetes privates Gymnasium. Das heißt aber eben nicht, dass wir Schüler durchweg durch Auszeichnung geglänzt hätten. Meine

Schulklasse schon gar nicht! Wir waren wohl die verruchteste Klasse des Gymnasiums. Das hatte laufend Eintragungen ins Klassenbuch zufolge, das irgendwann zerstört im Papierkorb aufgefunden wurde. Wie mag es dorthin gekommen sein?

Abschreiben beim Klassenbesten gehörte zur morgendlichen Tagesordnung, und gäbe es Skalen, die das Interesse am Unterricht messen, hätte mein Engagement in einigen Fächern im unteren Bereich rangiert. Allerdings habe ich es hervorragend verstanden, einen interessierten Eindruck zu erwecken. Ich tat so, als ob ich aufpassen würde, aber meine Gedanken weilten irgendwo im Rockkeller, auf dem Sportplatz, im elterlichen Unternehmen – oder sie kreisten um ein Rendezvous mit Marion. So hieß meine erste feste Freundin. Später, lange nach meiner Schulzeit, habe ich wieder eine Marion kennengelernt, sie wurde meine Ehefrau.

Meine Schulnoten sahen oft entsprechend betrüblich aus. Regelmäßig war in meinem Zeugnis zu lesen: »Er könnte erheblich mehr leisten.« Ich fand jedoch vieles am Lehrstoff belanglos, mir schien der Unterricht oft zu wenig zukunftsorientiert und daher langweilig. Meine Eltern waren nicht erpicht darauf, die Elternabende zu besuchen oder groß nach meinen schulischen Leistungen zu schauen, solang die Noten einigermaßen stimmten. Und das taten sie in der Regel trotz allem noch. Wenn ich wollte, konnte ich mir in vielen Fällen das Schulwissen wie beiläufig aneignen.

Erfolgreich war ich weiterhin im Sport. Unser Gymnasium besaß als erste der höheren Schulen in der Region eine eigene Sporthalle. Dort spielten wir begeistert Volleyball, und unsere Mannschaft war bei Turnieren stets vorn dabei. Leider trugen die beachtlichen sportlichen Leistungen eben nicht ausreichend zu den Abschlussnoten im Zeugnis bei. Und schließlich war es nicht mehr möglich, sich mit etwas Halbwissen von Klassenstufe zu Klassenstufe durchzuwurschteln. Es kam, wie es kommen musste: In der Unterprima, seinerzeit die vorletzte Klassenstufe vor dem Abitur, blieb ich sitzen. Zu meiner Entschuldigung sei gesagt, dass mit mir insgesamt 15 Primaner meiner Klasse die »Ehrenrunde« drehen durften. Wir waren nun einmal unbändig wie kleine Monster. Halbstarke Rabauken, die hauptsächlich Rock, Mädchen und Sport im Kopf hatten.

Zu Hause löste mein Hängenbleiben ein absolutes Desaster aus. Aber auch ich selbst fühlte mich nicht wohl in meiner Haut. Ich wusste, dass ich es nicht hätte so weit kommen lassen dürfen. Mein entsetzter Vater gab mir unzweideutig zu verstehen, dass er mein Sitzenbleiben für ein Unding hielt, und er zeigte sich ernsthaft über meine Zukunftsaussichten besorgt. Zum Glück wirkte ein sehr guter Freund, übrigens ein Lehrer, beruhigend auf Vater ein: »Das Leben geht weiter. Du wirst sehen, deinem Sohn wird die Wiederholung guttun. In zwei Jahren wird er ein tolles Abitur machen ...«

Schließlich und allmählich haben die wohlmeinenden Worte des befreundeten Lehrers die Gewitterwolken aus dem Hause Wild vertrieben. Trotzdem wurde die Ehrenrunde für mich zu einem Denkzettel. Ich wusste sehr wohl, dass ich den Fehler bei mir selbst, in meinem eigenen Verhalten zu suchen hatte. Denn auch mit einer schnellen Auffassungsgabe kann man sich nicht einfach durchs Leben mogeln. Ohne Anstrengung lässt sich umfangreiches und tiefgründiges Wissen nicht erwerben. Aber auch Niederlagen sind lehrreich.

Jene Niederlage in der Schule hat mich gelehrt, dass erfolgreiches Vorankommen mit konzentrierter Arbeit und vollem Einsatz verbunden ist. Einmal mehr habe ich erfahren, wie wahr die Worte von Rabindranath Tagore sind, die meine Mutter so gern zitierte. Auch ich musste erwachen, also erwachsen werden. Ich musste lernen, hart zu arbeiten, damit das Leben gänzlich zur Freude werden konnte.

Nach der Wiederholung der Unterprima schrieb ich ein Jahr später im Abitur nicht nur einen hervorragenden Aufsatz, sondern brachte die ganze Reifeprüfung zu meiner und aller Zufriedenheit über die Bühne. Auch meine Eltern, allen voran mein Vater, waren ausgesöhnt. Und ich selbst auch. Mein Sitzenbleiben in der Unterprima hatte allerdings noch ein weiteres lehrreiches Nachspiel gehabt. Denn just in jenem Sommer, als meine Schulnoten für eine Versetzung nicht ausreichten, brauchte ich dringend ein neues Pferd. Dolly war alt geworden und fürs Turnierreiten auf höherem Niveau nicht mehr geeignet. Die beschwichtigenden Worte des befreundeten Lehrers hatten derweil nicht ausgereicht, um meinen Vater gänzlich gnädig zu stimmen. »Deine schulischen Leistungen sind nicht gut genug für ein neues Pferd«, beschied er knapp. Seine Worte trafen mich tief. Im Nachhinein will ich gern eingestehen, er hatte vollkommen recht.

Etliche Jahre später, nachdem ich in Norddeutschland als Geschäftsführer eines mittelständischen Unternehmens mein eigenes Geld verdient hatte, konnte ich mir selbst ein Pferd leisten. So zählte das Turnierreiten noch viele Jahre zu meinen liebsten Sportarten. Geblieben ist gleichwohl diese Erkenntnis: Lernen begleitet unser ganzes Leben, und nicht nur am Ende der Schulzeit stehen wir vor einer Reifeprüfung.

Vor meinem ersten vollberuflichen Engagement bei der Reederei »Diersch & Schröder« an der Weser warteten allerdings die aufregenden Jahre des Studiums der Rechtswissenschaften und anschließend der Betriebswirtschaftslehre auf mich.

KAPITEL 3

Studium an europäischen Universitäten

Manche Erfahrungen müssen Menschen anscheinend zweimal, gelegentlich sogar mehrmals im Leben machen, bis sie daraus die entsprechenden Lehren ziehen. Der Denkzettel, dass ich auf dem Weg zur Reifeprüfung einmal eine Ehrenrunde einlegen musste, hätte eigentlich ausreichen müssen, meine Einstellung zum Wissenserwerb zu ändern. Doch auch während meines Studiums war ich zwar ungebremst unternehmenslustig und wissbegierig, entfaltete meinen Erfahrungsdrang aber nicht immer in die richtige Richtung. Die Dozenten und ihre Vorlesungen konnten mich zeitweilig recht wenig fesseln. Ich zog sozusagen die Schule des Lebens oft dem Muff unter Talaren vor. Manche werden sich solcher Sprüche an den Universitäten in den 1960er-Jahren erinnern.

Aus meiner Erinnerung betrachtet hat mich kaum ein Lehrer oder Dozent bleibend beeinflusst. Viel eher hat mich meine intrinsische Motivation geleitet – ohne dass ich seinerzeit diesen Begriff und das dahinterstehende Konzept schon gekannt hätte. Sobald es aus meiner Sicht darauf ankam, fiel es mir nicht schwer, mich über Wochen und Monate intensiv und konzentriert mit der jeweiligen Materie meiner Studienfächer zu beschäftigen und vorzeigbare bis beeindruckende Prüfungsergebnisse zu erzielen. Meine Ausführungen über mein Verhalten in der Schulzeit und während meines Studiums mögen auf den ersten Blick in Widerspruch stehen zu meinem bereits in der Einleitung zu diesem Buch erwähnten Credo, wie wichtig und unerlässlich lebenslanges Lernen sei. Wenn jedoch jemand sein Referendarexamen in Jura mit Prädikat und anschließender Promotion abschließt und nach seinem Zweitstudium in Betriebswirtschaft zum Diplomkaufmann wird, vielleicht darf er dann hier und dort auch jene ausgefallenen Episoden aus seiner Studentenzeit einfließen lassen, die manchem strebsamen Geist möglicherweise die Haare zu Berge stehen lassen. Unproduktive Herangehensweisen sind schließlich ebenso wie die Niederlagen des Lebens dazu da, Lehren für die Zukunft aufzuzeigen.

Die Stationen meiner Studentenzeit jedenfalls hießen Cambridge, Bristol, München, Tübingen, Heidelberg, Paris und Mannheim.

Cambridge / Bristol

Nach dem Abitur habe ich meine ersten Trimester in England absolviert. Im Gegensatz zum Hochschuljahr in Deutschland, das zwei Semester umfasst, waren im Vereinigten Königreich dreimonatige Trimester üblich. Obwohl es nach meinem Abitur nicht eindeutig abzusehen war, wann und in welcher Form ich in das elterliche Unternehmen einsteigen würde, gab es zumindest für meinen Vater keinen Zweifel daran, dass ich es zur gegebenen Zeit tun würde.

Die Idee, dass ich mich an die Internationalisierung des Kerngeschäfts mit Aromen und Inhaltsstoffen machen würde, reifte schon früh. Anfang der 1960er-Jahre war WILD noch stark auf den deutschen Markt fokussiert. Für eine globale Ausweitung waren fachliche Sprachkenntnisse gerade in Englisch unerlässlich. Den Auftakt meines Studiums in England habe ich also auch deshalb gewählt, weil ich mein Schulenglisch aufpolieren und meinen Wortschatz erweitern wollte. Im Hinblick auf meine spätere Berufsausübung erschien es mir sinnvoll, meine Sprachkenntnisse mit dem nötigen juristischen und wirtschaftlichen Fachvokabular in Cambridge zu bereichern.

Meine Eltern waren mir behilflich. Sie brachten mich über den Kanal und sorgten dafür, dass ich in dem berühmten Hochschulort gut untergebracht wurde. Neben Sprache und Studium lernte ich zugleich eine zum Teil konträre Welt zu den mir bekannten kontinentalen Gepflogenheiten kennen. »The British way of life« imponierte mir vom ersten Augenblick an, nicht nur beim High Tea am Nachmittag, sondern auch bei der Rücksichtnahme der Engländer auf mich und mein Auto im Linksverkehr, speziell in den »roundabouts«. Sie sahen mein deutsches Nummernschild und dachten wohl auch im eigenen Interesse: »Safety first.«

Ich wohnte in der Familie eines Obersten, der einen mit mir gleichaltrigen Sohn hatte. Weil die englische Familie meine Begeisterung für Sport teilte, hatte ich in Cambridge ausreichend Gelegenheit, auf dem hauseigenen Platz mit meinem neuen Freund Tennis zu spielen. Ich lernte auch den englischen Nationalsport Cricket kennen, und manchmal verbrachten wir zwei, drei Tage auf und neben dem Spielfeld, wie üblich in weißer Hose und weißem Pullover.

Der Oberst hatte wie mein Vater im Zweiten Weltkrieg gedient und an einer Hand eine Kriegsverletzung davongetragen. Daher kamen bei den Unterhaltungen in der Familie auch solche ernsthaften Themen und Erinnerungen zur Sprache. Übrigens gab es neben meinem Drang nach Welterfahrung und Erweiterung meiner Sprachkenntnisse einen weiteren Grund, mit dem Studium im Ausland zu beginnen: Ich wollte nicht zur Bundeswehr eingezogen werden. Eine Prägung durch mein Elternhaus. Knapp 20 Jahre nach Ende des Zweiten Weltkrieges und des Leidens der englischen Bevölkerung unter der Bombardierung durch die deutsche Wehrmacht bekam ich wegen meiner Nationalität aber keine Ressentiments zu spüren. Ganz im Gegenteil.

Ich fuhr während meiner Aufenthalte in England – die Ferien habe ich meist zu Hause oder auf Reisen durch andere Länder verbracht – einen VW Käfer. Es war jenes alte, mittlerweile heiß begehrte Modell mit dem geteilten Heckfenster, und das deutsche Nummernschild hat manches deutsche Mädchen in der Zeit des

Rock 'n' Roll dazu animiert, während seines Englandaufenthalts auf der Suche nach einem Landsmann kleine Liebesbriefe und Einladungen unter den Scheibenwischer zu stecken. Für Bekanntschaften in den Pubs, die ich nicht eben selten zusammen mit Kommilitonen besuchte, war also gesorgt.

Dass ich mich an den britischen Linksverkehr erst gewöhnen musste, habe ich bereits angedeutet. Schon als ich mein Auto, das ich von meinen Eltern bekommen hatte, in Dover abholte, stand ich plötzlich einem Lastwagen frontal gegenüber und blickte über zwei Kühlerhauben verdutzt hinauf in das breite Grinsen des Fahrers, der die Situation im Griff hatte. Anfangs konnte es mir auch passieren, dass ich mich beim Verlassen einer Tankstelle auf der verkehrten Straßenseite wiederfand. Alles in allem bin ich aber unfallfrei durch die Zeit meines Englandaufenthalts gekommen.

Mit der Polizei hatte ich trotzdem zu tun, als ich einmal zur Ummeldung meiner Wohnadresse auf die Wache musste. Der Beamte schmunzelte, als er meinen Namen las. »Oh, Hans-Peter Wild, nice to meet you, I know your name!" Er ging ins Hinterzimmer und kam mit einem Bündel unbezahlter Strafzettel zurück. Er war jedoch freundlich und bat mich recht höflich, künftig beim Parken die entsprechenden Regelungen zu beachten. Nachzahlen musste ich die Strafgebühren dann nicht.

Während meiner Zeit in Cambridge wohnte ich nicht durchgängig bei der liebenswürdigen englischen Familie. Ich wollte auf eigenen Füßen stehen. Bei der Wohnungssuche machte ich dann eine tief beeindruckende Erfahrung mit dem Nationalitätendenken im damaligen England. Ich war mit einem Kommilitonen aus Indien befreundet, und wir beschlossen, gemeinsam nach einem Appartement Ausschau zu halten. Just am Tag der Wohnungsbesichtigung bekam der Kommilitone Nasenbluten. Sein schöner weißer indischer Kittel war von oben bis unten mit Bluttropfen übersät. Wir waren aber schon unterwegs zu einer Besichtigung.

»Die Sache können wir für heute abblasen, so bekommen wir nie eine Wohnung«, meinte ich. »Never mind, don't worry«, antwortete er mir, und wir liefen weiter, nachdem sein Nasenbluten aufgehört hatte. Wir trafen bei dem Appartement ein, und tatsächlich, das Gegenteil von meinen Befürchtungen trat ein. Die englische Vermieterin zeigte sich ganz besorgt und hilfsbereit.

»Oh, what's happened?«, fragte sie überaus freundlich. Nach Erklärungen und einem kurzen Gespräch bekamen wir das Appartement. Im Stillen stellte ich mir vor, ich hätte in Deutschland zusammen mit einem Inder, der in einem blutbefleckten Kittel daherkam, eine Wohnung mieten wollen.

Auch eine andere Erinnerung in dem Zusammenhang ist bis heute prägend geblieben. Angeregt durch meinen indischen Kommilitonen sind wir öfter und gern indisch essen gegangen. »Indian food« war lecker und besonders preiswert zu bekommen, was meiner finanziellen Situation entgegenkam. Allerdings habe ich mich damals dermaßen an indischen Speisen »übergessen«, dass ich seither einen Bogen um diese an sich schmackhaften Gerichte mache.

Am Ende meiner Zeit in Cambridge sprach ich so gut Englisch, dass man es mir kaum noch anmerkte, dass ich Ausländer war. Danach schloss sich noch ein Aufenthalt in Bristol an. Ursprünglich war der Wechsel des Studienortes gar nicht geplant gewesen, doch ich hatte neben dem Studium, genauer gesagt durch meine Seminarbesuche in Cambridge eine junge Professorin »näher« kennenglernt. Sie war zwar einige Jahre älter als ich, aber die Chemie stimmte. Die Professorin wechselte wegen eines neuen Lehrauftrags die Universität – und ich wegen ihr. Man lernt die Studieninhalte, die Fremdsprache und einiges mehr, was das Leben ausmacht, wesentlich intensiver und schneller, wenn das in trauter Zweisamkeit geschieht.

Mein Englandaufenthalt war in vielerlei Hinsicht prägend. Die Weltoffenheit vieler Menschen dort, ihre Unvoreingenommenheit gegenüber anderen Nationalitäten, die sehr liberale Geisteshaltung in Cambridge und anschließend in Bristol, das alles hat mich beeindruckt und positiv beeinflusst. Ich bin reifer an Erfahrungen nach Deutschland zurückgekehrt, um mein Jurastudium in München zu beginnen.

München

Die Juristische Fakultät der Ludwig-Maximilians-Universität München ist gewiss eine ausgezeichnete Adresse. Mein Problem war, dass ich bei der Suche nach der Adresse des Hörsaals mehrfach nicht fündig wurde. Und wenn ich den Veranstaltungsort gefunden hatte, waren alle Parkplätze in der Nähe belegt. Bis ich dann zu Fuß den Unterrichtsort erreicht hatte, war der Hörsaal überfüllt oder die Vorlesung bereits in vollem Gange.

In einem anderen Fall hatte ich eine Vorlesung über Schuldrecht belegt und tatsächlich auch besucht. Der Dozent las jedes Mal aus seinem Buch vor. Ich sagte mir, dieses Buch kann ich bequem in einem Biergarten lesen, dafür muss ich nicht in einem überfüllten Hörsaal sitzen.

Wir können es kurz machen: In München und Umgebung hat mich alles andere mehr interessiert als der Lehrbetrieb an der Uni. Studentenjobs und Sport haben vorwiegend meine Tagesabläufe bestimmt. Ich segelte auf dem Starnberger See oder fuhr in den Alpen Ski, anstatt mich ums Jurastudium zu kümmern.

Um mir die sportlichen Vergnügungen finanziell leisten zu können, habe ich regelmäßig gejobbt. Zum Beispiel verluden einige Kommilitonen und ich für eine Zigarettenmarke, bekannt durch toughe Cowboys in der Werbung, große Kartons voll Zigaretten. Strategisch wohl kalkuliert sorgte dann jemand fünf Minuten vor Schluss dafür, dass einer der Kartons von der Rampe fiel und aufbrach. Überall auf dem Boden lagen Zigarettenschachteln herum, und die haben wir uns die Taschen gestopft. So besserten wir unseren mageren Stundenlohn auf – aber als Vorbild für die junge Generation taugt das wirklich nicht.

Beliebt bei den Studentenjobs waren auch die sogenannten Einsitzer. Ab dem frühen Abend saßen wir in den Nachtclubs, damit bei den ersten eintreffenden Gästen der Eindruck entstand, dass dort schon ordentlich was los sei. Wir bekamen für diesen Job neben ein paar Mark auch ein Freigetränk und mussten uns damit die Zeit vertreiben, bis die ersten Nachtschwärmer eintrudelten. Danach durften wir die Plätze räumen.

Einmal habe ich einen Job bei einer älteren Dame angenommen. Ich sollte dort Fenster putzen. »Kein Problem«, sagte ich bei meinem Vorstellungsgespräch, »so etwas mach ich gern.« Schon als ich den Lappen in die Hand nahm, konnte die Dame erkennen, dass ich noch nie im Leben ein Fenster geputzt hatte. Sie hatte aber Erbarmen mit mir. Wir konnten uns nämlich prima unterhalten, und sie mochte meine Storys. Ich hatte damals für mein Alter viel von der Welt gesehen, hatte meine ersten Reisen auf dem amerikanischen Kontinent und die Aufenthalte in Frankreich und England hinter mir. So ergab es sich, dass ich forthin statt fürs Putzen für Konversation und Kaffeetrinken bezahlt wurde.

In meine Zeit an der Münchner Uni wurde ich Augenzeuge einiger der großen Studentendemonstrationen. Nicht immer sind diese Demos friedlich abgelaufen. Ich erinnere mich gut an eine Szene, als die berittenen Ordnungshüter einschritten. Zwei, drei Polizisten auf Pferden kamen in der Straßenmitte auf den Demonstrationszug zu, je einer auf den Trottoiren. Auf ein Zeichen hin sind sie in vollem Galopp durch die Reihen der Demonstranten geritten. Wir Studenten, ob marschierend oder zunächst interessiert am Straßenrand stehend, mussten zwischen parkenden Autos Rettung suchen. Ich selbst war während meiner Studienzeit nicht politisch aktiv, doch ich verfolgte sehr aufmerksam die wesentlichen politischen Ereignisse, nicht nur im Hochschulmilieu. Gegen extreme Positionen hatte mich allerdings meine damalige Lebenserfahrung und die Begegnung mit anderen Kulturen gefeit.

Nach zwei mehr oder minder verbummelten Semestern in München bekam ich ein schlechtes Gewissen. Ich schwor mir, dem »Lotterleben« ein Ende zu setzen und mich künftig voll aufs Lernen zu konzentrieren. Und das tat ich dann auch – an den nächsten Stationen meines Studiums.

Tübingen, Heidelberg, Paris, Mannheim

Meine Lernerfahrung aus der Zeit in München und hatte mir vor Augen geführt, dass ich das Studium wesentlich ernster nehmen musste. Und es lag mir nun alles daran, zügig gute Abschlüsse anzustreben. Wie bereits in der Schulzeit hatte ich festgestellt, dass ich vieles mit Links auf die Reihe bekam. Doch für wirklich erfolgreiche Abschlüsse reichte die Laissez-faire-Haltung nicht aus. Dies würde auch für das kommende Berufsleben gelten, und ich spürte die Verantwortung für unser Familienunternehmen. Es wartete eine Herausforderung auf mich, die nicht mit meiner lockeren Lebenseinstellung zu stemmen sein würde.

Von München wechselte ich an die Universität in Tübingen, wo ich innerhalb von einem Semester meine »Hausaufgaben« erledigen konnte. Es war eine arbeitsintensive Zeit, in der ich abschließend meinen Schein in Strafrecht machen musste. Zum Semesterende gelang es mir, eine zufriedenstellende Klausur in Strafrecht zu schreiben. »Sie haben ein gutes Judiz«, bescheinigte mir mein Professor. Judiz nennet man die Fähigkeit, einen Rechtsfall schnell und intuitiv beurteilen zu können und die richtigen Lösungen zu finden. Einfach ausgedrückt geht es um den gesunden Menschenverstand, kombiniert mit gutem Rechtsempfinden. Beides war mir also gegeben, und ich hatte diese Fähigkeiten auch dringend nötig, denn so arg viele Paragrafen, die ich in den Hörsälen in München hätte kennenlernen müssen, konnte ich in meiner Klausur nicht zitieren. Ein gutes Judiz hat mir auch später im unternehmerischen Leben geholfen, Tatsachen schnell und richtig zu beurteilen und die entsprechenden Schlüsse für meine Entscheidungen zu treffen.

Freizeitaktivitäten in Tübingen kommen mir kaum in den Sinn, was ebenfalls ein Indiz dafür ist, dass mich tatsächlich das Studium an vorderster Stelle beschäftigte. Ich erinnere mich lediglich, dass ich in Tübingen mit einem Freund aus meiner Abiturklasse zusammen studierte. Er ist später Erster Bürgermeister in Heidelberg geworden. Das war Dr. Jürgen Beß, der leider viel zu früh verstorben ist. Wir wohnten in einem Zweizimmerappartement, außerhalb der Innenstadt, in einem hübschen Giebelhaus. Dass die verlockenden Studentenkneipen in der romantischen Altstadt nicht zu Fuß zu erreichen waren, hat wohl mit zu der nötigen Konzentration auf das Studium beigetragen. Nach einem erfolgreichen Semester habe ich Tübingen verlassen.

Für Wochenendtrips lag Heidelberg nicht weit, rund zwei Stunden Autofahrt. Und so war ich ohnehin gelegentlich in die mir vertraute Region gefahren. Vielleicht um Freunde und Freundinnen zu treffen. Oder ich war es leid, meine Wäsche selbst zu waschen und bin an Wochenenden mit der Schmutzwäsche im Elternhaus aufgekreuzt. Was auch immer meine universitären Wechselabsichten angespornt haben könnte, nach nur wenigen Monaten wechselte ich von der einen zur anderen altehrwürdigen Universität. Beide Städte liegen am Neckar und haben ihren besonderen Charme.

Mit der Ruprecht-Karls-Universität Heidelberg bin ich bis heute tief verbunden. Sie ist eine der ältesten Universitäten in Europa und die älteste Universität Deutschlands. Einige Jahrzehnte nach meinem Studienabschluss bin ich Ehrensenator der Universität Heidelberg geworden und fördere dort bis heute Forschungsprojekte.

Nach der Rückkehr in meine heimatliche Region ging es Schlag auf Schlag. Einiges in der Abschlussphase meines Studiums habe ich sogar parallel laufen lassen – und diese gebündelte Herausforderung problemlos gemeistert. Zunächst habe ich in Heidelberg mein Referendarexamen mit Prädikat abgelegt. Sogleich habe ich an meiner Promotion zu arbeiten begonnen, und auch diese habe ich im Rekordtempo abgeschlossen. Gleichzeitig habe ich in Mannheim BWL-Kurse belegt und das Zweitstudium zum Diplomkaufmann aufgenommen. Als wissenschaftliche Krönung habe ich zwischenzeitlich an der Sorbonne in Paris studiert und dort für meine Doktorarbeit recherchiert. Tatsächlich, ein volles Pensum.

In jener Lebensphase hatte ich meine beruflichen Ziele bereits sehr genau definiert, und mein steter Zukunftsdrang gab mir viel

Schub. Es wurde mir bewusst, dass ich keinen wissenschaftlichen Weg an einer Universität einschlagen würde, sondern mit meinem Wissen und meinen Fähigkeiten in der Wirtschaft tätig sein wollte – in der ökonomischen Praxis.

Ich promovierte bei dem hoch angesehenen Professor Konrad Duden, Enkelsohn des gleichnamigen, berühmten Philologen. Dessen Standardwerk, das nach ihm benannte orthografische Wörterbuch der deutschen Sprache, kennt wohl jeder. Das Werk und dessen Fortführung bestimmen bis heute maßgeblich unseren Sprachgebrauch. Der Jurist Professor Duden führte ab den 1950er-Jahren Lehraufträge an der Universität Heidelberg durch. Er war auch Gründungsprofessor der Universität Mannheim und dort 1967 der erste Dekan der juristischen Fakultät.

Es war überhaupt keine Selbstverständlichkeit, Doktorand bei Professor Duden zu werden. Im Gegenteil, es haben nur wenige Studenten je bei ihm promoviert. Selbst mein damaliger Nachbar im Philosophenweg in Heidelberg, einer der berühmtesten Fachleute seinerzeit im Wettbewerbsrecht in der Bundesrepublik, Professor Heinz Rowedder, war hoch beeindruckt, dass es mir gelungen war, bei seinem Kollegen zu promovieren. Vermutlich kam mir zugute, dass die wissenschaftlichen Forschungsgebiete meines Doktorvaters und meine juristischen Interessen übereinstimmten. Ich erinnere mich an unser erstes Gespräch, als ich meinem Professor darlegte, dass mich das Thema Rechtsvergleichung interessiere und ich die Absicht habe, darüber zu promovieren. »Ich schaue schon seit einiger Zeit nach jemandem, der sich diesem Thema widmen würde«, sagte mir Professor Duden und nahm mich als Doktoranden an.

Während anderen Studenten oft wahllos Themen zugewiesen werden, konnte ich mich auf diese Weise in meiner Doktorarbeit mit dem wissenschaftlichen Stoff beschäftigen, der mich erstens tatsächlich interessierte und der zweitens für meine späteren unternehmerischen Tätigkeiten von großer Bedeutung sein würde. In Heidelberg setzte die Phase ein, in der ich ein zukunftsorientiertes »big picture thinking« zu entwickeln begann. Seit dieser Zeit lasse ich mich stark durch ganzheitliche Denkansätze zu unternehmerischen Schritten motivieren.

Mit meiner kartellrechtlichen Dissertation über *Das marktbeherrschende Unternehmen im französischen Recht* erarbeitete ich mir jene wissenschaftlichen Grundlagen, die eine der wesentlichen Grundvoraussetzungen für mein späteres Engagement als weltweit operierender Unternehmer werden sollten. Das Zweitstudium in BWL parallel zur Promotion fiel mir insofern leicht, als dass es thematische Überschneidungen mit dem Jurastudium gab, etwa beim Steuerrecht oder der Wirtschaftsprüfung. Aufgrund meiner Abschlüsse in Jura musste ich einige BWL-Prüfungen gar nicht mehr machen.

Mein Dissertationsthema macht nun erneut ein Auslandssemester erforderlich, diesmal in Paris. Von mehreren früheren Reisen kannte ich das Land gut, hauptsächlich den Süden mit der Mittelmeerküste. Paris war mir ebenfalls nicht unbekannt, und die Sorbonne schien mir die beste französische Universität für die Arbeit an meiner Doktorarbeit. Das Material, das ich für meine Dissertation brauchte, gab es eben nur auf Französisch. Also saß ich nicht nur in Universitätsveranstaltungen, sondern hauptsächlich in der Bibliothek der Sorbonne. Ich las und exzerpierte stunden- und tagelang. Zudem führte ich viele Fachgespräche und Interviews für meine Doktorarbeit, zum Beispiel mit dem Chef der Kartellbehörde.

Zum Glück gab es in Paris nach harter Tagesarbeit in der Nacht noch genug Entspannungsmöglichkeiten. So sind wir Studenten gelegentlich noch morgens um vier ins Kino gegangen oder haben das Nachtleben als Betrachter vom Tisch eines Straßencafés aus genossen. Gegen Monatsende geschah dies immer seltener, weil wir alle unser Monatssalär bereits aufgebraucht hatten. Anfangs wohnte ich in einem Hotel für Studenten in St. Germain, in der Nähe der Sorbonne. Später zog ich in ein sehr schönes Appartement im 16. Arrondissement. Ich fuhr einen Alfa Romeo 1600 GT, der damals als

»heißer Ofen« galt und wunderbar geeignet war, um mit meinen hübschen französischen Freundinnen die herrlichen Sehenswürdigkeiten in Paris und Umgebung zu erkunden.

Die französischen *Cercle*, die sozialen Gruppen, erlebte ich als in sich abgeschlossen. Aber dadurch, dass ich eine französische Freundin hatte, bekam ich schnell Zugang zu den Kreisen. Es war trotzdem ein gänzlich anderer Lebensstil als der, den ich in Cambridge oder in München kennengelernt hatte. Für meine späteren unternehmerischen Tätigkeiten in einer multikulturellen Welt war das Kennenlernen unterschiedlicher nationaler Mentalitäten eine nützliche Erfahrung, die mir auf meinem Weg zur Globalisierung der WILD-Werke wohl auch geholfen hat.

Allerdings: Ich erinnere mich auch an eine peinliche Begebenheit in Paris. Meine Mutter kam überraschend zu Besuch. Sie lud mich zum Abendessen ein. Das Menü war köstlich. Nur schaute meine Mutter plötzlich auf meine Hand. »Wo hast du denn deine Armbanduhr?« – »Ich habe sie in der Wohnung vergessen«, log ich verlegen. Es war die goldene Armbanduhr, die ich von meinen Eltern zum Abitur geschenkt bekommen hatte. In Wirklichkeit hatte ich die teure Uhr im Pfandhaus versetzt, weil das Leben an der Seine, die Freundschaften und Einladungen, oft tief ins Portemonnaie griffen. Mit dem nächsten Monatsscheck konnte ich meine Armbanduhr dann wieder auslösen.

Wie diese Episode einen guten Ausgang nahm, so konnte ich auch meine Studienzeit in Paris erfolgreich beenden. Meine Doktorarbeit schloss ich zu Hause ab – wobei ich nach Abgabe der Dissertation noch einmal eine Schrecksekunde erleben musste. Nachdem Professor Duden die Arbeit gelesen hatte, ließ er mich zu sich kommen. Er warf mir das Konvolut entgegen. Ich befürchtete schon das Schlimmste, als ich meine Arbeit auf dem Tisch liegen sah. »Haben Sie schon mal von Kommaregeln gehört?«, schnaubte er. Tatsächlich fehlten in meiner Doktorarbeit unzählige Kommata. Ich hatte sie zum Abtippen weggeben und nicht daran gedacht, sie noch einmal gründlich durchzulesen.

Das war gerade bei dem Enkel des berühmten Konrad Duden natürlich ein Fauxpas. Doch nach Korrektur der Kommafehler durfte ich fortan den Titel Dr. jur. tragen. Und dank meiner erfolgreichen Dissertation wurde mir auch die Diplomarbeit in BWL erlassen.

Eine wechselvolle, höchst turbulente, aber auch höchst lehrreiche Studienzeit ging zu Ende. Das lebenslange Lernen hingegen hatte gerade erst begonnen.

KAPITEL 4

Ein süddeutscher Hanseat

Wie gestaltet ein junger Mensch, nachdem er sein Studium mit Auszeichnung abgeschlossenen und anschließend promoviert hat, seine nächsten Schritte als Jurist und Diplomkaufmann? Macht er vielleicht für einige Monate eine ausgedehnte Weltreise, um wissbegierig oder vergnüglich andere Länder kennenzulernen?

Solche freizeitlichen Unternehmungen standen bei mir nicht auf dem Programm. Denn als Familie hatten wir während meiner Schulzeit die Ferien bereits ausreichend oft im Ausland verbracht. Und sowohl vor, insbesondere aber nach dem Abitur hatte ich bereits umfangreiche professionelle und lehrreiche Auslandserfahrungen im Rahmen des Familienunternehmens sammeln können. Diese Welterkundungen beschränken sich nicht allein auf meine Studienzeiten in England und Frankreich. Bereits mit 19 Jahren hatte ich beispielsweise im Auftrag unserer Firma Regionen in Süd- und Mittelamerika bereisen dürfen. In Mexiko etwa war ich von der Hauptstadt nach Veracruz auf der staubigen Ladefläche eines Lastwagens unterwegs, zu einer Fabrik, um dort neue Geschäftskontakte für unser Unternehmen zu knüpfen. An Reiseabenteuern hat es mir in meinem jungen Leben also nicht gefehlt. Außergewöhnliche Reiseerfahrungen schätze ich übrigens bis heute, wobei es inzwischen gern etwas bequemer sein darf als damals auf der Strecke von Mexico City nach Veracruz.

Fortgesetzte Wanderjahre

Andere junge Menschen setzen sich nach ihrem Studium in das gemachte Nest des elterlichen Unternehmens, ausgestattet mit einem wohl dotierten Posten. Manche machen sich einen schönen Lenz, zumal das von der vorhergehenden Generation aufgebaute, prosperierende Unternehmen reichlich Gewinn abwirft. Mich hat nichts von den genannten bequemen, hausgemachten Möglichkeiten und Perspektiven gereizt.

Dabei hätte es unserem Vater gut gefallen, wenn seine beiden Söhne nach dem Studium mit ihrem Fachwissen sogleich im Stammwerk in Eppelheim eingestiegen wären, um mit ihren erworbenen Kompetenzen dort ihre Wirkungsmöglichkeiten voll zu entfalten. Es schien also vorgegeben, dass mein Bruder und ich in dem von den Eltern gegründeten und aufgebauten Unternehmen mitarbeiten würden. Vater hatte sich die Zukunft so vorgestellt, dass in unmittelbarer Nähe zur elterlichen Villa die Familienhäuser gebaut würden, worin seine Söhne mit ihren Frauen und Kindern wohnten. Die Söhne sollten dann im Familienunternehmen mitwirken. Mein Bruder sollte die Techniksparte und ich das Kaufmännische übernehmen.

Natürlich verstand ich meinen Vater bestens und wusste, dass sein Wunsch von Herzen kam. Tatsächlich kannte ich den Betrieb ja von Kindesbeinen an. Außerdem verfolgte ich mittlerweile viele Entwicklungen in der Produktion und in unserer »Ideenschmiede« in Eppelheim. Ich erkannte die großartigen Perspektiven, die sich Schritt für Schritt in unserem Stammwerk abzeichneten. Auch der Verantwortung war ich mir voll bewusst, die ein Familienunternehmen der nächsten Generation auferlegt.

Unserer auf den Märkten stetig wachsenden und prosperierenden Firma standen drei Jahrzehnte nach ihrer Gründung so gut wie grenzenlose Entfaltungsmöglichkeiten offen. Das war in jenen Jahren bereits an allen Ecken und Enden unseres Unternehmens ideell ebenso wie in der Praxis spürbar. Wir glänzten beispielsweise seit rund 15 Jahren, seit meiner Schulzeit also, mit dem führenden Markenprodukt »Libella«. Das beliebte Erfrischungsgetränk in der Rillenflasche hatte besonders unter Jugendlichen Kultstatus. Unser Klassiker bot gewissermaßen einen Vorgeschmack auf die kommenden Entwicklungen im nachfolgenden halben Jahrhundert bis in unsere Gegenwart.

Bereits während meiner Studienjahre konnte ich mitverfolgen, wie wir in die Industriesparte des Maschinen- und Anlagebaus einzusteigen begonnen hatten. Wir entwickelten und bauten überraschend zügig neuartige Ausmischanlagen, mit denen wir unsere industriellen Kunden überzeugten und neue Interessenten auf den Märkten gewinnen konnten. Der eigenständige Maschinenbau schließlich wurde ganz entscheidend für den späteren Erfolg von Capri-Sonne.

Last but not least nämlich reiften gegen Ende meiner Studienzeit die ersten Pläne für ein Getränk in einer ganz außergewöhnlichen Aufmachung. Man darf sagen, für die damalige Zeit war es eine futuristisch anmutende Verpackung, für die wir später sogar internationale Auszeichnungen erhielten. Das Getränk in dieser neuartigen Tüte sollte Capri-Sonne heißen und bald den Siegenzug durch die Welt der Erfrischungsgetränke antreten. Die Zukunft der Weltmarke begann in jenen Jahren.

Ich war Ende der 1960er-Jahre also bestens in die Pläne und Entwicklungen unseres Familienunternehmens involviert. Ja, noch viel mehr! Wie erwähnt, unternahm ich im Auftrag meines Vaters seinerzeit Auslandsreisen für unsere Firma und brachte an entscheidender Stelle meine Kenntnisse ein. Die Herstellung der neuartigen Verpackung für Capri-Sonne wurde nämlich wesentlich durch meine französischen Sprachkenntnisse und durch meine entsprechende Mitwirkung bei der Suche nach einer passenden Maschine für die Produktion des Standbeutels ermöglicht.

Meine Verbundenheit mit unserem Unternehmen bestand somit seit meiner Kindheit, und ich kannte auch alle führenden Mitarbeiter persönlich. Dank seines guten Geschicks gelang es Vater, hervorragende Führungskräfte auch für die neuen Sektoren zu gewinnen und über Jahrzehnte im Unternehmen zu behalten. Sie wurden mit den Jahren jene geschätzten Menschen, mit denen ich bis zu ihrer Pensionierung und in einigen Fällen sogar danach intensiv zusammengearbeitet habe.

Liest man die oben geschilderten Voraussetzungen, werden sich viele unwillkürlich fragen: Was hätte nähergelegen, als sofort in das Familienunternehmen einzusteigen? Ich jedoch hatte zunächst einen anderen Weg vor Augen. Unabhängig davon, dass ich später tatsächlich hoch motiviert in unserem Unternehmen tätig sein würde, spürte ich intuitiv, dass ich zunächst weitere, vor allem praktische Erfahrungen sammeln wollte und musste. Es kommt nicht von Ungefähr, dass Handwerker insbesondere in früheren Zeiten nach der Ausbildung Wander- und Lehrjahre absolvierten, bevor sie sich schließlich an einem Ort niederließen.

Vielleicht spielte auch meine Prägung mütterlicherseits eine Rolle. Oft hatte Mutter betont, dass junge Menschen erst die Welt kennenlernen und dabei herausfinden sollten, welchen Zukunftsweg sie einschlagen wollen. So kam es, dass ich, bevor ich mich der großartigen Herausforderung im Stammwerk in Eppelheim zuwandte, mir Lehrjahre in der Fremde vornahm.

Ganz profan habe ich mich nach dem Studienabschluss auf Stellensuche begeben. In jener Zeit ohne Internet und E-Mails bedeutete das die tägliche Durchsicht der Stellenanzeigen in großen Tageszeitungen. Natürlich inserierte ich auch selbst, es war in der *FAZ*. Erfreulicherweise erhielt ich zahlreiche Rückmeldungen, wobei nicht alle meinen Vorstellungen oder Ansprüchen entsprachen.

Neben einigen anderen Firmen reagierte auch RWE auf mein Inserat. Man legte mir im freundlichen Gespräch dar, dass ich irgendwelche Smogwerte juristisch verteidigen sollte. So einen Aufgabenbereich zu übernehmen, war für mich indiskutabel. Noch ein oder zwei weitere Flops und Fehleinschätzungen bei der Stellensuche gab es zu beklagen. Die gefragten Profile entsprachen entweder zu wenig meinen Interessen oder hätten mich von den Anforderungen her nach dem langen Studium nicht befriedigt.

Auch von dem 1876 in Aachen gegründeten Traditionsunternehmen Henkel wurde ich eingeladen. Die Mitarbeit in dieser Firma hätte mich tatsächlich gereizt. Doch der vorgesehene Aufgabenbereich, die Bearbeitung juristischer Papiere, war nicht nach meinem Geschmack. Ein positives Ergebnis hatte mein Besuch bei der Firma Henkel trotzdem. Oben am Philosophenweg in Heidelberg habe ich einige Jahre später ein schönes Haus von Henkel Senior erworben. Es bietet auch heute eine herrliche Aussicht auf die Stadt unten am Neckar, und ich habe mit meiner Frau und unseren Kindern viele Jahre diesen Weitblick genossen.

Mein Weg führte schließlich in den hohen Norden, denn am meisten Gefallen fand ich an einem Bewerbungsgespräch in der Hansestadt Bremen. Die Stadt wurde berufsmäßig und bald auch in familiärer Hinsicht mein Lebensmittelpunkt. Mein Studium in Jura und BWL – insbesondere diese Kombination – half mir sehr bei der Ausübung meines neuen Berufs. Das mittelständische Unternehmen Diersch & Schröder, das 2020 sein 100-jähriges Bestehen feierte, war damals schon eine angesehene, prosperierende Firma in den Sparten Mineralöl, Chemie und Schifffahrt. Die Geschäftsleitung war auf der Suche nach einem Assistenten.

Im Auftrag von Diersch & Schröder

Nach eingehenden Gesprächen mit Senior- und Juniorchef, beide waren wesentlich älter als ich, waren wir uns über die Arbeitskriterien schnell einig. Ich wurde zum Assistenten der Leitung bei Diersch & Schröder. Beeindruckend fand ich 1969 die Ähnlichkeit zwischen dem dortigen und unserem Familienunternehmen. Beide waren aus einem kleinsten Einmannbetrieb Schritt für Schritt und schließlich mit zunehmendem Tempo zu einer weit agierenden und breit aufgestellten Unternehmensgruppe angewachsen.

Meine beruflichen Jahre in Bremen waren in mehrerlei Hinsicht eine prägende Zeit. Voller Elan stieg ich bei Diersch & Schröder ein, sodass ich vom Job des Assistenten zur Beförderung zum Geschäftsführer der bedeutenden Mineralölsparte lediglich sechs Wochen benötigte. Später wurde ich zudem Geschäftsführer der Chemiesparte und letztlich der gesamten Reederei. Damals war ich wohl der einzige Mensch aus Süddeutschland, der mehrere Jahre lang eine hanseatische Reederei leitete. In unserem Stammwerk in Eppelheim wurde es ein Running Gag, dass man von mir als dem »süddeutschen Reeder« sprach.

Entscheidend in Bremen war unter anderem die Erfahrung, dass ich mir auch in einem zunächst fremden Unternehmen innerhalb kurzer Zeit eine führende Position erarbeiten konnte. Das war eine bedeutsame Erkenntnis für einen jungen Menschen, ich war damals Ende zwanzig. Offenbar aber besaß ich bereits einige jener Eigenschaften, die Rainer Zitelmann in seiner Studie über die Psychologie der Superreichen als das »verborgene Wissen der Vermögenselite« herausgearbeitet hat. Ein Wissen, das ich in meinem Buch anhand praktischer Lebenserfahrungen bestätigen will.

Die Eigentümer von Diersch & Schröder hatten also von Beginn an großes Vertrauen in meine geschäftlichen Fähigkeiten. Sie wurden nie enttäuscht, und ich habe bis heute guten Kontakt zu meinem Nachfolger.

Meine Tätigkeit umfasste zum Beispiel im Ölgeschäft den An- und Verkauf größerer Ladungen Gasöl. Dabei ging es um Summen von circa 20 Millionen US-Dollar. Im Vergleich zu heute waren die Millionen ungemein hohe Beträge. Höchste Achtsamkeit war gefragt. Ich war mir der Richtigkeit meiner Entscheidungen recht sicher, da ich die Risiken im Vorfeld gründlich analysierte. Jedenfalls bereiteten mir die Transaktionen keine schlaflosen Nächte. Die Eigentümer des Unternehmens aber saßen, bildlich gesprochen, nachts senkrecht im Bett! Trotz der neuen Aufgabenbereiche und Herausforderungen agierte ich aber so erfolgreich, dass meine Chefs bald wieder einen ruhigen Schlaf fanden. Auch Devisengeschäfte in Millionenhöhe hatte ich eigenständig für das Unternehmen zu tätigen.

Restrisiken im Wirtschaftsgeschehen sind natürlich nie auszuschließen. Das habe ich im späteren Leben manches Mal zu spüren bekommen, wenn ich mit wesentlich größeren Summen als in der Bremer Zeit zu hantieren hatte. Dann heißt es, blitzschnell zu reagieren, Risikoorientierung, Verantwortungsbewusstsein und Bauchgefühl gegeneinander abzuwägen. Diese Übung fiel mir in meiner Bremer Zeit nicht schwer. Sofort nach meiner Rückkehr in das elterliche Unternehmen konnte ich allerdings einen deutlichen Unterschied in meinem finanziellen Gebaren feststellen. Während ich mit fremdem Kapital sorgsam, aber doch unbefangener umgehen konnte, bereiteten mir »im eigenen Haus« Investitionen oder Verkäufe Kopfschmerzen, die verglichen mit dem Tanker- oder Erdölgeschäft im Auftrag von Diersch & Schröder lediglich einen geringen Umfang hatten.

Auch im Erdölgeschäft, geleitet von der Bremer Firmenzentrale aus, ging es um das ganz große Geld. Mal allein, mal zusammen mit dem Juniorchef Wolfgang Karstedt unternahmen wir für die Öleinkäufe Reisen in nordafrikanische Länder oder nach Venezuela. Die Reisetätigkeit war für mich nichts Außergewöhnliches, lediglich ging es diesmal nicht um Früchte und Aromen, sondern um das »schwarze Gold«. Der Unterschied lag eben in den gewaltigen Summen, um die es ging – ob es nun Gewinne oder möglicherweise Verluste waren. Diese Erfahrungen, die Aktivitäten als Geschäftsmann auf den Weltmärkten, kamen mir später bei der Internationalisierung unseres Familienunternehmens zugute, nämlich die gesunde Balance zwischen Risikobereitschaft und sorgsamer Vorsicht.

Bedingt nicht zuletzt durch die erste Ölpreiskrise 1973 konnte man in jener Zeit im Ölgeschäft unglaubliche Gewinne machen. Die Firma hatte mit Gasöl so viel Geld verdient wie in vielen vorangegangenen Jahren nicht zusammen. Der über 80-jährige Seniorchef Otto Diersch rief mich zu sich und fragte erstaunt, fast schon besorgt: »Herr Dr. Wild, geht das hier alles noch mit rechten Dingen zu?« Ich konnte ihn beruhigen, dass wir dem Marktgeschehen entsprechend und richtig agiert haben. »Wir unternehmen nichts, was inkorrekt wäre«, erläuterte ich ihm unsere Strategien.

Einen höchst positiven Nebeneffekt der sprunghaften Firmeneinnahmen konnte ich auf meinem eigenen Konto registrieren. Neben meinem Gehalt als Geschäftsführer war ich am Unternehmensgewinn beteiligt. Ich konnte mir ein eigenes Turnierpferd kaufen und war auf das Geld meines Vaters nicht angewiesen. Er zeigte sich gleichermaßen stolz und verblüfft, als ich ihm von meinem plötzlichen Reichtum infolge meiner Geschäftsführertätigkeit und der Gewinnbeteiligung berichtete.

Ich habe in meiner Bremer Zeit eine Fülle an Eindrücken und Erlebnissen sammeln können, die zum Teil der damaligen Zeit geschuldet waren und heute vielleicht kaum mehr nachvollziehbar sind. So spielte sich die firmeninterne Kommunikation wie folgt ab: Morgens setzten wir, die führenden Mitarbeiter, uns zu einer Besprechung zusammen. Der Finanzchef kam mit einem Stapel von Geschäftsbriefen in die Runde und las sie vor. Anschließend wurde über die weitere Vorgehensweise beraten. Es war eine Vorgehensweise aus einem anderen Jahrhundert. Die Digitalisierung der Verwaltung hatte noch nicht begonnen und steckte nicht einmal in den Kinderschuhen. Ein Blick in die Gegenwart, in die Zeit der Pandemie zeigt, wie sehr selbst in einer führenden Industrienation wie Deutschland die Digitalisierung behördlicherseits noch immer im Argen liegt. Als erste Konsequenz aus den Erfahrungen in Bremen habe ich sofort nach meiner Rückkehr in unserem Familienunternehmen den Verwaltungsbereich umgekrempelt und modernisiert.

Ich erinnere mich an eine Begebenheit bei Diersch & Schröder, als ich in der Chemiesparte verantwortlich zu tun hatte. Natürlich wollte ich mir auch ein Bild über die Verhältnisse in der Produktion machen. »Herr Dr. Wild, in die Produktion können Sie nicht gehen«, wurde mir gesagt, »das sind zum Teil verbohrte, aggressive Leute.« Also wollte ich mir das erst recht anschauen.

Tatsächlich stieß ich auf Unmut und Unruhe. Ja, ein Mitarbeiter warf sogar mal mit einem Schraubenschlüssel nach mir. Meine Analyse der Lage ergab, dass eine Ursache der Unzufriedenheit in den

Arbeitsbedingungen der Arbeitnehmer zu suchen war, also letztlich bei der Geschäftsführung selbst.

Die Zustände glichen in keiner Weise jenen arbeitnehmerfreundlichen Verhältnissen in der Produktion, wie ich sie aus dem Süden der Republik und insbesondere aus unserem Unternehmen gewohnt war. Die Umstände boten Nährboden für Agitation und Aufruhr, weshalb ich zügig Änderungen einführte. Ich hatte dabei das Beispiel des Umgangs mit unseren Mitarbeitern in Eppelheim vor Augen, und tatsächlich herrschten nach Durchführung meiner Umstrukturierungsmaßnahmen in der chemischen Produktion des Bremer Unternehmens die gleichen arbeitnehmergerechten Bedingungen wie das bei WILD seit jeher der Fall war.

Auf Wunsch meines Vaters kehrte ich nach vier Jahren in Bremen und in der weiten geschäftlichen Welt nach Eppelheim zurück, um fortan für unser Familienunternehmen tätig zu werden. Bereichert durch ein wenig norddeutsches Understatement, das mir zeitlebens nicht ganz fremd war. Meine Chefs in Bremen waren von meiner Kündigung völlig überrascht, bedauerten meinen Schritt und fragten, was meine Entscheidung umstimmen könnte. Ich erklärte ihnen meine Gründe und erzählte von unserem Familienunternehmen in Süddeutschland. Daraufhin war die Überraschung perfekt. Im Einstellungsgespräch war ich zwar nach dem Beruf meines Vaters gefragt worden, hatte wahrheitsgemäß aber lediglich geantwortet, dass Rudolf Wild ein studierter Chemiker sei. »Sie haben aber nie erzählt, dass Ihr Vater und Sie ein Familienunternehmen besitzen!« – »Sie haben mich schließlich auch nie danach gefragt«, habe ich lachend geantwortet.

Zwei Jahre vor unserem Umzug nach Bremen haben meine Freundin Marion und ich geheiratet. Zuvor in meiner Schulzeit und während des Studiums hatte ich manche kurze oder auch länger währende Beziehung, ohne dass ich an Heirat gedacht hätte. Dann jedoch trat Marion in mein Leben. Sie war Heidelbergerin, eine sehr hübsche junge Frau aus einer angesehenen Familie. Schon bei unseren ersten Begegnungen im Tennisclub und bei Freunden »funkte« es, und nach kurzer Zeit wurden wir ein sehr verliebtes Paar. Unsere Innigkeit währte über lange Jahre, es verband uns eine ausgesprochen schöne und intensive Liebesbeziehung.

Ich war zeitweise wegen meines Studienabschlusses zwar ordentlich eingespannt, doch es blieb uns ausreichend Zeit, um unser Zusammensein zu genießen. An die rauschende Hochzeitsfeier im Sommer 1969 oben im Heidelberger Schloss und anschließend im Hotel Europäischer Hof erinnere ich mich gern. Im Schlosshof ritten meine Reiterfreunde Spalier, was unter Touristen großes Aufsehen erregte. Sie meinten, man würde auf dem historischen Schloss einen Film drehen. Beim Ja-Wort denken verliebte junge Menschen natürlich, dass sie einen Bund schließen, der bis ans Lebensende halten wird. Wir beide waren von diesem Wunsch erfüllt, und ich könnte sagen, dass dieser Wunsch sich bereits auf drei Menschen bezog, denn Marion war schwanger.

Es hat uns nicht aus der Fassung gebracht, als ich meine Arbeitsstelle weit weg von Heidelberg angeboten bekam. Als junge Familie lebten wir nun also in Bremen, Marion, unser erster Sohn Christoph und ich. Unser zweiter Sohn Robert kam in dieser Zeit zur Welt. Leider war meine berufliche Tätigkeit bei Diersch & Schröder mit zahlreichen Auslandsreisen verbunden, sodass ich Frau und die kleinen Kinder oft allein lassen musste. In der Zeit ohne längere Reisen und an freien Wochenenden war ich mit Vorliebe Familienmensch. Es hat mir Freude gemacht, mit den Kindern zu spielen, an ihrem ganz jungen Leben Anteil zu nehmen. Ich spürte jedoch, dass ich das Familienleben von Zeit zu Zeit vernachlässigt hatte. Notgedrungen, denn es lag an meinen beruflichen Verpflichtungen. So zumindest habe ich es mir zu erklären versucht.

Marion konnte sich mit Bremen und dem Norden gar nicht anfreunden. Der Ruf meines Vaters, er benötige mich im heimischen Unternehmen, kam daher für unsere junge Familie sehr gelegen. Ich nahm an, dass Heidelberg und das Leben im schön gelegenen Haus am Philosophenweg unserer Familie guttun werde. Tatsächlich haben wir entspannte Jahre und Urlaube erlebt, und mit unseren Söhnen habe ich in den Ferien viel und gern unternommen.

Schon bald nachdem ich aus Bremen zurückgekehrt war, faszinierte mich die Idee, mit Capri-Sonne die Weltmärkte zu erobern. Dabei hatten wir zu jener Zeit in unserem Unternehmen noch nicht einmal unsere Hausaufgaben in Deutschland zufriedenstellend gemacht. Die Ziele aber waren gesteckt, somit standen uns und später mir als alleinigem Firmeninhaber höchst arbeitsintensive Jahre bevor. Es stimmt daher, dass ich oft übermäßig beschäftigt war. »Geschäftstüchtig«, so hat man das mit einem etwas aus der Mode geratenen Wort bezeichnet. Ich will damit zum Ausdruck bringen, dass ich das Business nie als etwas Belastendes empfunden habe. Im Gegenteil, neue Herausforderungen haben mich immer gereizt, und sie tun es nach wie vor. Entscheidend im Geschäftsleben ist nicht das Lebensalter, sondern die Lebenseinstellung sowie die Aufgeschlossenheit für gegenwärtige und zukunftsweisende Herausforderungen.

Natürlich ist eine arbeitsintensive Lebensführung zeitraubend und leider wenig förderlich für das Familienleben. Nach etwas über 20 Jahren hatten wir uns zu sehr auseinandergelebt, und als Ausweg aus der Krise bot sich lediglich die Scheidung an. Anfang der 1990er-Jahre habe ich meinen Lebensmittelpunkt dann in die nahe Schweiz verlegt.

MARION WILD

Dr. Hans-Peter Wild war von 1969 bis 1991 mit Marion Wild verheiratet. Sie haben zwei Söhne, Christoph und Robert.

MARION WILD ERZÄHLT:

Irgendwann in der zweiten Hälfte der 1960er-Jahre habe ich Peter kennengelernt. Seinen Bruder Rainer kannte ich schon vorher, wir haben dasselbe Gymnasium besucht. Auf einer Party einer gemeinsamen Freundin sind mein Exmann und ich uns zum ersten Mal begegnet. Es dauerte nicht lange, und wir waren heftig verliebt. Im dritten Jahr, nachdem wir uns kennengelernt hatten, im Juli 1969, haben wir geheiratet.
Nach der standesamtlichen Trauung im Heidelberger Rathaus haben wir uns im Kreis der Familien und im Beisein vieler Freunde in der Schlosskapelle kirchlich trauen lassen. Sehr beeindruckend fand ich, wie die Reiterfreunde meines Exmannes auf unserem Gang zum Traualtar vor der Kapelle Spalier gestanden haben. Nach der Trauungszeremonie haben wir ein rauschendes Fest gefeiert.
Unser erster Sohn Christoph wurde in Heidelberg geboren, unser zweites Kind Robert kam in Bremen zur Welt.

Die Bremer Jahre habe ich als Durststrecke empfunden. Peter war außerordentlich erfolgreich, doch damit verbunden oft beruflich unterwegs. Ich saß in unserem Häuschen und habe unsere zwei Kleinkinder behütet. Mein Heimweh nach Heidelberg, die Sehnsucht nach meinen Eltern, nach unserem Freundeskreis wuchs immer mehr. Daher war ich glücklich, als wir nach drei Jahren wieder in meine Heimatstadt zurückkehrten.
Um Firmenangelegenheiten habe ich mich nicht kümmern müssen, und ich war eine zufriedene Ehefrau, die sich hauptsächlich der Kindererziehung gewidmet hat. Peter war ein ganz lieber Papa, wir ha-

ben viel Schönes mit den Kindern unternommen, und er hat mit den Söhnen selber Ausflüge gemacht, ist mit ihnen beispielsweise gern zum Skifahren gereist. Mein Exmann war und ist ein ausgesprochener Erfolgsmensch. So haben seine unternehmerischen Aufgaben die späteren Jahre unserer Ehe zunehmend dominiert.

Die Zeit der Trennung und schließlich unsere Scheidung empfand ich als schwere Belastung. Aber das alles ist lange her, und es bringt niemandem etwas, die alten Geschichten aufzurollen.

Über viele Jahre sind wir uns nicht begegnet, doch ist es gar nicht lange her, da hat mich mein Exmann am Rande eines geschäftlichen Besuchs in Heidelberg zum Frühstück in sein Hotel eingeladen. Es war ein entspanntes Treffen, wir konnten uns wieder angenehm unterhalten.

Unsere gemeinsamen Kinder bleiben etwas Verbindendes. Vater und Söhne pflegen ein gutes, intensives Verhältnis, und das sehe ich als die Hauptsache an.

KAPITEL 5

Lebensmittelpunkt Schweiz

Lernerfahrungen sind ausschlaggebende Motivationen für jede Weiterentwicklung und sie durchziehen wie ein roter Faden auch die Darstellungen in diesem Buch. Soweit sie das persönliche Leben tangieren, speziell die Schilderungen aus Kindheit, Jugend, Studienzeit und über die Herkunft der Familie Wild, dienen sie dazu, frühe Prägungen jener Eigenschaften zu verdeutlichen, die einen unternehmerisch erfolgreichen Menschen im Laufe seines Lebens charakterisieren. Auch die Erläuterung zu meinem Lebensmittelpunkt in der Nähe Zürichs ist unter diesen Gesichtspunkten wichtig.

Warum habe ich nach Wohnorten in der kurpfälzischen Heimat meiner Kindheit und Jugend und zeitweilig im hohen Norden Deutschlands den persönlichen und geschäftlichen Mittelpunkt meines Wirkens gerade in die Schweiz verlagert? Dafür gibt es verschiedene Beweggründe.

Nachdem ich aus Bremen nach Heidelberg zurückgekehrt war, um 1974 im Familienunternehmen in Eppelheim unternehmerisch tätig zu werden, wohnte ich mit Frau und den beiden Kindern im Philosophenweg, hoch über der Stadt, mit herrlichem Blick auf den Neckar. Der Weg zu unserem Werk dauerte nur wenige Autominuten.

Freizeit und Ferien habe ich gern im Kreis der Familie verbracht. Die Sommerferien haben wir oft am Mittelmeer genossen, die Winterurlaube standen im Zeichen des Wintersports in Österreich und in der Schweiz. Orte, die ich seit meiner Kindheit kenne und schätze.

Mit der Internationalisierung des Geschäfts ab der zweiten Hälfte der 1970er-Jahre standen immer häufiger Geschäftsreisen in die verschiedenen Erdteile auf dem Programm. Die Zeitspanne von der ersten Idee zur Produktion unseres Fertiggetränks bis zur Behauptung auf dem Markt in Deutschland und der beginnenden Ausweitung der Geschäftstätigkeit auf das europäische Ausland – inklusive der Schweiz – hatte keine zehn Jahre umfasst. Die Phase der Innovationen bei der Entwicklung neuer Geschmacksvarianten für Capri-Sonne, beim Ausbau der Vertriebswege, der Marketingkonzepte oder im Sektor des Maschinenbaus war hingegen noch längst nicht abgeschlossen. Es handelt sich um einen Prozess, den man aus unternehmerischer wie persönlicher Sicht ohnehin niemals beenden sollte.

Sechs Jahre nach der nationalen Markteinführung begann ich damit, unser »Going global« zunehmend voranzutreiben. Mein Ziel war es schließlich von Anfang an gewesen, Capri-Sonne und WILD-Flavors zu Global Playern zu machen. Man muss sich Ziele setzen und darf sie, trotz eventueller Unwägbarkeiten auf der Strecke, nicht aus den Augen verlieren.

Can-do attitude – wir können es schaffen, der Weg gehört zum Ziel. Diese Einstellung stand auch am Beginn der internationalen Geschäftstätigkeit, die von mir geplant und von einem sehr kleinen Team unter meiner Leitung betrieben wurde. Es ging Schlag auf Schlag. Asien, Afrika, USA. Zum Ende jener Dekade gab es erste Aufträge aus Amerika, und 1979 bereits wurde mit der Produktion von Capri-Sun in den USA begonnen.

Familienfreundlich war diese Zeit nicht. Ich weiß, dass ich durch mein permanentes Engagement mein Familienleben oft in den Hintergrund gestellt habe. Oder besser gesagt: hintenanstellen musste. Mittlerweile gönne ich mir wieder viele ausgelassene Wochen im Jahr im Kreis meiner Söhne und Enkelkinder. Seinerzeit ließen das unternehmerische Verantwortungsbewusstsein und die Herausforderungen, die sich mir und meinem Team Jahr für Jahr stellten, zu wenig Zeit für das Familienglück. Schließlich fühlte ich mich privat in Heidelberg nicht mehr wohl. In den letzten zerrütteten Ehejahren vor der Scheidung im Jahr 1991 hatte ich bereits begonnen, mich nach einem neuen Domizil umzuschauen.

Es hat natürlich geschmerzt, dass meine heranwachsenden Söhne nicht in jenem familiären Behütetsein aufwachsen konnten, wie mein Bruder und ich es als Kinder im Elternhaus in Eppelheim erleben durften. Trotz der Widrigkeiten in meinem eigenen Familienleben behält die prägende Erfahrung aus Kinderjahren volle Gültigkeit, und eine intakte Familie schätze ich sehr.

Der neue Wohnort damals musste also nah genug an Heidelberg liegen. Einerseits um meine Kinder zu sehen und andererseits, um meinen unternehmerischen Aufgaben nachkommen zu können, die von zahlreichen Geschäftsreisen über den Aufbau von Werken im Ausland bis zu den Verpflichtungen im heimischen Stammwerk reichten. Die heutigen Möglichkeiten, welche die Digitalisierung in der Arbeitswelt und privat bietet, beispielsweise Videokonferenzen, lagen damals in weiter Ferne. Vor drei Jahrzehnten war es unvorstellbar, mit einem kleinen Gerät, das in der Jacketttasche Platz findet, miteinander zu sprechen, sich zu sehen und einander Videoaufnahmen aus dem Alltag zu schicken. Die ersten Smartphones gab es zwar schon in den frühen 1990er-Jahren, aber erst etliche Jahre nach der Jahrtausendwende war die Technik reif für die heutzutage selbstverständlichen Kommunikationsformen. Seinerzeit aber ging es weder im Privaten noch im Berufsleben ohne persönliche Begegnungen.

Wohin also sollte der Weg führen, um nicht weitab von Familie und Familienbetrieb zu sein? Nach kurzen Wohnaufenthalten in Brüssel und Lugano entschied ich mich nach einem halben Jahr schließlich für Basel in der Schweiz. Lugano hatte mich sehr beeindruckt und hätte mich als Wohnort gereizt, doch Basel, die Stadt am Rhein, gleich an der Grenze zu Deutschland, hatte zwei Vorteile. Sie liegt nur gut zweieinhalb Autostunden von Heidelberg entfernt. Und ich hatte dort bereits eine WILD-Niederlassung in der Vogesenstraße gegründet. Aus heutiger Sicht war das der Start für die spätere Konzernzentrale in der Alpenrepublik.

Auch privat lernte ich die Schweizer Lebensart schnell zu schätzen. Zum ersten Mal erlebte ich an meinem neuen Wohnort die größte und weit über die Schweiz hinaus berühmte »Fasnacht«, die von Einheimischen die »drey scheenschte Dääg« genannt werden. Diese drei schönsten Tage beginnen abweichend vom sonst üblichen Fastnachtstreiben erst am Montag nach Aschermittwoch, morgens um vier mit dem »Morgenstraich«. Der Umzug mit lauter Musik führte an meiner Wohnung am prachtvollen Spalentor vorbei, und »pfiff mich aus dem Bett«. Zwei Jahre machte ich wie ein Einheimischer beim bunten Treiben mit und aß in Allerherrgottsfrühe die traditionelle Gerstensuppe in der Kneipe.

Nach einigen Jahren in Basel und nach einer kurzen Zwischenstation in Walchwil fand ich schließlich in Zug in der Nähe von Zürich das Haus, in dem ich bis heute privat lebe. Mein persönliches Domizil darf man im Vergleich zu der weiträumigen Villa in Eppelheim, wo ich meine Kindheit und Jugend verbracht habe, als ein eher bescheidenes Wohnhaus bezeichnen. Aber ein schmuckes, von einem Garten umgebenes Haus, erbaut 1648, das damals gerade von Grund auf renoviert worden war und das in der Mitte der Altstadt liegt.

Als international angesehener Finanzplatz ist Zug ein idealer Ort, um Privatleben und Business miteinander im Einklang zu halten. Hier sind meine beiden Ideenschmieden ansässig. Zum einen mein »Family Office«, wo ich während meiner Aufenthalte in der Schweiz tätig bin und das ich zu Fuß erreichen kann. Und dann die Zentrale von Capri-Sun im benachbarten, mit Zug zusammengewachsenen Ort Baar, wohin es ebenfalls nur wenige Minuten mit dem Auto sind.

Teil II

WILD und Capri-Sun

SUMMARY TEIL II

Im zweiten Hauptteil des Buches erzähle ich die Geschichte der WILD-Werke von der Gründung im Jahr 1931 bis in die Gegenwart. Ich zeige, wie aus einem Familienunternehmen zwei weltweit tätige Konzerne werden, nämlich WILD Flavors als Produzent von natürlichen Essenzen und Aromen für die Lebensmittelbranche und »Capri-Sonne« beziehungsweise »Capri-Sun« als Markenprodukt in der internationalen Getränkebranche. Unternehmerisches Engagement und abenteuerliche Begebenheiten folgen aufeinander in der wechselvollen Historie der Unternehmen. Zahlreiche Herausforderungen werden gemeistert. Highlights wie der Coup mit dem Boxchampion Muhammad Ali demonstrieren erfolgreiche Marketingstrategien.

Im Zuge der globalen Vermarktung zeigt sich, wie ein gleichbleibender Markenkern (»all natural«) in Produktion und Marketing sich regionalen Gegebenheiten anpassen kann und trotz unterschiedlicher Geschmäcker – in mehrerlei Bedeutung des Wortes – den »Great Taste« kreieren kann.

KAPITEL 6

Historie von »all natural«

Um das Unternehmen und seine Erfolge zu verstehen, vor allem den Weg, den Capri-Sonne von der ersten Idee bis hin zur Weltmarke zurückgelegt hat, sind die Ursprünge und die ersten Phasen der Unternehmensgeschichte wichtig. Viele Details und Zusammenhänge der späteren Entwicklungen erklären sich in der Rückschau. Zudem enthält die frühe Historie sehr spannende und aufschlussreiche Geschichten. Wie entstand das Know-how, mit dem ich zwei Weltkonzerne leiten konnte? Ein besonderes Augenmerk soll zur Klärung dieser Frage auf all jene Prägungen gerichtet werden, welche das unternehmerische Bewusstsein bereits im Elternhaus und bei meiner schon sehr frühen Mitwirkung im Familienunternehmen gefördert haben. Diese positiven Einflüsse haben eine bedeutende Rolle gespielt.

Unerlässlich ist jedoch noch ein anderer Faktor. Auf die Frage in einem Interview für das Buch *Unternehmerblut*, welche Eigenschaften jemand zusätzlich zu positiven Prägungen im jungen Lebensalter aufweisen müsse, um Unternehmer zu werden, habe ich erklärt: »Eigenantrieb! Ich behaupte, alle erfolgreichen Unternehmer sind intrinsisch motiviert. Dass jemand Unternehmer wird, hängt direkt damit zusammen. Und ebenso, dass er es bleibt – bis ins hohe Alter. Die Ausprägungen sind unterschiedlich, und sie verändern sich über die Zeit. Eine ganz wichtige Komponente ist das Lernen. Die

Bereitschaft und der Wille, permanent zu lernen, darauf kommt es an. Ich sehe es an mir selbst. Das Einzige, was mich interessiert, ist zu lernen. Die Befriedigung kommt aus dem, was man persönlich erreicht hat.«

Das permanente Lernen durchzieht die gesamte Geschichte der WILD-Werke.

Fundierte wissenschaftliche Erkenntnisse, neue Erfahrungen, Forschung und Innovationen, zuweilen ein gutes »Bauchgefühl« und schließlich die Durchsetzung rein natürlicher Produkte auf dem Markt kommen in unserer Firmengeschichte von Beginn an zusammen. Zudem darf man von einer modernen, heute so bezeichneten, disruptiven Technologie bereits zu jener frühen Zeit sprechen, die ebenso in unseren Labors bei der Entwicklung natürlicher Grundstoffe als auch später im Maschinenbau bei WILD das unternehmerische Denken und Handeln dominiert haben.

Denn was treibt ein Unternehmen voran? »Es ist der Drang, stets etwas Neues zu erfinden. Man wird immer wieder kopiert, oder zumindest versucht das die Konkurrenz. Daher ist ein herausragender Aspekt des Learnings, immer wieder kreativ und innovativ zu sein und zu bleiben«, habe ich in einer früheren Buchveröffentlichung bereits geschrieben. Die zitierten Worte bestimmen bis heute das Engagement in meinem Unternehmen und den Erfolg, den ich im Laufe der Jahrzehnte mit unserem Flavors-Business bei WILD und mit Capri-Sun errungen habe.

Die Entstehung der WILD Werke – Aufbruch, Herausforderungen und frühe Erfolge

Die Geschichte des WILD-Unternehmens erzählt zugleich, wie das heutige Know-how seit der Firmengründung 1931 stetig angewachsen ist. Basierend auf den Erfahrungen in der Gründerzeit hat sich mein Beitrag zu diesem Wissenspool im Laufe der Jahrzehnte immer weiter entwickelt. Seit dem Ende der 1960er-Jahre habe ich persönlich mehr und mehr zum wachsenden Erfolg des Familienunternehmens beigetragen. Schließlich habe ich selbst mit dem natürlichen Fruchtsaftgetränk in der einzigartigen Verpackung eines seiner beiden weltweit agierenden Konzerne geschaffen.

Der folgende Gesamtüberblick fasst Kenntnisse und Erfahrungen aus Archiven und Dokumentationen, Erzählungen meiner Eltern und früherer leitender Mitarbeiter und last but not least aus meinem eigenen Erleben zusammen und erklärt, wie die verkaufsträchtige Tüte kreiert und mit einem Getränk auf rein natürlicher Basis schließlich die Weltmärkte erobert wurden.

Manche heute global agierenden Unternehmen haben einst in einer Garage oder ähnlichen Räumlichkeiten gestartet. Die ebenfalls weltweit tätigen HARIBO-Werke etwa, die im Dezember 2020 ihr 100-jähriges Firmenjubiläum gefeiert haben, starteten als Bonbonkocher in einem Hinterhof in Bonn. Der Firmenname geht auf den Gründer Hans Riegel in Bonn zurück.

Ähnlich wie der deutsche Süßwarenhersteller hat auch die Firma WILD ganz klein angefangen. In einer Wohnung in der Heidelberger Marstallstraße gründete mein Vater die WILD-Werke. Das war im Jahr 1931, also in jener wissenschaftsgläubigen Zeit, als der Einsatz von chemisch entwickelten Grundstoffen in der Nahrungsmittelproduktion begonnen hatte und als fortschrittlich galt. Obwohl mein Vater selbst Chemiker war (er hatte in Heidelberg, Frankfurt und Freiburg studiert), arbeitete er gegen diesen Trend. Zunächst produzierte er Tafelwasser und gewann die dazu notwendigen Essenzen und Grundstoffe ausschließlich aus natürlichen Rohstoffen.

So entwickelte und realisierte Rudolf Wild die Idee des »all natural«. Diese Philosophie von Natürlichkeit und Hygiene habe ich bis heute weitergeführt – die Wiege von Capri-Sonne oder Capri-Sun, wie sie inzwischen heißt, stand gewissermaßen in der Heidelberger Wohnung meines Vaters.

Vor dem Schritt in das freie Unternehmertum hatte Rudolf Wild in den physikalisch-chemischen Laboratorien der Universität Frankfurt gearbeitet. Eines Tages auf dem Heimweg traf er am Bahnhof in Heidelberg einen Sportkameraden, der als Vertreter einer kleinen Essenzenfabrik Brauereien und Mineralbrunnen belieferte. Dieser Freund sprach meinen Vater auf ein Problem bei einem von ihm vertriebenen Tafelwasser an. Irgendetwas stimmte nicht mit der Rezeptur. Oder kurz gesagt: Das Zeug schmeckte nicht. Ob Rudolf Wild Rat wisse?

Mein Vater, der nichts von chemischen Zusätzen in Lebensmitteln hielt, ersann eine Rezeptur, die ohne künstliche Zusatzstoffe auskam. Und tatsächlich: Jetzt war das Tafelwasser schmackhaft und genießbar. Plötzlich sah sich der Sportkamerad von Aufträgen überhäuft. Binnen kurzer Zeit wurden die beiden Geschäftspartner. Rudolf Wild produzierte, und sein Freund verkaufte. Die Tätigkeit an der Universität gab mein Vater auf.

Weil es in der eigenen Wohnung sehr rasch zu eng wurde für die Tafelwasserproduktion, mietete mein Vater die erwähnte Zweitwohnung in der Heidelberger Marstallstraße an. »Ich bekam Interesse an diesem kleinen Geschäft, dem ich eine Chance für eine gute Entwicklung zuschrieb«, notierte er später. Er war ein herausragender Sportler, der 1928 als Ruderer bei den Olympischen Sommerspielen in Amsterdam startete, und er hielt noch etwas anderes schriftlich fest, das später auch zu meiner unternehmerischen Philosophie wurde: »Ich besaß für den Anfang nur einen Kopf und zwei Hände. Aber ich besaß noch etwas: Den Willen zu intensiver Arbeit und vom Sport her das Durchhaltevermögen.«

Indem Vater selbst Produzent wurde und sein theoretisches Wissen anhand der Praxis überprüfen konnte, erwarb er ein unschätzbares Know-how. Erst ab und nach den 1970er-Jahren kamen die internationalen Erfahrungen durch mein Mitwirken als entscheidende Weichenstellung hinzu.

Drei Jahrzehnte zuvor konnte von einer globalen Entwicklung der kleinen Firma noch niemand etwas ahnen. Die Idee selbst war jedoch prinzipiell vorhanden. Das zeichnet unternehmerisches Denken, also das »entrepreneurial mindset« aus, dass die unfertige, noch nicht ausgereifte Idee früher als von allen anderen erkannt wird. Sie muss natürlich in die Tat umgesetzt werden, was das entsprechende Arbeitsethos erforderlich macht.

Sechs Jahre nach der Firmengründung lief der kleine Betrieb bereits so gut, dass es in der Marstallstraße zu eng wurde. Rudolf Wild musste sich erneut nach neuen Räumlichkeiten umschauen. Er wurde in Eppelheim fündig, erwarb dort ein Grundstück, auf dem die Ruinen einer ausgebrannten Glasfabrik standen. Durch Zukauf weiterer Grundstücke wurde das Betriebsgelände auf rund 200.000 Quadratmeter erweitert. So entstand das Stammwerk der WILD-Werke. Bevor jedoch die Capri-Sonne ihre nahezu einmalige Karriere in der Getränkebranche beginnen konnte, gab es zunächst ungeahnte Probleme und Herausforderungen zu lösen. Die von den Stadtwerken zugesagten Lieferungen von Strom und Gas für den neuen Standort blieben aus, somit konnte nicht mit der Produktion begonnen werden. Solche Hindernisse mögen aus heutiger Sicht klein erscheinen. Beim Start einer Firma können sie jedoch das schnelle Ende der Firmengeschichte bedeuten. Rudolf Wild konnte auf einmal seine Kundschaft nicht mehr mit Tafelwasser und Essenzen beliefern und verlor ein Jahr nach Firmengründung fast alle seiner Abnehmer.

Exemplarisch zeigt sich auch hier wieder eine besondere Charaktereigenschaft des Unternehmers: Risikobereitschaft und der Mut, sich einer neuen Herausforderung zu stellen. Mein Vater hat sich autark gemacht, indem er eine gebrauchte Anlage zur Herstellung von elektrischem Strom erwarb. Da er kaum über Eigenkapital verfügte, war es eine hoch riskante Sache, seine relativ geringen Eigenmittel komplett in die Firma zu investieren und einen Neustart zu wagen.

»Mit sehr vielen Schwierigkeiten und großem Fleiß und unverdrossenem Optimismus ist mir dies in zäher Kleinarbeit gelungen«, hielt er später die Erinnerungen an jene Jahre fest. Heute würde man wohl von den Herausforderungen eines Start-up-Unternehmens sprechen, also von einer innovativen Geschäftsidee, verbunden mit hohen Wachstumserwartungen. Für Letztere gab es damals und gibt es auch heute keine absolute Garantie. Daher die erforderliche Risikobereitschaft.

Wenn ich auf diese kargen Anfänge zurückblicke, entdecke ich an der »Wiege von Capri-Sun« also bereits jene Aspekte der Unternehmensführung, die bis in die heutige Zeit entscheidend geblieben sind. Viele Eigenschaften der Eltern beeinflussen die Weltbetrachtung der Kinder. Das gilt auch und insbesondere für die Einstellung zum Unternehmertum. Das unternehmerische Denken wird bereits in Kindheit und früher Jugend geschult. Die Entstehung der intrinsischen Motivation ist ebenfalls mit den Lernerfahrungen in frühen Lebensphasen in Verbindung zu bringen. Und nicht zuletzt bedingen die familiären Lernerfahrungen eine weitere unternehmerische und menschliche Charaktereigenschaft: Es ist die Bereitschaft, andere zu fördern und zu motivieren.

Rudolf Wild war bewusst, dass er als Neuling gegen die Riesen der Branche nur eine Chance hatte, wenn er etwas ganz Neuartiges auf den Markt brachte. Geradezu visionär – darf ich mit Bewunderung sagen – schrieb er: »Ich wollte nichts von Chemie in Lebensmitteln wissen und hatte mich deshalb darauf verlegt, meine Essenzen und Grundstoffe ausschließlich aus natürlichen Rohstoffen zu gewinnen – aus Früchten, Kräutern und Gewürzen. Ich habe auch neue Verarbeitungsmethoden ausgearbeitet, die meinen Produkten in Bezug auf Ausbeute und Geschmack eine Vorrangstellung einräumten.«

Ganz so zügig, wie der Visionär es erhofft hatte, konnte er seine Ideen nicht in die Tat umsetzen. Die Kriegsjahre setzten dem jungen Unternehmer erneut schwer zu. Erst nach seiner geglückten Heimkehr konnte mein Vater wieder voller Elan seine unternehmerische Tätigkeit aufnehmen. Schon bald nach der Währungsreform 1948 präsentierte sein Unternehmen auf einer Messe einen eigenen Markenartikel, das Getränk »Libella« in einer Spezialflasche. Das war das erste deutsche Markengetränk auf natürlicher Fruchtsaftbasis!

Entscheidend blieben weiterhin die Produktion und der Umsatz von natürlichen Essenzen, Aromen und Grundstoffen für Limonadenhersteller, Mineralbrunnen und Brauereien. Das wurde das Standbein der WILD-Werke bis in die jüngere Zeit.

An Herausforderungen hat es in jenen 1950er-Jahren also nicht gefehlt. In den Laboren in Eppelheim mussten die Mitarbeiter mit neuen Problemen bei der Herstellung von Fruchtlimonaden auf der Basis von natürlichen Aromastoffen fertigwerden. Dank dem Knowhow des Firmengründers gelang es WILD schließlich als Erstem, die bei der Verarbeitung der Säfte auftretenden Übelstände zu beseitigen – insbesondere die Bildung eines lästigen Ölrings im Flaschenhals und das Absetzen von Fruchtfleisch am Flaschenboden. Mit diesen Problemen hatte die ganze Branche zu kämpfen.

Warum konnte mein Vater sie überwinden? Die Zauberworte hießen schon damals Forschung und Innovation. Durch Anwendung physikalischer Methoden war es Rudolf Wild zudem gelungen, die konstante Trübung und Farbveränderung der Getränke zu verhindern – ganz ohne Zuhilfenahme von Chemikalien.

So hatte das Unternehmen WILD immer wieder einen Vorsprung vor seinen Mitbewerbern. Mein Vater erwarb sich rasch in der Branche einen Ruf als Berater und Sachverständiger bei der Herstellung alkoholfreier Getränke und genoss großes Vertrauen bei den Kunden. Unter dem Slogan »Wild ist Security« habe ich das später weiter ausgebaut.

Die Firmengeschichte weist noch weitere hoch interessante Entwicklungen auf. WILD trat als »Nobody« in neuen Sparten gegen etablierte Großfirmen an, etwa bei Molkereiprodukten. Auch auf dem fremden Terrain konnte er mit innovativer Technik und Qualität schnell Fuß fassen. Die mikrobiologischen Erfahrungen, neue Verpackungssysteme und ein umfassender Kundenservice trugen zum wachsenden Erfolg der Firma bei.

Libella in der Rillenflasche wurde in den späten 1950er-Jahren und in den folgenden Jahrzehnten zum Marketing-Hit und zu einem Kultgetränk, besonders unter Jugendlichen. Was die Innovation bezüglich eines rein natürlichen Fruchtsaftgetränks ohne Konservierungsstoffe und künstlicher Farbstoffe und Aromen anbelangt, zudem in einer außergewöhnlichen Verpackung, kann man Libella sicherlich als Vorreiter der Capri-Sonne ansehen. Die Libella-Vermarktung damals beschränkte sich allerdings auf Deutschland und Teile Österreichs.

Die Idee eines Fruchtsafts in der Tüte

Im Jahr 1967 reiste ich als Student und Doktorand mit einem besonderen Auftrag der WILD-Werke nach Frankreich. Dank meiner Sprachkenntnisse hatte mein Vater mich mit dieser speziellen Mission betraut. Es galt, in Lyon umfangreiche, recht komplizierte Verhandlungen mit der Firma Thimonnier aufzunehmen. Für ein ganz neues Getränk aus unserem Haus sollte ich eine ungewöhnliche Verpackung organisieren, und darauf hatten die Franzosen nicht nur das Patent, sondern sogar den Prototyp einer Maschine zur Herstellung dieser Verpackung. Thimonnier war eine kleine Maschinenfabrik, spezialisiert auf Nähmaschinen, und wollte uns die Exklusivität nicht geben. Ich sah sofort, dass man an diesem Standort bestenfalls zwei bis drei Maschinen pro Jahr herstellen konnte und habe diese einfach bestellt und gekauft. Damit hatten wir faktisch die Exklusivität erreicht.

Das war die Startphase von Capri-Sonne, die nicht in Glasflaschen oder Dosen, sondern in glänzenden Plastiktüten zur Weltmarke werden sollte. Dass die halb automatische Abfüllmaschine den tatsächlichen Anforderungen in keiner Weise genügte, sollte sich erst nach ihrem Transport nach Eppelheim herausstellen. Unsere Idee realisierten wir trotzdem. Auch das gehört eben zum erfolgreichen Unternehmertum: Rückschläge passieren, aber sie bleiben nicht das letzte Wort.

In den Plan, eine Getränkemarke in Eigenproduktion, also mit Selbstabfüllung, auf den Markt zu bringen, war ich von Anbeginn an involviert, zunächst gedanklich und sehr bald auch praktisch bei den ersten Schritten, etwa dem Erwerb des Prototyps der Verpackungsmaschine.

Das Warenzeichen »Capri-Sonne« hatte mein Vater bereits 1952 für unser Familienunternehmen eintragen lassen. Dass eine Idee für ein erfolgreiches Produkt lange vor der tatsächlichen Umsetzung bereits geboren ist, kommt in der Geschäftswelt häufig vor. Die lange Zeit bis zur Realisierung war in unserem Fall vor allem darauf zurückzuführen, dass unser Unternehmen sich vorübergehend auf andere Produkte, vor allem auf rein natürliche Halbfertigfabrikate für die Lebensmittelindustrie konzentrierte.

Ebenso wie unsere Libella in der Rillenflasche ging es bei Capri-Sonne erneut um ein Produkt, das man dank seiner Verpackung sofort wiedererkennen sollte. Es spricht für meinen Vater, dass er dieses hervorragende Gespür für Innovationen besaß. Aber anders als bei Capri-Sonne hatten wir bei Libella nie ins Auge gefasst, dieses Getränk selbst zu vermarkten. Wir hätten unseren Kunden, die Abnehmer unserer Grundstoffe waren, Konkurrenz gemacht, wenn unsere Libella-Flaschen neben ihren eigenen Marken im Regal gestanden hätten.

Sag niemals nie: Ab 1966 diskutierten wie die Idee, genau dies doch zu versuchen: nämlich ein Erfrischungsgetränk in einer gänzlich neuartigen Verpackung als unser eigenes Produkt anzubieten. Mir erschien dies bald als ein realisierbares Ziel. Doch zuvor musste aus einem ungewöhnlichen Einfall überhaupt ein marktreifes Produkt werden. So etwas schüttelt man nicht einfach aus dem Ärmel. Und darum holte ich im folgenden Jahr die innovative Verpackung aus Frankreich nach Eppelheim.

Neugierig und leicht verwundert wurde die »komische Tüte« im kleinen Kreis von Hand zu Hand gereicht. War das als Getränkepackung wirklich geeignet? Die Franzosen hatten nach ersten Versuchen das Experiment mit dem Beutel ad acta gelegt. Es schien der Firma in Lyon zu gewagt und zu schwierig, aus der Idee etwas Marktreifes zu entwickeln.

Und wir wollten nun tatsächlich mit einer Verpackung, die nirgendwo in der Welt eingeführt war, auf den Getränkemarkt zu gehen? Würden die Konsumenten diesen völlig unbekannten Beutel überhaupt akzeptieren? Und noch eine gänzlich ungeklärte Frage stand im Raum: War so eine Verpackung für Getränke überhaupt geeignet?

Hier zeigten sich wieder einmal der unternehmerische Weitblick, der Mut zum Risiko und die Fähigkeit, andere zu motivieren. Oder um es mit einem Zitat meines Vaters zu sagen: »Wenn es leicht wäre, würden es andere machen.« Immer wieder Worte und damit Prägungen und Lernerfahrungen, die meine unternehmerischen Sinne und Fähigkeiten in früher Jugend befördert haben ...

Vater zeigte sich von den Möglichkeiten der gänzlich neuartigen Verpackung sofort begeistert. Sie würde der eigenen Getränkemarke Capri-Sonne sofort das passende Image verleihen. Der leichte Beutel aus der speziellen Verbundfolie versprach, dem vergleichsweise schweren Verpackungsmaterial Glas Konkurrenz machen zu können. Der Trinkpack würde aber nicht allein wegen seiner Leichtigkeit verkaufsträchtig werden. Es gab etliche weitere Fragen, etwa zur Haltbarkeit oder zur Geschmackneutralität. Sie mussten in der Praxis getestet, geklärt und vor allem verbessert werden. Und zwar rasch! Denn schließlich war davon auszugehen, dass auch anderen Unternehmen der Getränkeindustrie die neue Verpackungsmöglichkeit auffallen würde. Und sobald bedeutendere Produzenten der Branche Gefallen an dem Konzept fanden, hätten wir als vergleichsweise kleines Unternehmen unsere Idee für Capri-Sonne begraben können.

Pionierzeit und Experimente

Ich hatte in Lyon also gut verhandelt. Der Prototyp der Abfüllmaschine wurde nach Eppelheim transportiert. Doch damit waren längst nicht alle Probleme gelöst. Die Pionierzeit, die wahre Bewährungsprobe für die Capri-Sonne stand erst bevor. Denn die Firma Thimmonier war zwar ein angesehener Nähmaschinenhersteller – von Abfülltechnik aber verstanden diese Unternehmer leider nicht viel. Sie hatten auch gar kein Interesse daran, selbst in der Getränkebranche beziehungsweise als Abfüller aktiv zu werden.

Zunächst zeichnete sich damit eine Riesenchance für WILD ab. Es gab – derzeit! – keinen Konkurrenten. Das Know-how in unseren Laboren für die Herstellung eines speziellen Fruchtsafts war längst vorhanden. Die spannendste Arbeit dort leisteten ja nicht die Instrumente der Technik, sondern die »Instrumente« des Menschen, seine Sinnesorgane, die über den Wohlgeschmack entschieden. Wie jedoch einzigartiger Geschmack auf natürlicher Basis in die Tüte kommen und nicht zuletzt in so einer Verpackung ohne Qualitätsverlust haltbar bleiben sollte, dafür war pure Ingenieurskunst gefragt.

Bei den ersten Versuchen, mit dem Prototyp der Abfüllmaschine aus Frankreich den Fruchtsaft in Tüten abzufüllen, ging so ziemlich alles schief, was schieflaufen konnte. Und auch die Verwendung der ebenfalls noch unerprobten Folie für die Beutel verlangte vom WILD-Team ein Höchstmaß an Einfallsreichtum, Experimentierlust und Know-how. Dass Getränke damals praktisch nur in Flaschen abgefüllt wurden, hatte gute Gründe. Andere Varianten der Verpackung boten nach dem Stand der technischen Entwicklung bis in die 1960er-Jahre nicht die volle Gewähr, dass die Getränke ihren Geschmack länger als drei bis vier Wochen beibehielten. Das galt auch für die Getränkedosen aus Aluminium oder verzinntem Stahlblech, die seit den 1930er-Jahren vor allem in den USA angeboten wurden und sich wegen der Geschmacksverfälschung erst 30 Jahre später allmählich durchsetzten. Die für die Beutelherstellung vorgesehene Verbundfolie musste also gewährleisten, dass der einzigartige Geschmack von Capri-Sonne zu keiner Zeit, auch nicht nach längerer Haltbarkeit, beeinträchtigt wurde.

Gleiches galt für die notwendige Keimfreiheit der Getränke, die lange Zeit nur in luftdicht verschlossenen Flaschen für einen längeren Zeitraum garantiert werden konnte. Das WILD-Team begeisterte die Aussicht auf etwas vollkommen Neues, nämlich aus einer dünnen Folie einen flexiblen, aber lang und gut haltbaren, den Geschmack nicht beeinträchtigenden Standbeutel zu konstruieren und bis zur Marktreife weiterzuentwickeln. In diesem Experimentierstadium konnte das Team nicht auf den Rat auswärtiger Experten setzen. »Selber machen!« – so lautete der Wahlspruch, um diese und andere Neuentwicklungen anzugehen.

Die Folien für die Beutelherstellung konnte eine Firma namens Kalle liefern. Schnell stellte sich bei ersten Experimenten mit der Folie heraus, dass ihre Beschaffenheit neue Konzepte in den Abläufen der Beutelherstellung erforderlich machte. Die von Kalle entwickelte Verbundfolie bestand aus drei hauchdünnen Schichten. Es handelte sich um eine Aluminiumfolie von nur 0,009 Millimetern Stärke. Innen und außen war sie jeweils mit Kunststoff beschichtet. Das Gesamtgewicht eines Beutels betrug lediglich 4,5 Gramm. Großartig aus der Sicht der Transportrentabilität und der Umweltbilanz.

Die Verpackung musste einerseits dünn und leicht sein, andererseits aber den Verpackungsinhalt optimal vor Licht, Sauerstoff und Fremdgerüchen schützen. Trotz der extrem dünnen Verbundschichten musste die Folie außerdem äußerst reißfest und haltbar sein. Diese Materialeigenschaften waren Grundvoraussetzungen, zum einen wegen der starken Beanspruchung bei der Beutelherstellung, zum anderen weil die Beutel eben Frische und Appetitlichkeit des Getränks für 14 Monate garantieren mussten. Dementsprechend gab es Sonderwünsche und Verbesserungsvorschläge bezüglich der Beschaffenheit der Folie. Da es sich um eine ganz neue Verpackungsidee handelte, verfügte nicht einmal der Folienlieferant über ausreichende Erfahrung mit dem Material. Erst die eigenen Experimente mit dem neuartigen Verpackungsmaterial bei Capri-Sun trugen zur Verbesserung der Qualität der Dreifachverbundfolie bei.

Zum Beispiel kam es in der Anfangsphase der Produktion mehrfach vor, dass Beutel plötzlich ausliefen. Wir betrieben Ursachenforschung und stellten fest, dass die innere Kunststoffschicht gelegentlich mikroskopisch kleine Löcher aufwies. Fehlerquelle? Die mangelnde Qualität des verwendeten Kunststoffgranulats. Auch die Steigerung des Produktionstempos bereitete uns in der Pionierzeit Probleme. Durch extrem hohe Spannung bei der Herstellung der Rohfolie entstanden hier und da poröse Stellen in den langen Kunststoffbahnen. Solche Unregelmäßigkeiten in der Beschaffenheit des Materials waren dann der Grund dafür, dass der Saft während der Lagerung im Beutel durch die Poren drang und mit der mittleren Aluminiumschicht in Kontakt geriet. Durch die Erschütterung während des Transports kam es gelegentlich zu Durchbrüchen im Aluminium und zum Austritt der Flüssigkeit.

Doch solche Anfangsprobleme, die nach und nach in der täglichen Praxis aufgedeckt wurden, gehörten schnell der Vergangenheit an. Und getreu dem Prinzip des Selbermachens wurden im Laufe der Zeit eigens für Capri-Sonne spezielle Geräte für die Qualitätsprüfung der Folie entwickelt. Unsere Prüfinstrumente wurden mit der Zeit überall in der Folienindustrie eingesetzt. Die Entwicklung der Folie ist ein herausragendes Beispiel für meine bis heute geltende Firmenphilosophie. Es ist das Prinzip *learning by doing.*

Eine hübsche und bezeichnende Geschichte dazu stammt aus den Erinnerungen von Friedrich Stumpf, einem Familienmitglied und Urgestein des Unternehmens in Führungsposition. Als Geschäftsführer Europa war Friedrich Stumpf seinerzeit in der Führungsspitze unseres Unternehmens tätig und unter anderem für die Vermarktung von Capri-Sonne zuständig, ein engster Mitarbeiter also von meinem Vater und mir.

Aufgeregt kam er eines Tages an und fragte entsetzt: »Was ist bloß plötzlich mit dem Verpackungsmaterial los? Sollte das etwa ein neues Design sein? Da sind überall schwarze Pünktchen in der Folie.«

Man erkundigte sich beim Hersteller. Der Lieferant der Folie dementierte heftig. Nichts sei anders an der Folie, sie werde nach dem gleichen Qualitätsstandard wie eh und je hergestellt, auch an der Produktionsstätte sei alles tipptopp sauber.

Irgendwo mussten die geheimnisvollen schwarzen Punkte aber schließlich herkommen! Man schnitt die beanstandeten Stellen aus der Folie aus, legte sie in Alkohollösung und analysierte das Ergebnis. Die Pünktchen erwiesen sich als Kohlepartikel. Doch weder bei WILD noch bei der Firma Kalle gab es Kohle in den Produktionsräumen. Es dauerte eine Weile, bis das Rätsel gelöst werden konnte. Schuld war ein mit Kohle befeuertes Kesselhaus in der Nähe des Folienherstellers. Jedes Mal, wenn für die Firma Kalle Kohle angeliefert wurde, stieg eine Wolke von feinem Kohlestaub in die Luft, und diese winzigen Partikel gelangten selbst durch kleinste Ritzen in die Produktionsräume. Die Detektivarbeit durch das WILD-Team war erfolgreich abgeschlossen – um den Rest mussten sich die Fenster- und Türenbauer beim Folienhersteller kümmern.

Von solch relativ schnell lösbaren Schwierigkeiten abgesehen war man in den ersten Jahren mit den bereits angesprochenen Problemen bezüglich der Abfüllung beschäftigt. Diese jahrelangen Prozesse des *learning by doing* haben uns gelehrt, Synergien zu nutzen – lange bevor dieser Begriff in aller Munde war. Es ging sozusagen darum, die Entwicklung von der Nähmaschine zum perfekten Abfüll- und Verpackungssystem in eigener Regie zu bewerkstelligen.

Das Lernen, die Erweiterung des Horizonts, das Annehmen neuer *challenges* hört zu keiner Zeit auf. Auch nicht bei der Capri-Sonne-Folie: Denn ihre Verwendung steht in jüngster Zeit, im Zuge der europäischen Plastikverordnung, erneut zur Disposition. Doch wie seinerzeit wird es auch gegenwärtig gelingen, die Folie allen notwendigen Standards gerecht werden zu lassen. Wir arbeiten mit einem Partnerunternehmen bereits daran.

Die Maschinebaufirma INDAG

Tatsächlich waren die WILD-Werke nicht das einzige Unternehmen, das auf den Geschmack gekommen war, das neue Verpackungsmaterial einzusetzen. Unmittelbar nachdem sich die Vorteile der innovativen Verpackung dank den ersten Erfolgen der Folie bei Capri-Sonne in der Branche herumgesprochen hatten, versuchten mehrere andere Firmen ihr Glück, Getränke im Beutel auf den Markt zu bringen. Etliche Konkurrenten experimentierten eine Weile herum und mussten bald wieder aufgeben. Sie konnten mit ihren Maschinen keine effizienten Stückzahlen erreichen. Auch Schwierigkeiten bei der Verarbeitung des flexiblen Materials wurden stark unterschätzt. Oder die Konkurrenz scheiterte schon im Vorfeld an anderen technischen Problemen.

Nach eingehenden Beratungen wurde bei uns in der Unternehmensleitung beschlossen, dass wir uns selbst an die Problemlösung bezüglich der Abfüllung machen würden. Eine passable Möglichkeit bot unsere unternehmenseigene Maschinenbaufirma – die INDAG. Doch anfangs war diese für solche Aufgaben noch überhaupt nicht gerüstet. Mein Vater schrieb dazu in seinen Erinnerungen: »Die maschinelle Handhabung dieser neuartigen Verpackung war nicht einfach. Herkömmliche Maschinen standen hierfür nicht zur Verfügung. Es mussten also spezielle Maschinen für Abfüllung und Verpackung entwickelt werden.«

Das hört sich recht einfach an. Doch im Handumdrehen lief das nicht, wie ein Blick in die Firmengeschichte zeigt. INDAG war Ende der 1960er-Jahre noch überhaupt nicht der leistungsfähige Betrieb im Maschinebausektor, der er im folgenden Jahrzehnt werden sollte und bis heute ist, nämlich ein modernes, international tätiges Engineering Center für die Abfüllmaschinen von Capri-Sun.

Also war in Eppelheim wieder »learning by doing« gefragt, verbunden mit einiger Begeisterung und der Überzeugung von der Machbarkeit. Die technischen Voraussetzungen mussten in mehreren weiteren Schritten mühsam geschaffen werden. Dazu musste das seit jeher in Hamburg ansässige Unternehmen INDAG erst einmal nach Eppelheim verlegt werden, was 1969 geschah. Die kleine Firma hatte vor dem Umzug gar keine Maschinen gebaut, sie war ein prozesstechnischer Betrieb, dessen Aufgaben in der Siruptraumtechnologie angesiedelt waren. Erst Jahre später kam die in diesem

Bereich wohl bekannteste Entwicklung der INDAG auf den Markt, die programmierbare Sirup-Anlage vom Typ »Heidelberger Mixer«. Anfangs bot das kleine Unternehmen seinen Kunden nur technische Lösungen an, damit der gelieferte Getränkegrundstoff zum Beispiel für die Libella verdünnt, gemischt und abgefüllt werden konnte. Ansonsten verfügte das Werk lediglich über die normale Instandsetzungs-Abteilung.

Bei den Abfüllmaschinen von Thimonnier handelte es sich um bessere Handautomaten, halbautomatische Maschinen, gerade mal zwei Meter lang und rund 50 Zentimeter breit. In zwei Fächer wurden die Beutel eingelegt, angesaugt und aufgeblasen, in der nächsten Station gefüllt, dann verschweißt und schließlich von Hand verpackt.

Mit Hilfe der Instandsetzungs-Abteilung der INDAG wurde also versucht, die von Thimonnier stammenden Prototypen leistungsfähiger zu machen. Es zeigte sich, dass die Kapazität der »stotternden« kleinen Maschinen für eine sinnvolle Produktion nicht ausreichte. Angeblich sollten die gelieferten Maschinen 5.000 Beutel in der Stunde produzieren können. Doch auf mehr als 1.800 Beutel kam man in der Praxis selten. Sobald man versuchte, die Maschinen schneller zu fahren, produzierten sie mehr Ausschuss als brauchbare Produkte.

Erneut führte ich Verhandlungen mit Thimonnier und legte dar, dass WILD leistungsfähigere Maschinen benötigte. Das sei technisch nicht realisierbar, wurde mir beschieden. Also mussten wir in Eppelheim die Abfüllmaschinen selbst verbessern. Mit den bescheidenen Möglichkeiten der eigenen Betriebswerkstatt, die damals eben noch nicht für den Bau von größeren Maschinen ausgelegt war, begannen wir die ersten Abfüllmaschinen so umzugestalten, dass sie schließlich fast die doppelte Leistung brachten. Nur, dass nun das Getriebe ächzte, stöhnte und schließlich streikte.

Erneute Anfrage bei Thimonnier. Man brauche wenigstens ein leistungsfähigeres Getriebe für die bei WILD umgebauten Maschinen, erklärte ich. Die Firma in Lyon konnte nichts Entsprechendes liefen. Schließlich fanden wir einen einheimischen Lieferanten für die fehlenden Teile. So wurden die Abfüllmaschinen Stück für Stück verbessert und auf eine höhere Leistung ausgelegt.

Es gab in jenen Jahren der Pionierzeit und der Experimentierphase zahllose weitere Probleme zu lösen. Zum Beispiel bei der Verschweißung der Beutel. Die Kontaktschweißung brannte nahezu jede Stunde durch und musste erneuert werden. Zudem wurden bei der ursprünglichen Konstruktion der Maschinen die Beutel oft verdrückt, rutschten zerknittert aus der Anlage. Und bei der Steigerung der Leistungsfähigkeit kamen zusätzliche Schwierigkeiten mit dem Aufblasen der Beutel auf uns zu.

Tatsache ist, dass auch in der Probierphase der Herstellung der ersten Capri-Sonne-Tüten der Tag nur 24 Stunden hatte, und die Belegschaft in der regulären Arbeitszeit mit der Produktion der Halbfertigfabrikate für die Nahrungsmittelbranche voll ausgelastet war. Trotzdem wurde tagsüber mit den Maschinen und der Beutelabfüllung experimentiert und bald schon etwas Capri-Sonne produziert, während in der Nacht noch gebastelt und getüftelt wurde, die Maschinen repariert und technisch verändert wurden. Es war die Zeit, als der kleine Nebeneingang unserer Villa, der direkt zum angrenzenden Firmengelände führte, nicht nur tagsüber, sondern auch in der Nacht ständig durchschritten wurde.

Bemerkenswert ist, dass dieser Einsatz, die Abfüllmaschine zu verbessern, auch und gerade von jenen erbracht wurde, die an der Spitze des Unternehmens standen. Ein engagiertes Unternehmen befindet sich in gewisser Weise permanent in einer Pionierzeit. Es zeichnet sich in allen Phasen durch Anfängermut und Entdeckergeist aus, durch die in Amerika viel beschworene Einstellung der *can-do-attitude*. »Wir können das!«, würde man im Deutschen sagen. Eine Lebenseinstellung und geschäftliche Charaktereigenschaft, die ich zeitlebens geschätzt habe und die bis heute meine unternehmerische Tätigkeit prägt. Das war damals, vor 50 Jahren, so und ist heute bei den vielen Start-ups in technischen und anderen Bereichen nicht anders.

Die entscheidende Weichenstellung bei INDAG lässt sich auf die Jahre 1972 und 1973 datieren. Mit dem Beginn der marktreifen Produktion der Capri-Sonne wurde der Maschinenbau Jahr für Jahr mit dem gleichlautenden Problem konfrontiert. Wir benötigten nicht eine, nicht einige, sondern bald jede Menge leistungsfähigere Abfüllmaschinen. Aus den Erfahrungen wusste man inzwischen zwar genau, wo es hakte, was an den Maschinen grundsätzlich verändert werden musste. Und man war in unserer Führungsetage der festen Ansicht, dass eine anders konstruierte Maschine mindestens 8.000 Beutel in der Stunde füllen könnte. Aber wenn man den Wunsch äußerte, dass man Maschinen mit dieser Abfüllleistung benötigte, hieß es überall aus der Maschinenbaubranche, so eine Leistung sei technisch unmöglich.

Die Reaktion meines Vaters und seiner engsten Mitarbeiter war in solchen Momenten fast schon voraussagbar: »Wenn das niemand packt, müssen wir eben selbst die leistungsstärkere Maschine bauen.«

FRIEDRICH STUMPF

Friedrich Stumpf, einer unserer engsten führenden Mitarbeiter auch in der Pionierzeit, erinnert sich gut an diese Phase. Hier seine Eindrücke aus jener Zeit:

Nachdem um die Jahresmitte 1972 also die Entscheidung gefallen war, den Prototyp einer Maschine nach eigenen Vorstellungen zu bauen, schauten wir uns nach geeigneten Fachleuten um, die uns bei der Umsetzung der Ideen technisch helfen konnten. Die Wahl fiel auf das kleine Ingenieurbüro Kücherer in Heidelberg. Die Ingenieure dort verfügten zwar nur über eine ganz kleine Werkstatt, aber uns kam es in erster Linie darauf an, dass sie uns bei der Konstruktion Hilfestellung leisteten. Nach der ersten Besprechung zeigte sich, dass wir die richtige Wahl getroffen hatten. Und es sei angemerkt, diese Zusammenarbeit währte Jahrzehnte lang.

Nur dass wir seinerzeit als Newcomer mit einem für damalige Verhältnisse großen Auftrag die Räume des Ingenieurbüros betreten hatten. Rudolf Wild und ich legten in den ersten Gesprächen die Vorstellungen und vorläufigen Entwürfe von einem zunächst einreihigen Prototyp dar. Die Abfüllmaschine sollte 8.000 bis 10.000 Beutel Capri-Sonne in der Stunde produzieren können.
Der Konstruktionszeichner Eberhard Kraft begann bei Kücherer mit der Arbeit am Reißbrett. Weder er noch wir ahnten in jenen Tagen, wie schnell und radikal diese ersten technischen Zeichnungen des Ingenieurs, den wir freundschaftlich Hardy nannten, sein persönliches Arbeitsumfeld und die gesamte Produktion von Capri-Sonne verändern würden.
Station für Station wurde die neue Maschine am Reißbrett entworfen. Es waren jedoch regelmäßig praktische Testreihen nötig. Auf Grund der neuen Erkenntnisse ging es wieder an die Konstruktion und erneut zurück in die Werkstatt. Die räumlichen Verhältnisse des Ingenieurbüros boten für die praktischen Versuche nicht genug Platz, so wurde der im Bau befindliche Prototyp der Füllmaschine aus der zu kleinen Werkstatt zu uns transportiert und in einer Halle aufgestellt, um hier daran arbeiten zu können.
Während die ersten Versuche liefen, produzierten wir in der Nachbarhalle natürlich mit den alten klapprigen Maschinen weiter. Ein reger Pendelverkehr zwischen dem Ingenieurbüro und unserem Betrieb setzte ein, und Hardy avancierte mit der Zeit zum Leiter des Maschinenbauprojekts. Denn fast täglich und oft noch nach Feierabend kam der Ingenieur mit neuen Bauteilen für die Maschine im alten Ford Transit bei uns im Werk an. Wir halfen ihm beim Abladen, dann wurde bis in die Nacht in der Werkshalle gebaut, geschraubt, geschweißt, getestet.
In dem halben Jahr bis Ende 1972 hatten wir allmählich begonnen, unsere Betriebsschlosser zu Maschinenbauern »umzuschulen«. Für manche Arbeiten mussten wir zunächst noch auswärtige Mechaniker heranholen, aber im Wesentlichen haben Rudolf Wild, Eberhard Kraft und ich unsere erste funktionstüchtige Maschine gebaut. Und weil die produzierten Beutel auch schnell genug in 10er-Boxen verpackt werden

sollten, erfand der Unternehmer Wild »nebenbei« eine Verpackungsvorrichtung, die schließlich auch patentiert wurde.
Wir drei Männer waren ein begeistertes Team von begabten Tüftlern, und ich witzelte gelegentlich: »Hardy arbeitet in der falschen Firma.«
Mitte des Jahres 1973 wechselte Eberhard Kraft endgültig zu uns, als bereits fünf Maschinen des neuen Typs liefen und Capri-Sonne produziert haben.
Ein halbes Jahr hat es gedauert, die Grundkonstruktion einer eigenen Abfüllmaschine zu entwickeln. Es würde tief in die fachliche Materie führen, die technischen Probleme und ihre Lösungen hier detailliert auszuführen und alle Hürden aufzuzählen, die in jenen sechs Monaten zu nehmen waren.
Eine der größten Herausforderungen an die Techniker stellte die Station dar, in der die Beutel geöffnet, aufgeblasen und gefüllt wurden. Es macht einen gewaltigen Unterschied, ob 2.000 bis 3.000 Beutel oder die doppelte bis dreifache Menge in der Stunde die Station passieren. Schließlich war es Ende 1972 geschafft, die Öffnungs- und Füllstation für die Beutel zufriedenstellend zu gestalten. Diese technische Innovation aus jener frühen Phase der Entwicklung wurde mit der Zeit Standard in der gesamten Branche. Es dauerte nicht lange, da fuhren Maschinen bei WILD mit einer Kapazität von 18.000 Beuteln in der Stunde. Wir waren somit das einzige Unternehmen, das technische Lösungen für so hohe Leistungen bei flexiblen Packungen gefunden und weiterentwickelt hat. Permanente Innovation haben wir als wichtigsten Motor unseres Unternehmens begriffen. Eine Firmenphilosophie, die bis heute Bestand hat.
Man darf jedoch nicht vergessen, dass uns Anfang der 1970er-Jahre viele spätere Errungenschaften der modernen Technik nicht zur Verfügung standen. Vieles, was heute computergesteuert läuft, musste seinerzeit auf mechanischem Wege gelöst werden. Man stelle sich zum Beispiel vor, dass die Menge von 200 Gramm beziehungsweise Milliliter bei den hohen Geschwindigkeiten exakt dosiert werden musste. Auch die dafür nötigen Dosierpumpen in den heutigen Maschinen haben wir bereits beim Bau des ersten Prototyps zusammen mit einer Firma entworfen und anschließend stetig weiterentwickelt.

Ende des Jahres 1972 konnten wir probeweise unsere erste neue Maschine einsetzen. Doch damit standen wir erst am Anfang einer atemberaubend schnellen Entwicklung, die den Getränkehersteller und mittlerweile auch Maschinenproduzenten aus Heidelberg hinaus auf die Weltmärkte führen sollte.

Von der Vision zur Wirklichkeit

Anfang 1973 produzierten wir unsere erste selbst gebaute Maschine, im Laufe des Jahres konnten vier weitere Maschinen aufgestellt und in Betrieb genommen werden. Schritt für Schritt ersetzten wir die alten, ineffizient arbeitenden Geräte. Ende 1973 stand unsere erste Transferstraße. Damals war das ein Novum in der Branche! Fünf Maschinen produzierten auf ein Förderband zu, die in 10er-Boxen verpackten Capri-Sonne-Beutel wurden schließlich einer Kartoniermaschine zugeführt.

Die Entwicklung verlief Jahr für Jahr rasant, was nicht heißt, dass alles schon in trockenen Tüchern gewesen wäre. Oft genug kam Eberhard Kraft abends aus der Halle und konnte seinen Arbeitskittel buchstäblich hinstellen. Immer wieder platzten die Schweißnähte der Beutel, es spritzte der süße Saft, und der mit dem Sirup getränkte Stoff war bis zum Abend steif von der dicken Schicht aus getrocknetem Zuckerguss.

Stetige Verbesserung und Innovation auf dem Gebiet der Maschinentechnologie musste bei uns also nach wie vor hoch im Kurs gehalten werden. Aber wir sind auch tatsächlich schnell gewachsen, haben nach der ersten auch in einer zweiten und dritten Halle unsere Maschinen aufgebaut. Angefangen mit rund 15 Millionen Beuteln Capri-Sonne pro Jahr konnten wir das Produktionsvolumen jährlich in etwa verdoppeln. Als wir einen Ausstoß von 60 Millionen Trinkpacks im Jahr erreicht hatten, fragte uns ein Mitarbeiter: »Wenn das so weitergeht, wenn wir weiter neue Maschinen bauen, wer soll denn diese Menge an Capri-Sonne trinken?«

Mein Vater rechnete ihm vor, dass, wenn jeder in der damaligen Bundesrepublik nur eine einzige Capri-Sonne im Jahr trinkt, schon 60 Millionen Beutel verkauft würden. Meine viel weiter reichenden Ziele und Größenordnungen von Milliarden von Trinkbeuteln pro Jahr waren unseren Mitarbeitern erst recht schwer zu vermitteln. Und dass mit der von mir in die Wege geleiteten Internationalisierung später tatsächlich weltweit Milliarden Trinkpacks Capri-Sonne beziehungsweise Capri-Sun im Jahr getrunken würden, das konnte sich damals wahrlich niemand vorstellen. Aber dieses Ziel oder diese Vision hatte ich seinerzeit vor Augen.

Nicht nur technische Innovationen, auch die stetige Motivation der Mitarbeiter zählte zu den Aufgaben meines Führungsteams. Darum ging es beispielsweise im Jahr 1976, als wir den heißesten Hochsommer seit Langem erlebten. Brauereien und Mineralbrunnen kämpften mit Lieferengpässen. Dieser Umstand wirkte sich bei uns so aus, dass ich um 17 Uhr zusammen mit der Führungsetage und den Büromitarbeitern zwar die Büroräume verließ, doch nur, um in der Produktion weiterzuarbeiten. Mit Mann und Maus, unabhängig von der Position im Unternehmen, standen wir an den Maschinen und ließen die Produktion die ganze Nacht über weiterfahren, nachdem die eigentlichen Produktionsmitarbeiter sich in den wohlverdienten Feierabend verabschiedet hatten. Es gab Tage, an denen wir auf diese Weise 44.000 Kartons Capri-Sonne produzieren konnten. Unsere ganze Belegschaft feierte stolz solche Rekorde.

Seit einem Jahr bereits hielten wir in Deutschland die Marktführerschaft unter den flexibel verpackten fruchthaltigen Getränken. Diesen Titel zu verteidigen und den Vorsprung auszubauen, motivierte uns alle ungemein. Und die Belegschaft war nicht nur von der Rekordproduktion begeistert. Unsere Mitarbeiter sahen, dass wir in der Chefetage uns nicht zu fein dafür waren, Arbeitskittel anzuziehen und selbst die Maschinen zu fahren. »Ability to motivate others« – dies ist eine der zehn wichtigsten Eigenschaften eines erfolgreichen Unternehmers, und sie war mir in jungen Jahren bereits bewusst. So habe ich die technische Führungscrew zum Beispiel mit Wetten über die durchschnittliche Produktionsleistung einzelner Maschinen angespornt.

Nominal konnten unsere Maschinen bereits 9.300 Beutel pro Maschine produzieren. Doch es gab nach wie vor genügend Störfaktoren, die im ganzen System für kurzzeitige Unterbrechungen sorgten, sodass der reale Ausstoß niedriger anzusetzen war. Wer mit seiner Schätzung dem tatsächlichen Durchschnitt am nächsten kam, wurde mit einer hübschen Summe zum Wochen- oder Monatssieger gekürt. Es ging dabei weniger um die von mir ausgesetzte Belohnung. Spiel und Ehrgeiz, Wettkampf und Spaß verbanden sich aufs Vortrefflichste mit unserem täglichen Engagement. »Hard work and fun«, auch das ist ein Satz, der mich als Lebensmotto begleitet.

Parallel zur schnellen Steigerung der Produktion in Deutschland lief die Weiterentwicklung einer neuen Maschinengeneration auf vollen Touren. Aus der kleinen INDAG, zuständig für die Instandsetzung der Maschinen, war ein hochmoderner Maschinenbauer geworden. Beginn und Ausbau der Exportaktivitäten außerhalb Europas setzten jedoch nicht nur perfekte Maschinen voraus. Wenn wir Capri-Sonne im Ausland verkaufen wollten, so meine Überlegung, benötigten wir dafür eine komplette Systemlösung. So wie wir sie mit unseren Produktionsstraßen ja bereits zu realisieren begonnen hatten. Aber warum sollten wir nicht noch einen Schritt weiter gehen und an ausländische Lizenznehmer gleich eine schlüsselfertige Fabrik für die Produktion von Capri-Sonne verkaufen?

Was zunächst allen wie ein kühner Traum und manchen sogar als verrückte Idee erschien, ließ sich in der zweiten Hälfte der 1970er-Jahre realisieren. Dieses Tempo war atemberaubend. Das noch junge Team der Spezialisten unseres Maschinenbauzentrums INDAG hatte alle Hände voll zu tun. Im Jahr 1976 mussten wir eine Maschine bei uns abbauen, um schnell genug in England Fuß fassen zu können. Währenddessen entstanden neue Maschinen, die dabei laufend technisch verbessert wurden. Teils benötigten wir weitere Maschinen für die eigene Produktion, teils lagen bereits erste Bestellungen aus dem Ausland vor.

Der Leiter des Internationalen Geschäfts, Horst Bussien, und ich reisten durch die Weltgeschichte und akquirierten fleißig. Wir lieferten 1977 je eine Maschine in den Iran und nach Israel. Aber auch die erste Capri-Sonne-Fabrik wurde in diesem Jahr fertiggestellt, verpackt und auf den Weg gebracht. Die Ausstattung umfasste das komplette System der für die Produktion und für die Verpackung notwendigen Einzelkomponenten, einschließlich aller Transporteinrichtungen. Der Auftrag beinhaltete ebenfalls das gesamte Engineering und die Baupläne für die Fabrik – also wirklich eine fertige Gesamtanlage, in der man sofort mit der Produktion beginnen konnte. Für uns war es dabei entscheidend, mit der Entwicklung einer Komplettlösung nützliche Erfahrungen für weitere technische Innovationen zu sammeln.

Die Märkte in Asien, Afrika und vor allem in den USA hatte ich bereits zu einer Zeit fest im Visier, als wir gerade mal auf dem europäischen Markt Fuß zu fassen begonnen hatten. Man kann diese Einstellung als die Sicht eines Visionärs bezeichnen. Ich bevorzuge es, die des Öfteren genannte intrinsische Motivation und natürlich das lebenslange Lernen als Mindset im Mittelpunkt meines unternehmerischen Engagements zu sehen.

Die Idee und Verwirklichung des »go west«, der nordamerikanische Markt, stand als letzte Pioniertat in der Geschichte unseres Fruchtsaftgetränks an. Bald nachdem wir mit Produktionsstandorten in 18 Ländern und mit unseren Lizenzpartnern die meisten Länder in Europa sowie weite Teile Asiens beliefern konnten, wollte ich mit Capri-Sonne nicht nur von Lissabon bis Wladiwostok, vom kühlen Norden des japanischen Inselreichs bis zu den tropischen Stränden von Surabaya in Indonesien präsent sein. Als Krönung sozusagen fehlte der US-Markt. Und unser Engagement in Amerika sollte ab 1979 von außerordentlicher Bedeutung werden. Die ersten Schritte, in den Vereinigten Staaten von Amerika Fuß zu fassen, bedeuteten für uns eine entscheidende Weichenstellung. Sehr früh, wenige Jahre nach der Entwicklung und dem Produktionsstart von Capri-Sonne in Deutschland, visierte ich dieses Ziel bereits an.

Der Anfang der Produktion in Amerika bedurfte einer langen Vorarbeit, und ich wusste sehr genau, wie viel von einem gelungenen Engagement jenseits des großen Teiches abhing. So gut wie alles! Der nordamerikanische Markt bedeutete in zweierlei Hinsicht eine immense Herausforderung. Einerseits war es für die erfolgreiche weltweite Vermarktung unerlässlich, dass unser Erfrischungsgetränk in den USA vertreten war, dort produziert und großes Ansehen gewinnen würde. Andererseits gab es bis dato keine Erfrischungsgetränke aus Europa, die den Durchbruch auf dem amerikanischen Markt geschafft hatten. Üblich war nur der umgekehrte Weg. Die amerikanische Getränkeindustrie expandierte in Europa und auf anderen Kontinenten.

Da wir das Konzept verfolgten, mit nur einem Lizenznehmer pro Land einen Vertrag abzuschließen, war in diesem Fall die Entscheidung ungeheuer wichtig. Welchen Partner gewinnt man, wenn es darum geht, auf dem Territorium der bedeutendsten Wirtschafts- und Handelsmacht der Welt Geschäfte zu machen? Ich entschied mich für den Getränkehersteller Shasta Beverages, einer Tochtergesellschaft von Consolidated Food, unter anderem deshalb, weil dessen Produktpalette am besten zu Capri-Sonne passte. Zudem arbeitete Shasta im Bereich der Erfrischungsgetränke nicht nach dem Franchise-System, sondern hatte eine eigene nationale Distribution. Und das Unternehmen beziehungsweise der Mutterkonzern Consolidated Food (später Sarah Lee Corporation), schien bereit zu sein, auf meine Bedingungen bezüglich der Anschaffung von unseren Abfüllmaschinen einzugehen.

Es war wie ein Pokerspiel, und ich kann mich genau erinnern, dass ich am Tag vor dem Abflug zu den entscheidenden Verhandlungen mit meinem Vater zu Hause in unserer Villa beim Mittagessen saß, das Stammwerk in Eppelheim vor Augen. Würde der große Schritt aus der Kurpfalz in die Staaten gelingen?

Mein Vater und ich hatten die Alternativen eines US-Deals besprochen. Ich hatte in Vorgesprächen bereits eruiert, dass die Amerikaner an dem Getränk mit dem damals ganz ungewöhnlichen Attribut »all natural« wohl außerordentlich interessiert waren. Es war auch entschieden, dass das Getränk in den USA »Capri-Sun« heißen würde. Ich wollte jedoch mehr erreichen und die gesamte Capri-Sonne-Konzeption in die Lizenzverhandlungen einbringen. Wir würden auf dem US-Markt erst erfolgreich agieren, so meine Überlegungen, wenn es uns gelänge, nicht nur Getränkegrundstoffe, sondern auch unsere neuartige Verpackung plus das INDAG-Maschinensystem für die Abfüllung der Beutel zu verkaufen. Ob der Verhandlungspartner auf diesen Deal eingehen würde?

Shasta war bereit, für die Exklusivität zwei Maschinen fest zu bestellen. Ich forderte, dass Shasta mindestens 20 Maschinensysteme in Auftrag gab, weil ich wusste, dass die zwei Maschinen vom Management verantwortet werden konnten, während für die 20 Maschinen eine Board-Entscheidung in Chicago notwendig war. Nur so, war ich überzeugt, konnten wir das volle Commitment von Consolidated Food für die Einführung erreichen. Eine Alternative hatte ich nicht und fragte deshalb meinen Vater um Rat. Er bestärkte mich: »Du musst es probieren, wag es.« Tatsächlich war ich gut präpariert, ich kannte Land und Sprache seit früher Jugend, zudem war es nicht mein erster Besuch bei Shasta in Hayword, CA. Vielmehr verband mich mit diesem Unternehmen bereits eine denkwürdige, lustige und positive Begegnung, von der ich an anderer Stelle erzähle.

Die entscheidende Verhandlung, bei der es um diese Alles-oder-nichts-Frage, also um den Verkauf von 20 Abfüllmaschinen, ging, schloss ich erfolgreich ab. Und so schnell kann es manchmal gehen: Nach diesem Deal verging gerade mal ein gutes Jahr, da konnte unsere gesamte Belegschaft in Eppelheim 1979 über den »größten Auftrag aller Zeiten« jubeln.

Wir bewegten uns allerdings fast noch in der Pionierphase unseres Maschinenbauprogramms: Der von uns entwickelte Prototyp war erst 1972 fertiggestellt worden, die ersten Maschinen wurden noch in Nebenräumen der Capri-Sonne-Produktion gebaut. Durch den Auftrag aus Übersee verlief die Entwicklung im Maschinenbausektor nun wesentlich schneller als geplant. Einfach, weil es sein musste.

Zur Herausforderung wurde der Auftrag aus den USA für INDAG allerdings auch aus einem anderen Grund. Wir hatten uns nicht nur mit fremden Geräten und Spannungen (480 Volt und 60 Hertz) vertraut zu machen. Unsere Maschinen mussten zudem unter völlig anderen Bedingungen funktionieren. Damals wurde bei uns noch kalt abgefüllt, für die USA kamen aber ausschließlich Heißabfüllmaschinen in Frage.

Bis Ende 1978 war auch dieses Problem gemeistert, wir konnten unserem Auftraggeber in Heidelberg unsere erste Heißfüllmaschine vorführen. Leider nicht auf Anhieb zur vollen Zufriedenheit des Geschäftspartners. Arbeitsintensive Tage und Nächte standen uns wieder einmal bevor. Aber sechs Wochen später – Teile mussten umgebaut, andere ganz neu konstruiert werden – war die Maschine fertiggestellt und wurde in dieser Konstruktion von den Amerikanern voll akzeptiert.

Anfang 1979 wurde die erste Abfüllmaschine in die USA verschickt. In Columbus (Ohio) begann die Produktion von Capri-Sun für den amerikanischen Markt. Noch im selben Jahr wurden weitere Maschinen an Shasta geliefert.

Amerikanische Gepflogenheiten

Anfang 1980 besuchte mich der Präsident des damaligen Mutterkonzerns von Shasta, Consolidated Food, in Heidelberg. Nach einer sechsstündigen Konferenz und den dabei getroffenen Vereinbarungen konnte ich endgültig sicher sein, für die Verhältnisse seinerzeit genau die richtige Entscheidung bei der Wahl des amerikanischen Partners getroffen zu haben. So wurde bis 1984 das Werk in Columbus mit insgesamt sechs Maschinen ausgestattet, und im selben Zeitraum kamen sukzessive noch andere Produktionsstandorte hinzu: Hayword in Kalifornien, Granite City bei St. Louis in Illinois und 1984 schließlich die vierte Fabrik in Gainesville, Florida.

Der Absatz in Amerika schnellte sprunghaft in die Höhe. 1981 hatte sich Capri-Sun als erste deutsche Softdrink-Marke auf dem amerikanischen Markt bereits durchgesetzt. Die Jahresproduktion lag bei fast 11 Millionen Kartons. Die rasante Entwicklung machte es notwendig, dass Shasta ab 1981 die Beutel nicht mehr aus Deutschland bezog. Also wurde das Geschäftsfeld ausgeweitet. Mit den von uns gelieferten Beutelfertigungsmaschinen konnte die komplette Produktion in den Staaten stattfinden.

Zwei Jahre später, also 1983, wurde der Capri-Sun-Trinkpack in den USA zur »Verpackung des Jahres« gewählt und als erfolgreichste Neueinführung mit der Goldmedaille ausgezeichnet. Die großartigen Anfangserfolge in den USA waren eine entscheidende Schubkraft auf dem Weg zur Weltmarke. Capri-Sonne beziehungsweise Capri-Sun sollten zu den bekanntesten und am meisten verbreiteten Erfrischungsgetränken rund um den Erdball werden.

Doch auch im Land der unbegrenzten Möglichkeiten sollten wir noch Lehrgeld zahlen müssen. Viele meiner Mitarbeiter flogen im Laufe der Jahre nach Amerika, sammelten dort bei der Einrichtung neuer Produktionsstätten Erfahrungen. Da Shasta selbst bereits ein erfahrener Getränkeproduzent war, gab es bezüglich Hygiene und Qualität, womit wir in manchen anderen Ländern zu kämpfen hatten, keine Probleme. Im Gegenteil, auf vielen Gebieten waren wir die Lernenden und verdanken praktisch dem US-Engagement ein Stück Weiterentwicklung unseres Abfüllsystems.

Kopfzerbrechen bereiteten meinen Mitarbeitern anfangs die unterschiedlichen Maßeinheiten, und man musste höllisch aufpassen, ob die Temperaturangabe Celsius oder Fahrenheit lautete, ob Mengeneinheiten als Gallone oder Liter, Gewichtsangaben in Pound oder Kilo zu verstehen waren. Bekanntlich zerschellte einmal sogar eine Sonde auf dem Mars, nur weil Wissenschaftler dies- und jenseits des Atlantiks bei der Berechnung der Flugbahn die unterschiedlichen Maßeinheiten bei der Gewichtsangabe miteinander verwechselt hatten.

In Sachen »way of life« machten wir in Amerika natürlich auch ungewöhnliche Erfahrungen. So mussten zwei unserer Mitarbeiter bei ihrer ersten USA-Reise irritiert zur Kenntnis nehmen, dass sie fast wie Landstreicher behandelt wurden. Ohne vorher Zimmer reserviert zu haben, betraten sie ein recht nobles Hotel und verlangten nach zwei Einzelzimmern. Freundlichste Bedienung, alles schien ganz unproblematisch zu sein, bis die Hotelgäste um eine Kreditkarte gebeten wurden.

»Kreditkarte? Haben wir nicht. Wir zahlen cash.« – »Sorry, aber dann bitte sofort.« Meine Mitarbeiter waren über die vermeintliche Unverschämtheit empört. Sie seien schließlich ordentliche Geschäftsleute und gewohnt, die Rechnung erst am nächsten Morgen zu begleichen. Alles Reden half nicht, die Rechnung musste im Voraus bezahlt werden. Als sie mir später in Heidelberg von dem Vorfall erzählten, musste ich laut lachen. »Wie könnt ihr bloß in Amerika ohne Kreditkarte im Hilton absteigen?!«

Staunen löste auch manches Gespräch mit amerikanischen Arbeitskollegen aus. Da sollte zum Beispiel ein routinierter Mitarbeiter an der neuen Abfüllanlage eingelernt werden. Aber: »Sorry, die Sache betrifft mich nicht mehr. In wenigen Wochen gehe ich zu Pepsi, habe dort einen interessanteren Job in Aussicht.« – »Wie können Sie nach so vielen Jahren und gerade jetzt, wo ein neues Projekt startet, eine gut dotierte Stelle, ein prima Team hier einfach verlassen und in eine andere Stadt ziehen?« – »Ich bin ein freier Amerikaner und gehe, wann es mir passt und wohin es mich zieht.«

Mit dieser Einstellung konnte ein qualifizierter Mitarbeiter aus Deutschland wenig anfangen. Denn er ging selbstverständlich davon aus, bis zu seiner Rente im selben Betrieb beschäftigt zu sein. Auch wenn sich zwischenzeitlich die Mentalität bei uns auf dem Kontinent stark verändert hat, will ich an dieser Stelle anmerken, dass Firmentreue gerade im Stammwerk Eppelheim bis heute hoch im Kurs steht.

Shasta Beverages war in Amerika lange Jahre Marktführer bei diätischen Erfrischungsgetränken gewesen. Capri-Sun passte da als Sortimentserweiterung sehr gut in das Programm. Die Kooperation funktionierte jahrelang bestens.

Das Aufkommen eines neuartigen Süßstoffs veränderte die gesamte Marktsituation allerdings dramatisch. Auch für Capri-Sun zeichnete sich eine neue Situation ab. Die zweite amerikanische *challenge* stand uns bevor. Shasta verlor zu viel Terrain an die bekanntesten großen Limonadenhersteller, die nun Getränkesorten mit dem neuen Süßstoff Aspartam produzierten und den Markt für ungezuckerte Erfrischungsgetränke weitgehend dominierten. In dieser schwierigen Situation verkaufte der Mutterkonzern Shasta an ein anderes Unternehmen. Die Capri-Sun-Lizenz wurde ohne unsere Zustimmung, das heißt vertragswidrig, mitverkauft. Die Folgezeit war nicht nur von rechtlichen Auseinandersetzungen überschattet. Unter der neuen Leitung wurden bei der Herstellung und Vermarktung von Capri-Sun auch gravierende Änderungen eingeführt, mit denen ich überhaupt nicht einverstanden war und die gegen die Bestimmungen im Lizenzvertrag verstießen. Ich war überzeugt davon, dass wir Capri-Sun in den USA übernehmen und in eigener Regie betreiben mussten.

Aber ich stand allein da. Mein Vater war dagegen, mein Bruder war dagegen, und auch das Management und Fritz Stumpf waren dagegen. »Das schaffen wir nie. Wir haben keine Ahnung davon, wie man in USA eine Marke erfolgreich vermarktet.« Schlussendlich habe ich erreicht, dass mein Vater mir das Geld für den Rückkauf in Höhe von 6 Millionen US-Dollar als Darlehen gab. Daraufhin erwarb ich die Assets im Alleingang und gründete die Capri-Sun Inc. in San Mateo, Kalifornien.

Ohne Backup in den USA wurde es ein überaus schwieriger Neustart. Denn von der Verwaltung bis zur Fabrikation musste alles neu aufgebaut werden. Mit lediglich fünf ehemaligen Shasta-Mitarbeitern als Führungsteam begann unser zweites amerikanisches Engagement. Ich benötigte dringend weitere Mitarbeiter für die neue Capri-Sun-Firma, die sozusagen aus dem Stand mit 40 Millionen Dollar Jahresumsatz begann. Es gab nur ein sogenanntes Transition Agreement mit Shasta bezüglich Büro, Computer und Buchhaltung.

Es folgten verdammt harte Zeiten. Die ersten anderthalb Jahre führte ich als Präsident die Firma selbst und verbrachte jeden Monat zwei Wochen in den Vereinigten Staaten, bis ich Chris Mottern als CEO einstellen konnte, der die Geschäfte vor Ort führte. Danach konnte ich meine regelmäßige Anwesenheit allmählich reduzieren. In vier Jahren haben wir den Umsatz verdreifacht, und ich habe bis ins Detail gelernt, wie man ein Produkt in Amerika vermarktet.

1991 verkaufte ich das Business an Kraft General Food, weil mir klar war, dass wir langfristig gegen die etablierten Getränkekonzerne als kleines Familienunternehmen keine Chance hatten. Ich ging also wieder zu unserem bewährten Lizenzmodell zurück, verkaufte die Fabriken für 150 Millionen US-Dollar, behielt aber die Marke Capri-Sun in Besitz.

In Kooperation mit dem großen internationalen Konzern und professionellen Vermarkter errang Capri-Sun 1994 auch in der Neuen Welt die Marktführerschaft bei flexibel verpackten fruchthaltigen Getränken. Ein Vierteljahrhundert nach dem Produktionsstart in Heidelberg war somit der sonst umgekehrt übliche Weg auf dem Getränkemarkt geschafft. Die Überraschung war perfekt: Ein Erfrischungsgetränk aus Deutschland hatte den amerikanischen Markt erobert.

Jene Pionierzeit meiner Weltmarke »Capri-Sun« vor einem halben Jahrhundert und auch die Folgezeit sind einerseits Geschichte. Andererseits sind sie viel mehr als nur eine abgeschlossene Vergangenheit. Denn permanente Innovation, die Ausweitung und Vertiefung meines und unseres Wissens, das alles ist bis zum heutigen Tag ein Motor meiner Unternehmen. In diesem Sinne ist die einstige Pionierzeit zugleich auch Gegenwart.

Mit dieser unternehmerischen Einstellung und dank jener Eigenschaften, die in Rainer Zitelmanns umfangreichen wissenschaftlichen Studie *Psychologie der Superreichen, Das verborgene Wissen der Vermögenselite* beschrieben werden, gelang es mir, zwei global erfolgreiche Konzerne aufzubauen. Das ist eine Lebensleistung, auf die ich durchaus stolz bin. Mit dem Getränk Capri-Sonne wurde unter meiner Leitung ein Weltkonzern erschaffen. Die von meinem Vater gegründeten Zick-Zack-Werke Rudolf Wild habe ich in vier Jahrzehnten zum bedeutendsten Hersteller von natürlichen Aromen entwickelt.

Eine Anmerkung sei gestattet am Schluss dieser Rückschau, mit Blick in die jüngste Vergangenheit und Gegenwart: Wie ich betont habe, ist unternehmerischer Pioniergeist zu jeder Zeit gefragt, in diesem Sinne hört eine sogenannte Pionierzeit nie auf. Die Globalisierung des Kerngeschäfts, also die Produktion von natürlichen Zutaten für die Getränke- und Lebensmittelindustrie, habe ich in den vergangenen drei Jahrzehnten ebenso tatkräftig vorangetrieben, wie ich für Capri-Sun weltweit tätig war. Organisatorisch geschah und geschieht dieses Engagement aus unserer Schweizer Zentrale.

Im Jahr 2014 sorgte eine Verkaufsentscheidung für weltweites Aufsehen. Ich verkaufte das Aromengeschäft »WILD Flavors« zusammen mit meinem Partner KKR für etwa 3 Milliarden US-Dollar an den US-Nahrungsmittelkonzern ADM. Die Archer Daniels Midland Company mit Sitz in Chicago ist mit weltweit über 270 Produktionsstätten führend im Agrarbusiness. Die Europazentrale befindet sich am Genfersee in der Schweiz. Das damalige Aromengeschäft von über 1 Milliarde US-Dollar Umsatz ist heute Teil des ADM Nutrition Business mit über 6 Milliarden US-Dollar Umsatz. Viele ehemalige WILD-Mitarbeiter sind in der globalen ADM Organisation in Führungspositionen aufgestiegen.

Dieser Schritt passt gut zu meiner Strategie »Kapital aus einem Geschäft abzuziehen, um etwas Neues aufzubauen«. Denn: Innovation ist der Schlüssel zum Wachstum – das betone ich immer wieder im Zusammenhang mit meiner Lebenseinstellung des permanenten Lernens. Zudem lassen sich zwei unterschiedliche globale Geschäftsfelder von einem Familienunternehmen auf die Dauer nur schwer nebeneinander ausreichend managen und finanzieren. Oft ist Fokussierung gefragt und notwendig. Das war auch bei uns der Fall.

Und es stehen großartige Zukunftsaufgaben an, bei Weitem nicht nur die fortwährende Behauptung von Capri-Sun als Weltmarke und die Ausweitung dieser Geschäftstätigkeit, gemanagt von der Capri-Sun Group Holding AG. Es handelt sich um Zukunftsprojekte und Fördertätigkeiten, die über die Produktion eines Fruchtsaftgetränks hinausgehen.

KAPITEL 7

Intelligentes und zeitgemäßes Marketing – auf dem Weg zur Weltmarke

Gleich nachdem ich in das elterliche Unternehmen eingestiegen war, begann ich neben meinen anderen Aufgaben vor allem damit, mich um neue Vermarktungsstrategien zu kümmern. Capri-Sonne hatte kein Marketing, dieses Know-how musste ganz neu aufgebaut werden. Da ich selbst bislang noch keine professionelle Erfahrung auf diesem Gebiet hatte sammeln können, musste ich mich in die Materie einarbeiten und viel Neues lernen. Dank meiner Zusammenarbeit mit verschiedenen Agenturen begriff ich aber schnell, worauf es ankam.

Einen besseren Namen allerdings als das seit 1952 geschützte Warenzeichen »Capri-Sonne«, hätte man für das Getränkesortiment kaum finden können. Nicht immer werden erfolgreiche Markennamen also in großen Werbeabteilungen in tagelangem Brainstorming kreiert. Oft bringt die eigene Firmengeschichte, die Besinnung auf die eigene schöpferische Kraft jene innovativen Ideen mit sich, die in der Praxis am weitesten tragen. So auch in diesem Fall.

»Das Fruchtsaftgetränk, das so gut ist wie seine Verpackung.« Mit diesem Slogan wurde in den ersten Jahren nach der Markteinführung in Deutschland für eine der besten Verpackungen in der Welt der Getränke geworben. Die Verkaufserfolge, bald auch international, bestätigten die Stichhaltigkeit dieser Werbestrategie.

Gleichwohl war der Weg von einem heimischen Kindergetränk zur Weltmarke lang – und so beschwerlich wie jeder Anfang sprichwörtlich ist. Im Jahr 1969 erfolgte die Markteinführung von Capri-Sonne, damals wurde sie zunächst in den Sorten Orange, Zitrone und Apfel angeboten. Mit dem Markennamen Capri-Sonne hatten wir von Anfang an den passenden, treffenden Namen für unser Produkt. Das Flair südlicher, sonniger Länder, Urlaub, Sport und Abenteuer, aber auch die natürliche Reife der Früchte in den Getränkesorten werden durch den Namen bereits signalisiert. Bevor die Kunden sich für den Kauf entscheiden und sich von dem Geschmack des Produkts überzeugen können, müssen erst ihre anderen Sinne angesprochen werden. Auch der erlesenste Geschmack muss zunächst über Bild und Wort und vergleichbare Werbemaßnahmen auf sich aufmerksam machen.

Einiges mag aus heutiger Sicht altbacken anmuten, doch für die damalige Zeit waren es ganz moderne Ideen und damit verbundene Lernerfahrungen, welche die anfänglichen Marketingstrategien dominierten. Neben dem Trinkbeutel, der sozusagen ein Werbeträger per se geworden war, wurden laufend neue Werbeideen entwickelt, zunächst sogar ohne fremde Hilfe durch Werbeagenturen. So entstanden die ersten Fernsehspots in eigener Regie. Sie sind mit heutigen Videoclips natürlich nicht vergleichbar, stand doch Anfang der 1970er-Jahre nicht einmal die entsprechende Technik zur Verfügung. Pioniergeist, Filmkamera, Idee, das musste reichen. So drehten wir die ersten, aus heutiger Sicht amateurhaften Werbefilme. Zum Beispiel zieht dort ein trainierter Schwimmer seine Bahnen und greift schließlich nach einer Tüte Capri-Sonne und erfreut sich an der Erfrischung.

Nur wenige Jahre später, als wir schon Werbespots in Hongkong drehen ließen, mussten wir in Heidelberg eigens einen Kinosaal anmieten, um das Ergebnis anschauen zu können. Es würde zu weit führen, auch nur annähernd all die besonderen Ideen und Werbemaßnahmen aufzuzählen, die im Laufe der Jahre – dann in Zusammenarbeit mit Werbeagenturen – unter meiner Regie erarbeitet und umgesetzt wurden.

Entwickelt wurden nicht nur Werbeideen, um die Konsumenten über Print- und elektronische Medien in Deutschland anzusprechen. Auch die ausländischen Lizenznehmer unterstütze WILD mit speziellen Erfahrungen und Maßnahmen. Markt-Studien, Platzierungsvorschläge und Events für den Handel im In- und Ausland gehörten zum neuen Marketingkonzept. Die Idee, Capri-Sun 10er-Packungen als verkaufsfertige Palette direkt in Supermärkten zu platzieren, war damals völlig neu und hat uns bei der Bereitstellung des Produktes schnell vorangebracht. Wir hatten eine dauerhafte Sonderplatzierung kreiert, die heute noch Kern unserer Verkaufsstrategie ist. Die begleitenden Platzierungsvorschläge variierten je nach Jahreszeit und Zeitgeist. So wurde die »tolle Tüte« im Winter zusammen mit einem »Swingrodel« präsentiert: Das Gewinnspiel, bei dem man einen wendigen kleinen Schlitten mit beweglichen Kufen gewinnen konnte, förderte den »Winterspaß mit Capri-Sonne«. Doch galt es stets, mit dem Zeitgeist Schritt zu halten. Und flugs war der Schlitten Schnee von gestern, schnittige Snowboards warben stattdessen für den Durstlöscher beim hitzigen Wintersport.

In der warmen Jahreszeit bieten sich naturgemäß mehr Platzierungsideen und Events an, kombiniert zunächst mit dem guten alten Fahrrad, das bald von Mountainbikes abgelöst wurde. Strandkörbe, Schlauchbote, die Verlosung von ganzen Strand-Paketen wurden bei Platzierungsideen berücksichtigt. Neben derartigen Events lag uns stets viel daran, den Handel mit praktischen und dadurch entsprechend werbewirksamen Konzepten und Verkaufsförderungsmaßnahmen zu unterstützen. Eine Sensation auf dem Markt waren beispielsweise die neu entwickelten durchsichtigen Trageboxen. Diese Capri-Boxen und die nachfolgenden Einfälle zu Verpackung und Transport spielten bei der Vermarktung des originären Produkts eine bedeutende Rolle.

Die internationalen Marketingaktivitäten, die den Lizenznehmern angeboten wurden, waren einerseits darauf angelegt, die hochwertige Qualität des Getränks in jedem Land als zentrale Botschaft hervorzuheben. Das unverwechselbare Design trug wirkungsvoll dazu bei, diese Produkteigenschaft zu transportieren. Die Werbung, unterstützt durch spezielle Kampagnen der Partner, sollte aber auch den landestypischen Charakter der Marke betonen und mit der Kultur des Landes harmonieren. Bei all diesen Produktions- und Marketingstrategien konnte ich auf meine umfangreichen Reiseerfahrungen zurückgreifen. Und, ja, das Reisen bildet, so entstand jene Welterfahrung, die uns das nötige Einfühlungsvermögen im Umgang mit kulturellen Unterschieden sicherte.

Die von unserer Firma WILD herausgegebene englischsprachige Zeitschrift »Capri-Sonne News« beförderte die Kommunikation und den Informationsaustausch unter den Partnern in aller Welt. Internationale Seminare und Fortbildungsmaßnahmen, die regelmäßig in Heidelberg durchgeführt wurden, unterstützten die Geschäftspartner in anderen Ländern. Diese wiederum hatten das Know-how ihrer Märkte, kannten Handelsstrukturen und Konsumentenwünsche vor Ort viel besser und ergänzten damit die Vermarktungsstrategien aus Heidelberg.

Der Erfolg einer Weltmarke liegt in der besonderen Kombination von Globalität und Regionalität. Der Geschmack des Getränks musste und muss zwar nach regionalen Wünschen in weit über 100 Ländern variieren. Dies war jedoch eine einzigartige Herausforderung für die Labors im Stammwerk. Der Markenkern von Capri-Sun blieb also weltweit identisch. Und bleibt es bis heute!

Weltstars mit Capri-Sonne

Welche Promotion, welches grundsätzliche Image sollte der Capri-Sonne auf den Märkten als Botschaft vorauseilen? Die Kombination von Abenteuer, Sport und hervorragendem Geschmack schien am ehesten Kinder und Jugendliche in aller Welt anzusprechen. Diese ursprüngliche Annahme hat sich immer wieder, trotz aller Zeitenwandel, bewahrheitet. Ideal ist dabei, dass sportliches Spiel ein natürlicher Durstererzeuger ist. Aber auch andere Aspekte des Abenteuers und des Sports spielen bei der Kommunikation mit Kindern und ihren Erziehern eine Rolle.

Abenteuerlust, Entdeckerdrang, geistige Regsamkeit zu fördern – das war in dem zunehmend vom Fernsehalltag bestimmten und ist heute im vom Smartphone-Gebrauch dominierten Lebensrhythmus vieler Kinder zweifellos ein positives Signal. Auch die Anregung zur sportlichen Betätigung kombiniert das Produkt mit in jedem Land pädagogisch gut vertretbaren Werten. Zu Gesundheit, Fitness, Zielstrebigkeit und Sportbegeisterung passt ein Erfrischungsgetränk, dessen wichtigstes Merkmal überall die Verwendung von ausschließlich natürlichen Rohstoffen ist. Wassersport, Basketball, Fußball und andere Sportarten, Freizeit, Abenteuer und Erlebniswelten spielten je nach vorherrschender Mentalität in den jeweiligen Ländern eine spezifische Rolle.

Aber wir eroberten auch andere Terrains: Bei der Schachweltmeisterschaft 1986 in Dubai war Capri-Sonne offizieller Getränkelieferant. Der Amerikaner Yasser Seirawan besiegte den Russen Garry Kasparov souverän und posierte anschließend werbewirksam mit dem Fruchtsaftgetränk für die Kameras.

Und schon ab 1981 fuhr eine der international stärksten Radsport-Mannschaften im blauen Trikot von Capri-Sonne. Gregor Braun, der Olympiasieger und Weltmeister aus der Pfalz, führte damals das erfolgreiche Team an. Unter dem Teamchef Walter Godefroot, mit Rennmaschinen aus der Rennradschmiede von Eddy Merckx, wurden große Rennen gewonnen und viel beachtete Erfolge unter anderem bei der Tour de France und beim Weltcup gefeiert. Auf diese Weise warb bei Radrennen im europäischen Ausland das Capri-Sonne-Team für die dortigen Lizenznehmer, indem ihnen die Radprofis zu Werbezwecken als Sponsoren zur Verfügung gestellt wurden.

Zu Beginn der 1980er-Jahre förderte unser Unternehmen junge Tennisspieler aus der unmittelbaren Umgebung des Stammsitzes bei Heidelberg. Nur wenig später wurden diese Sportler zu Tennislegenden. Steffi Graf, Boris Becker, Anke Huber haben zu den Geförderten gehört. Natürlich wurde dieses Engagement auch den Kunden von Capri-Sonne kommuniziert. Etliche Jahre später erfolgte eine intensive Zusammenarbeit mit dem Fußballklub FC Bayern München. Ob in TV-Spots oder auf Trinkpacks, Spieler des deutschen Rekordmeisters waren in den späten 1990er-Jahren die Lieblinge vieler Capri-Kids. Viel später, 2011, wurden 100 Capri-Sonne-Smarts in Betrieb genommen. Die schnittigen Kleinwagen in den typischen Farben blau, gelb und mit dem Markennamen haben vielerorts das Stadtbild belebt.

So ging es mir immer darum, mit neuen, aktuellen Ideen und Konzepten das Marketing zu beleben. Unsere Herausforderung bestand darin, die Marke Capri-Sun für die Zielgruppe stets aktuell zu halten, um nicht zu sagen: »super cool«. Das ist uns über mehr als 50 Jahre bis zum heutigen Tag ganz gut gelungen, wie ich finde.

Eine hochoffizielle Würdigung des Capri-Sonne Trinkpacks, die bereits erwähnte Auszeichnung mit einer Goldmedaille, erfolgte einige Jahre nachdem das Getränk auf dem nordamerikanischen Markt Fuß gefasst hatte. Der Marketingpreis »Packaging of the Year« wird von der Flexible Packaging Association (F.P.A.) in den USA vergeben. An diesem Wettbewerb um die Verpackung des Jahres beteiligen sich jedes Jahr zahlreiche Markenartikler, die mit ihren Erzeugnissen (Food und Nonfood) mindestens seit einem Jahr auf dem US-Markt vertreten sein müssen.

Mit der Goldmedaille für Capri-Sonne würdigte die F.P.A. 1983 insbesondere die hervorragende Marketingleistung, das ausgezeichnete Packungsgesamtbild und die frische, verkaufsfördernde Druckqualität des Trinkpacks. In einer technischen Jury-Beschreibung wurden zudem der sehr gute Lichtschutz, die Geschmacksneutralität, die Siegel-Eigenschaften und die temperaturisolierende Wirkung der Aluminiumverbundfolie als Qualitäten der Verpackung hervorgehoben.

Zick Zack-Werke in Eppelheim, 1951
© privat

Entsaftung von Zitronen, 1951
© privat

Luftaufnahme Wild-Werke, 1961
© privat

Rudolf und Leonie Wild mit den Kindern Hans-Peter und Rainer, Kirchenglockenspende, 1948
© privat

Familienbild, Rudolf und Leonie Wild mit Dr. Hans-Peter Wild und Prof. Rainer Wild, 1960er-Jahre
© privat

Dr. Hans-Peter Wild
als Kind mit dem
Dobermann Zeus
© privat

Dr. Hans-Peter Wild,
Springreitturnier
Eppelheim,
1970er-Jahre
© privat

Dr. Hans-Peter Wild,
Herbstjagd 1980
© privat

Dr. Hans-Peter Wild auf
Elefant, Japan 1989
© privat

Muhammad Ali
mit Christoph,
Robert und
Marion Wild,
1978
© privat

Dr. Hans-Peter Wild mit Altkanzler Helmut Kohl, Juni 2006.
Zum 65. Geburtstag wurde Dr. Hans-Peter Wild zum Ehrenbürger von Eppelheim ernannt, Helmut Kohl hielt die Laudatio.

Dr. Hans-Peter Wild mit Venus und Serena Williams beim Superbowl, 2003

Luftaufnahme Standort Eppelheim, 2022

Luftaufnahme Elternhaus Villa Eppelheim, 2022

Bau der Fabrik in Dubai, UAE, 2006

Wild Flavors Inc., Cincinnati, USA, 2006

Mittlerer Osten, Besuch in einem traditionellen Majlis Zelt, 2006
© Helmut R. Schulze Photography International

Verlesung und Waschen von Orangen,
Brasilien 1980er-Jahre
© privat

Die Auszeichnung als Verpackung des Jahres nur vier Jahre nach Einführung von Capri-Sun auf dem Getränkemarkt der USA hat den internationalen Markterfolg des Getränks nachhaltig bestätigt. Eine ganz besondere und zeitgemäße Auszeichnung hat die von der INDAG in 2006 entwickelte und seither produzierte Verpackungsart mit Schraubverschluss in jüngerer Zeit erfahren. Die praktischen Eigenschaften des neuartigen Standbodenbeutels werden seit 2010 auch im Weltall genutzt. Gefüllt in dem Fall zwar nicht mit dem Fruchtsaftgetränk, sondern mit dehydrierten Lebensmitteln, gingen in jenem Jahr zum ersten Mal diese Beutel auf die Reise zur Internationalen Raumstation ISS. Der speziell entwickelte Verschluss kann zunächst an die Wasseraufbereitungsanlage der Raumstation angeschlossen werden und ermöglicht anschließend die Nahrungsaufnahme in der Schwerelosigkeit.

Diese unter dem Namen CAPS geführten, 0,33 Liter fassenden und wiederverschließbaren Standbodenbeutel sehen, abgesehen vom Verschluss, dem ursprünglichen Trinkbeutel sehr ähnlich. Auch hierbei wurde also auf den Wiedererkennungswert geachtet. Zugleich konnte neue Kundschaft unter jungen Erwachsenen, zusätzlich zu den zuvor dominierenden Zielgruppen, hinzugewonnen werden. Boxweltmeister Wladimir Klitschko hat die CAPS passend präsentiert.

2017 erfolgte die Namensänderung. Seither wird die Marke weltweit einheitlich als »Capri-Sun« vermarktet. In zahlreichen Ländern in Asien, Afrika und Amerika wurde der Markenartikel zuvor schon unter der englischen Bezeichnung geführt. Die offizielle Vereinheitlichung im Rahmen der stetig wachsenden weltweiten Mobilität der Konsumenten hat dazu beigetragen, dass Reisende in jedem Land ihr gewohntes und bevorzugtes Getränk sofort wiedererkennen.

Der Marketing-Coup mit dem Champion

Ende der 1970er-Jahre hatten wir bereits viel erreicht. Wir waren in weniger als einem Jahrzehnt Marktführer in Deutschland geworden, hatten auch international begonnen, die Präsenz unseres Kultgetränks auszubauen. Ich wusste aber, für die Globalisierung, für den ganz großen Wurf fehlte noch etwas Entscheidendes in unserer Marketingstrategie.

Wie Muhammad Ali als Werbeträger für Capri-Sonne gewonnen wurde, ist eine so unglaubliche Geschichte, dass selbst das nüchterne *Handelsblatt* ins Schwärmen geriet. Ich hätte »der gesamten internationalen Werbeelite den wohl zur Zeit zugkräftigsten Werbeträger vor der Nase weggeschnappt«, war dort zu lesen. Tatsächlich hatte der Boxweltmeister zuvor noch nie einen Werbevertrag unterzeichnet. Daher durfte man tatsächlich von einem Marketing-Coup sprechen, nachdem der wohl bekannteste Boxchampion aller Zeiten seine Unterschrift unter einen Vertrag mit uns gesetzt hatte.

Nach wie vor erinnere ich mich lebhaft an viele Details, wie uns dieses Meisterstück gelang. Ich hatte im Laufe der Jahre zwar zahlreiche zündende Marketingideen auf den Weg gebracht, doch ganz zufrieden war ich eben nicht. Es fehlte dieses gewisse Etwas auf dem internationalen Parkett, ein Alleinstellungsmerkmal, das unserem Unternehmen und dessen Ideen und Produkten entsprach und mit dem wir der Konkurrenz langfristig eine Nasenlänge voraus wären. Als »Constant Dissatisfaction« wird diese Eigenschaft bezeichnet, wenn ein Unternehmer sich mit dem Erreichten nicht zufriedengibt, sondern stets auf der Suche nach neuen Herausforderungen ist. Ich wollte eine Werbebotschaft finden und kreieren, die unserem Getränk unübersehbar und über alle Ländergrenzen hinweg den Status einer Kultmarke verschaffen würde.

Ende der 1970er-Jahre hatten wir zudem ja bereits begonnen, uns auf außereuropäischen Märkten zu engagieren. Es war mir wichtig, in den neuen Ländern schnell einen hohen Bekanntheitsgrad zu erreichen. Diese Märkte würden uns eine Schlüsselposition für den angestrebten großen Durchbruch bei der Internationalisierung von Capri-Sonne einbringen.

Wer aber war prominent genug, um als Werbebotschafter Menschen in unterschiedlichsten Ländern und Kulturen anzusprechen? Wir gingen die Namen von weltweit prominenten Menschen durch, und ich sagte scherzhaft in einer Sitzung, dass der Papst meine erste Wahl wäre, aber leider nicht in Frage komme. Das gleiche gelte wohl für den charismatischen Boxweltmeister Muhammad Ali. Erst tags zuvor hatte ich die Übertragung eines Boxkampfs des Schwergewichtlers angesehen. Aber im selben Moment, als ich in unserer Sitzung von der schieren Unmöglichkeit sprach, diesen weltbekannten Sportler für uns zu gewinnen, setzte sich in meinem Kopf die Idee fest, »den größten Champion aller Zeiten« zu engagieren.

Für die Umsetzung einer guten Idee dürfen anfängliche Hindernisse keine Rolle spielen. Diese wichtige Lernerfahrung hatte ich zuvor bereits oft gemacht. Ist ein Einfall überzeugend und plausibel durchdacht, kann diese Überzeugung, gepaart mit der passenden Begeisterung, Berge versetzen.

Ich kannte die Fernsehreportagen von Ben Wett, dem Boxexperten des ZDF in New York, über Muhammad Ali. Also rief ich bei dem populären Sportkorrespondenten an und fragte, ob er den Kontakt zu dem Champion herstellen könnte. Da Wett unser Markengetränk bekannt war, erklärte er sich bereit, in unserem Sinne tätig zu werden. Und unsere erste Überraschung war perfekt! Dem großen Muhammad Ali hat unser Fruchtsaftgetränk nicht nur geschmeckt, er hat auf unsere Idee auch ohne Umschweife positiv reagiert.

Doch ganz so einfach sollte das Anliegen nicht zu realisieren sein. Eilig haben wir einen unkomplizierten Vertrag entworfen, der gerade mal eine Schreibmaschinenseite umfasste. Und wir organisierten, nachdem Ali Einverständnis signalisiert hatte, sogleich Termine für die Dreharbeiten der TV-Spots in den USA. Doch dann wurde die Sache erheblich komplizierter als anfangs gedacht. Plötzlich erhielten wir ein freundliches Schreiben von einer großen amerikanischen Agentur, die zu jenem Zeitpunkt mit dem Weltmeister über eine Vermarktung seiner Person verhandelte. Höflich, aber bestimmt wies die Agentur darauf hin, dass sie inzwischen die Vermarktungsrechte besitze und wir daher mit ihr zu verhandeln hätten. Auch dieser Herausforderung wollte ich mich stellen – und flog nach New York.

Am Central Park, im Büro der Agentur, traf ich beim ersten Meeting auf eine größere Gruppe geschäftiger Leute. Die meisten von ihnen waren Anwälte. Ich hingegen saß mutterseelenallein im Raum und dachte angesichts der dortigen Lage, dass es nun doch ratsam wäre, selbst einen Experten zurate zu ziehen. Ich war zwar Jurist, doch mit den Finessen des US-amerikanischen Rechtssystems war ich damals noch nicht vertraut. Auf dem Tisch stapelten sich Stöße von Papier, die es zu begutachten und zu unterschreiben galt. Unser netter kleiner Vertrag von einer Seite war nur noch Makulatur.

Durch Vermittlung unserer deutschen Werbeagentur bekam ich Kontakt zu einem New Yorker Anwalt namens Max Block. Bei unserer ersten Begegnung in einem Restaurant schien er wenig Interesse an unserem Fall zu haben und zeichnete auf das Papiertischtuch Skizzen vor sich hin. Doch sein Desinteresse täuschte. Er war hellwach. Und er sollte unsere Interessen ganz hervorragend vertreten, wie sich herausstellen würde. Max Block war ein Aussteiger, der einen hoch dotierten Job in einer großen Firma an den Nagel gehängt hatte. Als Einzelkämpfer widmete er sich fortan nur Fällen, die ihn tatsächlich interessierten, und er arbeitete nur für Mandanten, die er gern vertrat.

Ich war der erste Deutsche, für den der jüdische Anwalt deutscher Abstammung nach dem Kriegsende eine Vertretung übernahm. Wahrscheinlich spielte meine Nationalität eine Rolle bei seiner anfänglichen Zurückhaltung. Er schnitt das Thema von sich aus nicht an, und ich hielt mich mit Fragen zurück. Aus heutiger Sicht hätten wir uns auch über die jüdische Herkunft meiner Familie unterhalten können. Von diesem möglicherweise verbindenden Umstand habe ich seinerzeit jedoch noch gar nicht gewusst.

Hiervon unabhängig lernten wir uns schnell näher kennen, und es entwickelte sich zwischen uns eine freundschaftliche, persönliche

Beziehung. Sie gedieh so weit, dass er später auf meine Einladung hin Heidelberg besuchte. Zum ersten Mal war er, dessen Familie vor den Nazis fliehen musste, wieder in Deutschland.

Aber zurück zum Geschehen in den USA. In der zweiten Verhandlungsrunde um die Marketingrechte saßen 16 Leute auf der einen Seite, zehn von ihnen Anwälte. Ihnen gegenüber mein Rechtsbeistand Max Block und ich. Dank seines Verhandlungsgeschicks konnten wir den Abschluss des exklusiven Werbevertrages mit Boxweltmeister Muhammad Ali unter Dach und Fach bringen. Das Vertragswerk besaß nun allerdings einen rekordverdächtigen Umfang von über 80 Seiten. Inklusive des Passus über die kostenlose Lieferung von Capri-Sonne an Muhammad Ali während der Laufzeit des Vertrages. Damit stand uns »der Größte« in den nächsten vier Jahren für eine weltweite Werbekampagne im Bereich Erfrischungsgetränke exklusiv zur Verfügung. Endlich konnten wir mit der eigentlichen Arbeit beginnen.

In Begleitung eines Fachmanns unserer deutschen Werbeagentur und eines kleinen Aufnahmeteams reiste ich kurze Zeit später erneut in die Vereinigten Staaten. An ausgefallenen Ideen fehlte es uns nicht, ein festes Drehbuch jedoch besaßen wir auch nicht. Wie oft in meinem Leben habe ich auf die Kraft der Intuition, der spontanen Kreativität gesetzt. Dabei ging es immerhin um die entscheidende Frage, wie der Champion auf unsere Vorschläge reagieren würde. War er jenes »Großmaul«, als das er öffentlich oft dargestellt wurde und der stets alles dirigieren wollte?

Es kam wieder einmal ganz anders, als ich es mir vorgestellt hatte. Erneut zeigt sich bei diesem Beispiel die Flexibilität, die einen erfolgreichen Unternehmer auszeichnet. Die zehn entscheidenden Eigenschaften der erfolgreichsten Unternehmer sprechen in diesem Zusammenhang von »Coachability and Hyperfocus«.

Im Flieger überlegten wir uns, dass in der Werbung auch Kinder zusammen mit dem Boxweltmeister zu sehen sein sollten. Schließlich waren sie unsere Zielgruppe. Nach unserer Ankunft warben wir, sozusagen von der Straße weg, ein Mädchen und einen Jungen für die TV-Spots an. Das erforderte umständliche vertragliche Regelungen, die wir mit den Eltern eilig aushandeln mussten.

Mit Muhammad Ali waren wir in einer Sporthalle in Nashville, Tennessee verabredet. Während wir die Aufnahmen vor Ort in der Sporthalle noch abwickelten, kam der Mann mit den großen, roten Boxhandschuhen, der Goldmedaillengewinner bei den Olympischen Spielen in Rom 1960, der Weltmeister im Schwergewicht 1964. Der Größte wartete geduldig auf seinen Auftritt. Wer den Fighter nur im Ring erlebt hatte, kannte zwar einen hervorragenden Boxer und einen Showstar der Topklasse. Mich beeindruckte nun vor allem, wie liebevoll der Champion mit den Kindern umging.

Während der Filmaufnahmen fügte sich der Weltmeister ohne Allüren den Regieanweisungen, nahm mal das eine, mal das andere Kind auf den Arm und stellte sich in die gewünschte Positur. Und schließlich passierte das absolut Unerwartete. Muhammad Ali fragte mich, was er noch für uns tun könnte! Ich schlug ihm vor, dass er einige Sätze zu Capri-Sonne sagte. Ohne abzuwarten, welche Vorgaben unser Marketingfachmann ihm machen würde, legte der weltbekannte Boxer los. Kamera lief, Ton lief, und der Champ redete ohne Unterbrechung zwei Minuten lang. Charmant, charismatisch, unnachahmlich.

Als wir diesen Auftritt im Kasten hatten, war uns klar, dass wir alle vorangegangenen Aufnahmen getrost vergessen durften. Tatsächlich hat für alle späteren Werbemaßnahmen, in denen Muhammad Ali zu sehen war und zu Wort kam, der zweiminütige Monolog des Stars als Grundlage gedient. Auch für den Capri-Sonne-Werbespot von 30 Sekunden mussten lediglich die entsprechenden Stellen zusammengeschnitten werden.

Der Marketingeffekt für Capri-Sonne war enorm! Allein schon die Berichte über unseren Coup in den deutschen und internationalen Medien haben für Furore gesorgt. Wir konnten besten Gewissens in Printmedien, auf Plakaten und in TV-Spots mit dem O-Ton des Boxweltmeisters werben: »Hört mal zu: Der Größte erzählt euch keine Märchen. Capri-Sonne schmeckt wirklich toll.« Oder: »Ich bin der Größte. Die ganze Welt weiß das. Aber wenn ich mit dem Boxen aufhöre, ist Capri-Sonne das Größte.« Und dann: »Mein Name bedeutet Sieg. Und ich sage euch eins: Capri-Sonne ist gut.« Und: »Bleibt stehen, wenn ihr Capri-Sonne in eurer Stadt, in euren Läden seht. Es ist das Größte, wie ich ... für alle Zeiten.« So warb der legendäre Boxer für uns auf dem Höhepunkt seiner Karriere.

Die TV-Spots mit Muhammad Ali hatten den einzigartigen Vorteil, dass sie überall in der Welt und für alle Bevölkerungsschichten einsetzbar waren. In Deutschland sorgten sie dafür, dass jeden Monat prozentual zweistellige Absatzzunahmen erreicht wurden. Und um nur ein Beispiel vom internationalen Markt zu nennen: Unser seinerzeit neuer Lizenznehmer in Südkorea hatte bereits seine ganze Jahresproduktion für 1979 vorverkauft, ehe unsere im Stammwerk von INDAG hergestellten und nach Südkorea gelieferten Abfüllmaschinen dort überhaupt aufgestellt werden konnten. Dabei durften wir in Korea den Werbespot nicht einmal im Original zeigen. Nach den damaligen Gesetzen durften nur solche Werbebeiträge gesendet werden, die im Land hergestellt worden waren. Also ließen wir in Korea einen Spot drehen. Aber im Hintergrund hingen überall die Plakate mit dem Boxweltmeister.

Die weltweite Popularität und der einmalige Bekanntheitsgrad unseres neuen Werbeträgers brachte in allen 25 Ländern, in denen Capri-Sonne damals schon auf dem Markt war, viel Imagegewinn ein. Das Geschäft lief auf Hochtouren. Außerdem erweiterte sich die Zahl neuer Lizenznehmer im Ausland stetig. Capri-Sonne war nach Coca-Cola, Pepsi und Schweppes weltweit die am meisten verbreitete und eine der fünf global bekanntesten alkoholfreien Getränkemarken geworden. Nicht ohne Stolz konnte ich zudem im Jahr der Vertragsunterzeichnung mit Muhammad Ali verkünden, dass wir auch in den USA einen leistungsfähigen Lizenznehmer für den nordamerikanischen Markt als Partner gewonnen hatten.

Muhammad Ali hatte ja schon bei der ersten Kostprobe Geschmack an unserem Fruchtsaftgetränk gefunden. Die vertraglich vereinbarte regelmäßige Lieferung diente tatsächlich seinem persönlichen Bedarf. Ich habe ihn als einen gewinnenden Menschen erlebt, gewinnend nicht nur im sportlichen Sinn. Er engagierte sich laufend sozial und politisch. Die zeitweilige Aberkennung seines Titels übrigens war erfolgt, weil er in den USA wegen Kriegsdienstverweigerung verurteilt worden war.

Zweimal hat der Champion uns später in Heidelberg besucht. Interessiert hat er die Produktionsstätten in unserem Werk besichtigt. Einmal hat er sogar vor Ort eine Kostprobe seines Könnens als Boxer in einem Showkampf dargeboten. Überaus sympathisch und rührend ist das Foto, auf dem er Seite an Seite mit meiner Mutter Leonie posiert, sie freundschaftlich in den Arm nimmt.

Marketing kann Qualität nicht kreieren und erst recht nicht ersetzen. Das unerschütterliche Festhalten an Natürlichkeit und Reinheit blieb stets die Basis unseres Erfolgs auf den Märkten der Welt. Marketing kann und muss die Qualität eines Produkts anpreisen – auf Dauer jedoch muss das Produkt für sich sprechen. Marketing ist für uns tatsächlich Geschmackssache. Aber in der besten Bedeutung des Wortes: Capri-Sun will in allen Ländern, mit all den kulturellen Unterschieden in den Regionen und auf Erdteilen, vor allem ein Botschafter des guten Geschmacks sein.

Herausforderungen zeitgemäßen Marketings

Die moderne Marketing-Abteilung hat ihre Büroräume am Sitz der Capri-Sun Group Holding AG in der Lindenstraße in Baar, unweit von Zug, in der Schweiz. Insgesamt arbeiten auf zwei Stockwerken rund 100 Mitarbeiter. Als »Chairman of the Board« bin ich regelmäßig zu Besprechungen in Baar, wir diskutieren auch über Marketingfragen, ich bringe Ideen oder Verbesserungsvorschläge ein.

Ein ähnlicher Werbecoup wie vor Jahrzehnten mit dem Boxchampion wäre in der heutigen Zeit wohl kaum wiederholbar. Der Grund dafür liegt auf der Hand. Zeitgemäße Marketingmaßnahmen müssen sich heute nach anderen Kriterien orientieren. »In den letzten fünf Jahren hat sich auf dem Gebiet mehr verändert als in 50 Jahren zuvor«, hört man von den Marketing-Experten in Baar. Ein Team von zwölf Mitarbeitern unter der Leitung von Jan Strubel arbeitet dort an neuen Konzepten. Der aktuelle Zeitgeist liefert die Vorgaben.

Zu den allgemeinen Veränderungen, bedingt durch den Generationenwechsel (in der Fachsprache: Millenniumgeneration, Generation Z, Generation Alpha und so fort), kommen noch spezifische Anforderungen hinzu, auf die das Produkt in der einzigartigen Tüte reagieren muss. Es sind Kriterien, darunter auch Vorgaben beziehungsweise Verordnungen, die den Erkenntnissen aus der Ernährungswissenschaft oder des Umweltschutzes folgen. Ab 2020 kamen als neue Herausforderungen die Auswirkungen der Pandemie auf Konsumgewohnheiten und Marketing hinzu.

Zudem ist die Medienlandschaft heute nicht mehr mit der damaligen zu vergleichen. Lange Zeit galten neben Printwerbung in erster Linie TV-Commercials als das Nonplusultra in der Werbung. Das Aufkommen des Internets und die rasante Nutzung der sozialen Medien von allen Altersschichten, aber vorwiegend von der jungen Generation, hat inzwischen eine völlige Neuorientierung der Marketingkonzepte erforderlich gemacht. Der Trend zur Beschleunigung in den meisten Bereichen des Lebens hat auch Auswirkungen auf die Art der Kommunikation mit den Kunden.

»Hatte man früher in TV-Werbespots noch 30 bis 40 Sekunden Zeit, um eine Werbebotschaft zu kommunizieren, hat sich diese Zeitspanne in den sozialen Medien auf einen Bruchteil reduziert«, erläutert Marketingchef Jan Strubel in der Teambesprechung. Zwar läuft die Kommunikation je nach Ländern immer noch zu etwa 60 Prozent auf TV-Kanälen. Veränderungen bei der Konzentrationsfähigkeit machen jedoch sogar hier erforderlich, dass die Werbebotschaft innerhalb der ersten 15 Sekunden ankommt.

Im Gegensatz zu den sozialen Medien schauen im Fernsehen Ansprechpartner aus verschiedenen Generationen gemeinsam zu. Es war immer schon eine besondere Herausforderung bei der Vermarktung von Capri-Sun, dass das Fruchtsaftgetränk in der Menge zwar bevorzugt von Kindern getrunken, aber in der Regel von ihren Eltern und Großeltern gekauft wurde. Gerade in Kinderprogrammen, die von kleinen Kindern und deren Eltern gemeinsam geschaut werden, kommt es darauf an, bestimmte Eigenschaften in den Vordergrund zu stellen – etwa dass das Getränk auch nach über 50 Jahren nur rein natürliche Zutaten enthält. Es sind in den Laboren im Stammwerk in Eppelheim zudem komplett zuckerfreie Rezepturen entwickelt worden. Die Vermittlung solcher Werbeinhalte spricht zwar nur die Erwachsenen an, doch stehen zeitgemäße Produktvarianten ganz im Interesse der Gesundheit der konsumierenden Kinder.

Natürlich muss das Marketing länderspezifische Besonderheiten berücksichtigen. Dafür stehen im Team in Baar Experten bereit, die sich seit Jahren mit einzelnen Ländern oder Kulturen auskennen. Außerdem arbeitet man mit Lizenznehmern beziehungsweise Partnern in den jeweiligen Ländern zusammen. Ein beeindruckendes Beispiel, wie man auf kulturelle Eigenheiten eingehen kann, ist ein TV-Spot in Nigeria. Darin sieht man, wie ein Truck eine Schule besucht. Die Bedeutung von Bildung und Erfrischung durch ein natürliches Getränk werden kombiniert. Der Laster ist mit einem weithin sichtbaren Capri-Sun-Schild dekoriert. Hunderte Schülerinnen und Schüler rennen neugierig auf den Schulhof. Eine junge Frau in landesüblicher Tracht entsteigt dem Truck. Passende Musik ertönt, die Frau beginnt zu tanzen und ermuntert die Kinder, beim »Capri-Sun-Tanz« mitzumachen. Schließlich ist der ganze Schulhof von Gesang, Tanz, Lachen erfüllt.

So gibt es je nach landestypischen Eigenheiten nach wie vor auch Plakatwerbung an Bushaltestellen, Marketingmaßnamen in Printmedien oder eben TV-Spots wie aus unserem Beispiel. Größere inhaltliche Zusammenhänge sind aber in keinem Spot innerhalb von wenigen Augenblicken rüberzubringen.

Beim Marketing in sozialen Netzwerken geht es hingegen wortwörtlich um ein, zwei Wimpernschläge, die man Zeit hat, um die

Aufmerksamkeit der Zielgruppe zu erhaschen. Und Teenager bewegen sich nun einmal bevorzugt oder fast ausschließlich in den sozialen Medien wie Facebook, Instagram und YouTube. Die Hälfte des Budgets für einen Spot in diesen Netzwerken hat man nach 1,7 Sekunden ausgegeben! Darauf weisen aktuelle Studien der Werbebranche hin. Das heißt, der Erfolg oder Misserfolg, die Aufmerksamkeit bei Jugendlichen zu wecken, hat sich in weniger als zwei Sekunden entschieden. Sobald sie weiterscrollen, ohne von der Werbebotschaft überhaupt Kenntnis genommen zu haben, hat die Marketingstrategie ihr Ziel verfehlt, nämlich Emotionalität und Nähe zum Kunden herzustellen.

Erinnerung, also auch das Wiedererkennen, funktioniert bei Menschen grundsätzlich vor allem auf der emotionalen Ebene. An sachliche Informationen erinnert man sich in der Regel weniger gut, und der Wiedererkennungswert ist weniger intensiv. Die Herausforderung besteht darin, Zeitfaktor und Informationsvermittlung miteinander zu kombinieren.

Gänzlich neu ist diese Erkenntnis nicht, wenn man sich Schlagzeilen in großen Lettern als »Eyecatcher« in Printmedien vor Augen führt. In den sozialen Medien aber kommt als Besonderheit hinzu, dass dort die Gewinnung von Aufmerksamkeit mittlerweile fast nur noch durch bewegte Bilder, durch Animation erzeugt werden kann. Auf diese Herausforderung hat Capri-Sun durch eine innovative Kreation im Gesamtkomplex der Marketingmaßnahmen reagiert.

Nicht ohne Stolz konnten ich und unser Marketingteam 2017 den neuen Markenbotschafter »Sunny« der Öffentlichkeit vorstellen. Der Ansprechpartner der Kids und Teenager ist eine Zeichentrickfigur in der Form eines animierten Trinkpacks. Der seit jeher bekannte Capri-Sun-Beutel lädt ein, spricht an und agiert sympathisch von der ersten Sekunde an.

Man arbeitet hier nicht mehr mit Standbildern von der legendären Verpackung, stattdessen ist der Beutel in den Werbespots lebendig. Die Animation, die bewegten Bilder bewirken auch beim schnellen Scrollen auf den Seiten von sozialen Netzwerken, dass innerhalb von

Sekunden haften bleibt, man habe ein ganz bestimmtes Markenprodukt wiedergesehen und nicht irgendein Konkurrenzprodukt.

»Der Beutel hat nach wie vor etwas Magisches«, betont auch Roland Weening, seit Februar 2016 CEO der Capri-Sun Group Holding AG. Ich konnte den in der Lebensmittelbranche erfolgreichen Manager gewinnen, um dabei zu helfen, Capri-Sun für die Zukunft fit zu machen. Dazu zählt unter anderem, eine globale Marke auch mit global funktionierenden Marketingkonzepten bewerben zu können. Die Capri-Sun Group hat sich zum Ziel gesetzt, in naher Zukunft weltweit 12 Milliarden Beutel pro Jahr zu verkaufen. Und »Sunny« ist überall in modernen Ländern einsetzbar. Das jahrzehntelange Image der Capri-Sun-Tüte bleibt dabei erhalten.

Die Wiedererkennbarkeit der Marke in jedem Land ist entscheidend. Auch wenn die Pandemie seit 2020 vorübergehend erhebliche Einschränkungen in der Reisefreiheit notwendig gemacht hat, müssen Marketingkonzepte unbeirrt zukunftsweisende Ideen verfolgen und dafür Sorge tragen, dass nach Überwindung der Einschränkungen die Konsumenten des Fruchtsaftgetränks sowohl im eigenen Land als auch auf Reisen einen Markenartikel sofort wiederfinden und wiedererkennen.

Die Magie der Capri-Sun-Tüte war ja von Anfang an gegeben. Das wertvolle Image gilt es, mit zeitgemäßen Maßnahmen in die Zukunft zu transportieren. Diesen Wiederkennungswert einer Weltmarke und dessen konsequente Pflege nennt man in der Fachsprache »Branding«. Das heißt, der positive Gesamteindruck, den die Öffentlichkeit von einem Unternehmen hat, wird auf wenige Merkmale fokussiert.

Das Branding ist in Unternehmen grundsätzlich von wachsender Bedeutung und ein wichtiger Bestandteil der erfolgreichen Vermarktung von Produkten. In einer schnelllebigen Zeit und abnehmender Konzentrationsfähigkeit ist das Branding unerlässlicher Teil moderner Marketingstrategien. Branding baut darauf, Erinnerungen wiederzubeleben. Anlässlich des 50-jährigen Jubiläums 2019 erschien eine Nostalgie-Ausgabe der Capri-Sonnen-Tüte im Retro-Look von

1969. Diese ursprüngliche Magie will auch »Sunny«, in zeitgemäßem Outfit, bewahren und vermitteln. Tradition und Moderne reichen sich die Hand.

Aufmerksamkeitsgewinnung durch Besonderheiten wie die einzigartige Verpackung ist natürlich immer auch Mittel zum Zweck. Tatsächlich kommt es auf den Inhalt in der Tüte, auf den Geschmack und die Qualität an.

Ganz gleich ob Marketingeffekte wie einst durch den Boxchampion Muhammad Ali oder zeitgemäß durch Animation des Beutels geschehen, in erster Linie ist die sachliche Informationsvermittlung zu gewährleisten. Hierbei spielen als Ansprechpartner Erwachsene die Hauptrolle. Es sind einerseits die Lizenznehmer und Geschäftspartner in verschiedenen Ländern und andererseits Mütter und Väter, die ihren Kindern ein Produkt kaufen wollen, das gesundheitlichen und ökologischen Anforderungen entspricht.

Ob in längerer oder in kürzester Gestaltung, Marketing hat nach wie vor die Aufgabe, über die hervorragende Qualität eines Produkts zu informieren. Daher arbeiten wir auch daran, neuen Erwartungen sowohl der Kunden als auch der gesetzgeberischen Verordnungen gerecht zu werden.

Die Palette der Sorten, Geschmacksrichtungen und Rezepturen wird deshalb nach wie vor kontinuierlich erweitert. Es gibt Capri-Sun in zuckerreduzierten, zuckerfreien oder in veganen Sorten. Die multikulturelle Ausrichtung, dass der Geschmack je nach Ländern variiert, bleibt dabei erhalten.

Plastikstrohhalme werden bekanntlich zum Schutz der Umwelt in vielen Ländern verboten. Weil aber der Strohhalm unverzichtbar zum Erscheinungsbild und zum Genuss von Capri-Sun gehört, haben wir begonnen, auf Papierstrohhalme umzustellen. Das ist heute bereits in ganz Europa umgesetzt.

Auch die mehrschichtige Plastikfolie, aus der die Beutel hergestellt werden, gehört der Vergangenheit an – obwohl die Tüte unter Berücksichtigung aller Aspekte der Produktion, des Transports und der Entsorgung im Vergleich zu anderen Verpackungsarten zu den umweltverträglichen Lebensmittelverpackungen gezählt hat. Verpackungen müssen aber laut Gesetz nun aus Materialien und Materialkombinationen bestehen, die unter Berücksichtigung der Praxis der Sortierung und Verwertung zu einem möglichst hohen Prozentsatz recycelt werden können. Unsere neu entwickelte Folie entspricht den geforderten Standards des Verpackungsgesetzes, sodass der zukünftige Beutel zu 100 Prozent recyclingfähig sein wird.

Die eben genannten Themenfelder umfassen Botschaften, die so detailliert in den wenigen Sekunden einer Werbebotschaft überhaupt nicht vermittelbar sind. Diese Inhalte sprechen zudem keine Kinder an, sondern sind erst ab einem gewissen Alter verständlich. Darum gilt es, jene Kunden mit Informationen zu versorgen, die bewusst auf die ausschließlich natürliche Produktion und Qualität eines Getränks achten und zukunftsorientiert denken. Unsere Kinder sollen so aufwachsen, dass die Gesundheit des Einzelnen und die Umwelt weltweit geschützt werden.

Lebenslanges Lernen, Aufgeschlossenheit für Innovationen, das Annehmen von Herausforderungen sind auch im Bereich des Marketings ausschlaggebend. Ebenso die Orientierung an positiven Zukunftsperspektiven. Diese Eigenschaften bilden gemeinsam die Basis beispielhaft erfolgreichen unternehmerischen Handelns bilden und sich im Erfolg einer Weltmarke widerspiegeln.

KAPITEL 8

Reisen, Business, Abenteuer

»Die gefährlichste aller Weltanschauungen ist die der Leute, welche die Welt nie angeschaut haben«, schrieb der deutsche Naturforscher Alexander von Humboldt, einer der Mitbegründer der Geografie als empirische Wissenschaft.

Auch für einen Unternehmer erweitert sich mit jedem Aufenthalt in anderen Ländern und auf anderen Kontinenten die Perspektive, indem er wertvolle Erfahrungen über unterschiedliche Kulturen und ökonomische Besonderheiten sammelt. Bei diesen Reisetätigkeiten geht es in aller Regel ums Geschäft.

Weil ich für meine Mitarbeiter beispielgebend sein möchte, habe ich berufliche und private Reisen nie miteinander vermischt. Ich erinnere mich an eine frühe prägende Erfahrung aus meiner Zeit als Geschäftsführer bei Diersch & Schröder Anfang der 1970er-Jahre. Mit dem Seniorchef war ich zu Verhandlungen in die damalige Sowjetunion nach Moskau gereist. Nach einem verhandlungsintensiven Tag kehrten wir in unser Hotel zurück. »Kommen Sie, Herr Dr. Wild, wir vertreten uns noch ein wenig die Beine«, schlug mein Chef am frühen Abend vor. Wir liefen vielleicht eine Viertelstunde am Ufer des Moskwa-Flusses entlang und standen nur noch wenige Hundert Meter vom Roten Platz entfernt. Da meinte der Senior, dass wir nun wieder umkehren sollten. »In ein paar Minuten erreichen wir den

Roten Platz. Zu gern würde ich ihn mir anschauen«, bat ich. »Herr Doktor«, lautete die Antwort, »Sie werden in Ihrem Leben noch viele Gelegenheiten haben, die Sehenswürdigkeiten Moskaus zu bewundern. Morgen haben wir jedoch einen harten Arbeitstag vor uns. Wir gehen jetzt zurück zum Hotel.«

Im ersten Moment war ich enttäuscht. Aber mit der Zeit habe ich diese unternehmerische Einstellung nicht nur verstanden, sondern auch voll verinnerlicht: »Arbeit ist Arbeit, und Schnaps ist Schnaps«, weiß der Volksmund, und den Sinn dieser vermeintlichen Banalität hatte mir der Chef gerade klar gemacht: Bei einer dienstlich motivierten Reise muss das Augenmerk auf den Verhandlungen liegen und nicht auf touristischen Attraktionen. Und tatsächlich habe ich später noch oft Gelegenheit gehabt, Moskau sowohl geschäftlich als auch privat zu besuchen.

Gleichwohl lassen manche Geschäftsreisen Raum für kulturelle Begegnungen und einen Zuwachs an außerberuflicher Welterfahrung. Das ist von prägender Bedeutung. Die Wissenserweiterung beim Besuch anderer Länder und Erdteile schafft ein komplexes Weltbild und vermittelt in unterschiedlicher Weise die Wahrheit des bekannten Spruches: Reisen bildet.

Reisen bildet vor allem jene Charakterzüge heraus und verstärkt diese, die zu den zehn herausragenden Eigenschaften erfolgreicher Unternehmer zählen. *Empathetic Ability*, also die Fähigkeit des Einfühlens in andere Denkweisen und andere kulturelle Sichtweisen, des Abbaus von Vorurteilen und der Erweiterung toleranten Denkens gehört dazu. Unerlässliche Fähigkeiten, um eine Weltmarke wie Capri-Sun zu kreieren und auf den Weltmärkten zum Erfolg zu bringen. Es handelt sich schließlich um ein Produkt, dessen Markenkern stets gleichbleibt, das sich aber jeweiligen kulturellen und mentalen Eigenheiten anzupassen vermag. Die ländertypisch unterschiedlichen Geschmacksrichtungen mit dem »Grundgeschmack« Orange, Zitrone, Kirsche und so weiter zu kombinieren, ist eine Herausforderung, die von mir und führenden Mitarbeitern nur durch die Erkundung kultureller Eigenheiten auf unseren oft gemeinsamen Reisen zu meistern waren. In der Anfangsphase war es meist Horst Bussien, der Leidenschaft und Leid bei geschäftlichen Exkursionen und Reiseabenteuern mit mir teilte.

Beispiel Frankreich

Bereits in meinen Schul- und Semesterferien war ich regelmäßig im Ausland unterwegs. Manche nennen es Fernweh, für mich war es seinerzeit bereits ein Teil meiner intrinsischen Motivation. Gern habe ich mich in Frankreich aufgehalten. Dieses Land hat mich, wie später auch die USA, bis heute stark geprägt. In Büchern und Songs werden Paris und die Liebe zu dieser Stadt beschrieben und besungen. Zu meiner Jahrzehnte währenden Zuneigung gesellte sich als eine Art Krönung meiner Verbundenheit mit unserem Nachbarland, dass ich als Unternehmer und Mäzen zur Förderung des Rugbysports 2017 den Top-14-League- und fünffachen französischen Rugbymeister Stade Français Paris gekauft habe.

Die Verbundenheit ist intensiv, denn schon als Schüler während der Sommerferien habe ich in Paris gejobbt. In einem Haute-Couture-Geschäft, einer gehobenen Schneiderei, habe ich Stoffe vermessen und verkauft. Zur weiteren Verbesserung meiner Französischkenntnisse beschloss ich, während der Semesterferien einen Sprachkurs an der Universität in Nizza zu belegen. Mit meinem alten Opel Kapitän, der schon reichlich viele Kilometer als Vertreterfahrzeug des elterlichen Unternehmens auf dem Buckel hatte, fuhr ich an die Côte d'Azur. Zunächst galt es, eine Übernachtungsmöglichkeit zu finden. Hochsommer, Urlaubszeit der Franzosen, da war in Nizza natürlich kein bezahlbares Zimmer zu bekommen. Notgedrungen übernachtete ich die ersten Nächte im Auto. Aber schließlich wurde mir diese Schlafstätte zu unbequem. Ich studierte meine Autokarte – bei der es sich lediglich um eine Europakarte im recht großen Maßstab handelte. Darauf entdeckte ich Montpellier, ebenfalls eine bekannte Universitätsstadt.

Gut, dachte ich, Montpellier liegt nicht sehr weit weg, ist außerdem die Partnerstadt von Heidelberg und direkt am Meer. Dort will ich mein Glück versuchen, bevor ich hier noch mehr Nächte im Auto verbringe. Die Studentenstadt ist übrigens Geburtsort der nicht nur in Frankreich bewunderten, 2020 leider verstorbenen Chansonsängerin Juliette Gréco. Dort angekommen fand ich über das Fremdenverkehrsamt schnell ein Zimmer bei einer netten Vermieterin. »Welchen Weg nehme ich zu Fuß zum Meer«, wollte ich sogleich wissen. »Oh, Monsieur, das Meer ist 20 Kilometer weit weg, da müssen Sie schon das Auto nehmen.«

Die Zeiten ohne Navi und ohne eine gescheite Landkarte haben mir spezielle Lernerfahrungen beschert, die Menschen heute mit dem entsprechenden technischen Equipment niemals machen würden. Selbstverständlich sind die Hilfsmittel, die uns heute zur Verfügung stehen, hoch willkommen. Doch erfordern Situationen ohne die Unterstützung der modernen Navigationsgeräte die Entwicklung von Kompetenzen, die ich nach wie vor für wichtig halte.

Auch das angestrebte Sprachstudium während meines Frankreichaufenthalts verlief anders als geplant. Wenn ich morgens zum Schwimmen ans Mittelmeer fuhr, fragte ich mich tagsüber, ob die Rückfahrt an die Uni sich noch lohnen würde. Es gab daher oft Tage, die ich vollständig am Strand verbracht habe. Es war zu schön, in der mediterranen Atmosphäre zu verweilen. Die Erweiterung meiner Sprachkenntnisse gelang trotzdem sehr gut. Ich war jeher ein kontaktfreudiger Mensch, dem es schnell gelang, Anschluss zu finden. Mein Französisch konnte ich am Mittelmeer sogar so eingängig verbessern, dass mich während meines späteren Studiums an der Pariser Sorbonne manche wegen meiner als perfekt wahrgenommenen, aber mit dem einschlägigen Dialekt (»méditerranée«) versehenen Sprachkenntnisse gefragt haben, ob ich denn aus Südfrankreich stamme.

Es war nicht immer die allerbeste Gesellschaft, so erinnere ich mich, mit der ich Kontakt am Meer gefunden hatte. Aber viel gemeinsamen Spaß hatten wir jungen Leute allemal. Wie heutzutage Jugendliche sich an Computerspielen erfreuen, so standen wir damals stundenlang vor dem Flipperautomaten. In der weiträumigen, sonnigen Bar lief ständig die Musikbox. Wir hörten Chansons, vielleicht von Juliette Gréco, oder es ertönte früher Rock 'n' Roll aus den weithin schallenden Lautsprechern. Man trank Bier, steckte Münzen in den Spielautomaten und ließ die Flipperkugel rollen. Dabei galt es, mit Geschick möglichst viele Punkte und damit Freispiele zu holen, um das Portemonnaie zu schonen. Gewiefte Könner hatten aber Tricks auf Lager, um auch ohne besondere Geschicklichkeit an Freispiele zu gelangen. Man kippte mit Gefühl den Flipperautomaten, sodass die Kugel in das richtige Loch für Freispiele rollte, ohne dass dabei durch Rütteln oder Anheben der Tilt-Sensor ausgelöst und das Spiel sofort abgebrochen wurde. So hätten wir in der Jugendgruppe Tage mit Baden und Flippern verbringen können. Aber der Barbesitzer ist irgendwann dahintergekommen, welche Tricks da angewendet wurden, und es war schnell Schluss mit den unverdienten Freispielen.

Ich entdeckte bald ein anderes Faible für mich. Boule gehört zu den beliebten Kugelsportarten der Franzosen. In der Regel spielen zwei Formationen gegeneinander. Dabei versucht man, mit den eigenen Kugeln möglichst nah an eine Zielkugel zu gelangen oder gegnerische Kugeln mit dem Wurf vom Ziel wegzuschießen. Und Leute am Spielfeldrand konnten Wetten auf die erfolgreichste Kugel im markierten Kreis abschließen. Ich beobachtete eine Weile das Spielgeschehen und bemerkte, dass wegen der Unebenheiten des Spielfelds das Rollen und die Positionierung der Kugeln oft berechenbar war. Also wettete ich fleißig und lag dabei überdurchschnittlich oft richtig. An manchen Abenden konnte ich mit einigen hübschen Geldscheinen, damals in französischem Franc, mir ein gutes Essen in einem Restaurant leisten und bestens gelaunt in meine Unterkunft zurückkehren.

Als junger Jurastudent bekam ich unerwartet auch andere Gelegenheiten, meine Sprachkenntnisse aufzupolieren. Es geschah, wie der Zufall es wollte, sogar mit einem Mann vom Fach. Ich saß gerade in meinem Wagen und wollte starten, als ein anderes Fahrzeug auf dem Parkplatz rückwärts aus der Parklücke hinaus und geradewegs auf meine Kühlerhaube zusteuerte. Ich hupte, doch der Rückwärtsfahrer schien das nicht zu hören. Also drückte ich auf meine Fanfare. Sie war regelwidrig eingebaut und tönte viel zu laut. Trotzdem hätte die Fanfare gerade jetzt von Nutzen sein können. Sie war es leider nicht, und das andere Fahrzeug krachte recht ordentlich gegen die Stoßstange meines Opel Kapitän.

Wie sich herausstellte, war der ältere Herr nicht nur erheblich schwerhörig, sondern einer der obersten Richter von Montpellier. Der Unfall war dem ehrwürdigen Juristen furchtbar peinlich, und er kam auch ohne Zuhilfenahme der Polizei, was er tunlichst vermeiden wollte, großzügig für den von ihm angerichteten Schaden auf. Um mir jungem Studenten eine Freude zu machen, lud er mich zu sich nach Hause ein. So verbrachten wir beide, der erfahrene und der angehende Jurist, manche Stunden beim Kaffeetrinken und Erzählen. Eine passable Vorübung auf die Zeit später an der Sorbonne. So erfährt man selbst über einen Blechschaden erst viel später, ob und wofür er gut gewesen sein konnte.

Jedenfalls, wenn jemand seine Sprachkenntnisse in einer Fremdsprache erweitern will, ist der Besuch von Kursen an der Uni sicherlich ein zielführender, maßgeschneiderter Weg. Wie wir gesehen haben, finden sich gelegentlich aber ausgefallenere Methoden, fernab der Hörsäle.

Beispiel Yellow Pages

Geschäftsreisen haben sich in jener Zeit gänzlich anders als heute gestaltet und warteten vor allem in den seinerzeit wenig frequentierten Ländern mit manchen Abenteuern auf. Es gab weder Internet noch E-Mails, geschweige denn Mobiltelefone. Und ein junger Mensch besaß in der Regel keine eigene Kreditkarte. Man nahm die sogenannten Travellerschecks mit und wartete in etwas exotischeren Ländern lange in der eintönigen Schalterhalle einer Bank, bis der Scheck nach diversen Unterschriften und Abstempelungen endlich eingelöst wurde.

Meine erste Geschäftsreise führte nach Mittelamerika. Ich war damals erst Abiturient, kannte jedoch unser Familienunternehmen und dessen Bedürfnisse. In jener Zeit vor der Globalisierung gestalteten sich diese Reisen wie die Jagd nach noch unbekannten, besonderen Geschmacksstoffen. Mein Vater hatte mich beauftragt, nach außergewöhnlichen Aromagrundstoffen, gewonnen aus exotischen Pflanzen, Ausschau zu halten. Die Labors im Stammwerk in Eppelheim waren stets interessiert, ungewöhnliche Extrakte zur geschmacklichen Veredelung von Rezepturen zu erhalten, diese zu testen, und wenn sie geeignet waren, zur Geschmacksveredelung zu verwenden.

Nur wie kommt man in einem wildfremden Land an das Wissen der dort spezialisierten Firmen? Eine der Möglichkeiten bestand darin, sich an der Hotelrezeption erste Tipps zu holen und sich dann mühsam durchzufragen. Ich entdeckte schnell eine bessere Methode: die Yellow Pages. Ich nahm mir das örtliche Telefonbuch vor, also genauer gesagt die Gelben Seiten mit den Firmenangaben. Sobald ich fündig geworden war, hängte ich mich an den schwarzen Apparat und telefonierte mich ans Ziel.

Es kam sogar vor, dass wir auf unseren Reisen ganz unerwartete Geschäftsabschlüsse tätigen konnten. So etwa bei einer Zwischenlandung von Australien in die USA auf Tahiti. Wieder einmal war ich mit Horst Bussien unterwegs, und wir wollten die Zeit auf der bezaubernden Pazifik-Insel mit ihren schwarzen Sandstränden trotz anderer Verlockungen wie üblich geschäftlich nutzen. Wir durchstöberten also das Branchenbuch und besuchten spontan einen örtlichen Getränkevermarkter. Als wir wieder abflogen, waren zwei Container Capri-Sonne verkauft.

Erste Kontakte zu möglichen ausländischen Lizenznehmern knüpften wir teilweise auch mit Hilfe unseres Folienlieferanten, der

Firma Kalle. Wir überlegten uns eine spezielle Herangehensweise, die uns eine regelmäßige Präsenz bei internationalen Messen wie Interpack ermöglichte. So haben wir auf Fachmessen Capri-Sonne verteilt und auch die Hotels beliefert, in denen die Messebesucher abstiegen. Nur, dass die Rückseite der kostenlos verteilten Capri-Sonne-Beutel speziell bedruckt war. Sie diente als Werbefläche. Bereits bei der ersten Aktion hatten wir einen großen Erfolg. Wir konnten den zweiten Lizenznehmer in Nigeria akquirieren, der noch heute sehr erfolgreich Capri-Sonne vermarktet.

Wir waren nach der Markteinführung von Capri-Sonne sehr viel im Ausland unterwegs, betrieben unermüdlich Akquise und lernten permanent dazu. Bis in die jüngste Zeit übrigens lasse ich es mir nicht nehmen, bei der Eröffnung einer neuen Produktionsstätte unseres Fruchtsaftgetränks vor Ort anwesend zu sein, so zum Beispiel Ende 2020 in Dubai. Und mittlerweile benötige ich längst nicht mehr die einst so hilfreichen Yellow Pages.

Beispiel Orient

Mit Beginn des Ölbooms begann auch der Run der Firmen in Richtung der Erdölförderländer. Jeder Unternehmer witterte dort ein orientalisch märchenhaftes Geschäft. Wieder einmal kamen mir meine Erfahrungen bei Diersch & Schröder zugute. Ich war durch meinen Job im Ölgeschäft bereits mit der Mentalität in vielen dieser aufstrebenden Länder recht gut vertraut. Abenteuer, Pech und Pannen blieben trotzdem nicht aus.

Mein Mitarbeiter Horst Bussien war seinerzeit zuständig für die Vermarktung der von der INDAG produzierten Abfüllmaschinen für Capri-Sonne und begleitete mich, wie bereits erwähnt, auf zahlreichen Erkundungsreisen und zu den Verhandlungen mit potenziellen Lizenznehmern. So auch in den Irak, das Land an Tigris und Euphrat. Den geschäftlichen Teil der Reise konnten wir leider gleich nach der Ankunft in Bagdad abhaken. Denn leider hatte uns ein irakisches Unternehmen, das einen Auftrag für eine INDAG-Abfüllmaschine in Aussicht gestellt hatte, nicht vorab darüber informiert, dass der Chef wegen eines kleinen, aber unangenehmen medizinischen Eingriffs tags zuvor noch im Krankenhaus lag. Für geschäftliche Verhandlungen brachte der frisch operierte Mann im Sitzkissen überhaupt keine Begeisterung auf. Wir wünschten dem arabischen Geschäftsmann gute Besserung und hatten anschließend unerwartet viel freie Zeit.

Der Standard der irakischen Hotels versprach zu jener Zeit keine Abwechslung. Um der Eintönigkeit und Hitze im kleinen Hotelzimmer zu entfliehen, beschlossen wir, uns draußen umzuschauen und etwas Erfrischendes zu trinken. Tatsächlich fanden wir gar nicht weit von unserem Hotel ein Lokal, in dem Bier ausgeschenkt wurde. Die Lokalität ähnelte eher einem Kinosaal als einem Restaurant, und in dem einen großen Raum saßen nur einheimische Gäste. Die arabischen Männer kauften ihre Getränke an der Theke und suchten sich dann einen Platz in den langen Stuhlreihen. Wir passten uns den Bräuchen an und taten alles den Einheimischen gleich. Ein gemütlicher Abend bei einem kühlen Bier wurde es aber wahrlich nicht, denn auf einmal setzten Tumult und Geschrei in der letzten Reihe ein, und wir wurden Augenzeugen einer wüsten Messerstecherei. Wir mussten mit ansehen, wie ein Gast des Lokals erstochen wurde. Unschlüssig schauten wir uns an. Da wir Fremde waren, wäre es höchst gefährlich geworden, uns in irgendeiner Weise einzumischen. »Am besten, wir gehen schleunigst zum Hotel zurück und berichten dort, war wir gesehen haben«, meinte Horst Bussien.

Doch schon hatte sich in der aufgeheizten Atmosphäre die Aufmerksamkeit im Saal bedrohlich auf uns gerichtet. Die Selbstverständlichkeit und Unbekümmertheit, mit der wir uns zuvor unter den Einheimischen bewegt hatten, war im Nu verschwunden. In dieser feindseligen Stimmung schien es ratsam, den Saal schnellstens zu verlassen. Kaum, dass wir auf der Straße waren, sprangen einige Gestalten in Uniform hinter uns her. Ihre Absicht ließ sich schwer einschätzen. Die Situation war jedenfalls nicht so, dass wir die Lust verspürt hätten, nähere Einzelheiten zu erfragen. Wir bevorzugten die Alternative – nämlich unsere läuferischen Qualitäten unter Beweis zu stellen.

Zum Glück war es bis zu unserem Hotel nicht sehr weit. Doch die Verfolger blieben uns dicht auf den Fersen. Es wurde eine sportliche Herausforderung, und erst als sich die Eingangstür des Hotels hinter uns schloss, ließen die Männer von uns ab.

Die Aufregung war relativ schnell verflogen. Nur der Durst blieb.

Wir verließen Bagdad mit der Einsicht, dass es Länder geben müsse, in denen zu jener Zeit die Vermarktung von Capri-Sun einfacher und mit weniger Gefahren verbunden war. Doch verschoben war nicht aufgehoben! Mehr Erfolg hatten wir in Saudi-Arabien – obschon seinerzeit kein einziger Beutel Capri-Sonne die dortige Produktionsstätte verließ. Die moderne Anlage wurde im wahrsten Sinne des Wortes in den Sand gesetzt, jedoch nicht durch unser Verschulden.

Wer heute die hochmoderne und wichtigste Hafenstadt Saudi-Arabiens, Dschidda am Roten Meer, besucht, wird sich nur schwer vorstellen können, dass vor etwas mehr als vier Jahrzehnten die Flugzeuge dort auf einem besseren Feldflughafen landeten. Die Zimmer, die wir gebucht hatten, waren zuweilen gar nicht vorhanden, sodass wir auf einigen Stationen unserer Reise im Frühstücksraum übernachten mussten. Wenn Horst Bussien und ich uns über alte Zeiten unterhalten, erinnern wir uns an Dschidda als eine verschlafene, staubige, an vielen Ecken dreckige Stadt. Unvergleichbar mit der Modernität des heutigen Stadtbilds.

Natürlich holte uns damals niemand vom Flughafen ab, wir mussten uns allein durchschlagen. Und doch schlossen wir einen unserer ersten Lizenzverträge im Nahen Osten mit einem Geschäftsmann in Saudi-Arabien ab. Er stammte nicht einmal aus der Lebensmittelbranche, fand aber Gefallen an der Idee, unsere Abfüllanlage zu kaufen und Capri-Sonne zu produzieren. Wie vereinbart lieferten wir die fertigen Baupläne für eine Fabrik und schickten zudem die Maschinen und das nötige Zubehör. Die andere Seite erfüllte auch alle finanziellen Vereinbarungen aus dem Lizenzvertrag zu unserer vollsten Zufriedenheit.

Und sonst geschah ... weiter nichts. Die Baupläne, die wir geliefert und vor Ort besprochen hatten, lagen bei einem Besuch vier Wochen später noch unberührt in derselben Rolle an genau dem Platz, wo wir sie hingelegt hatten. Überhaupt schien unser Geschäftspartner sich bald für gänzlich andere Geschäftsfelder zu interessieren. Die Container mit den von uns gelieferten Maschinen wurden erst 20 Jahre später ausgepackt und zusammen mit den Maschinen verschrottet.

Selbstverständlich wurde in Saudi-Arabien wie auch in anderen Ländern im Nahen Osten später Capri-Sonne produziert, in den Vereinigten Arabischen Emiraten beispielsweise bereits seit 1984. Denn wir ließen nicht ab, nach engagierten Lizenzpartnern in der Region zu suchen – und wir wurden fündig. Anfängliche Fehlschläge waren für uns in der Regel eher Ansporn, die Anstrengungen zu verstärken. Und im Laufe der Zeit, mit der Ausweitung unserer internationalen Geschäftstätigkeit, haben wir viel über andere Kulturen und andere Mentalitäten gelernt.

Beispiel Afrika

Abenteuerlich gestalteten sich auch die frühen Reisen nach Afrika. Beim ersten Engagement auf dem Kontinent 1980 mussten wir noch in Kauf nehmen, dass wir während der Regenzeit auf dem Weg vom Flughafen zum Produktionsort von Capri-Sonne schwitzend und fluchend bis zu den Knien im Wasser standen, um das Taxi aus dem Schlammloch zu schieben. Unser Chauffeur hatte die Wassertiefe unterschätzt. Und den Mitarbeitern im nigerianischen Kaduna, dem Ort der ersten Produktionsstätte, blieb es nicht erspart, bei gewissen Bedürfnissen mit langen Eisenstangen bewaffnet im Gebüsch zu verschwinden. Die Toiletten waren zwar bei der neuen Fabrikationsanlage in den Außenbezirken der Stadt plangemäß gebaut, aber nie angeschlossen worden. Und das angrenzende Areal im Busch beherbergte eine Vielfalt exotischer Schlangenarten.

Ein Jahr später wurde in der Landeshauptstadt Lagos eine neue Abfüllanlage errichtet. Nigeria ist bis heute ein bedeutender Absatzmarkt, wir produzieren Capri-Sun für das Land und für die Region.

Beispiel Japan

Höchst positive, aber auch negative Erfahrungen mischten sich in die ersten Begegnungen in dem Land im fernen Osten. Wobei viel späteres Wissen erst durch »learning by doing« erworben wurde. Man kann sich eben nicht auf alles von vorherein perfekt vorbereiten.

Den US-Markt und Japan hatte ich zu Beginn unserer Internationalisierung als die wichtigste Herausforderung angesehen. Im Gegensatz etwa zu dem automobilen Konzernriesen aus Stuttgart oder zu den Entwicklungen bei international agierenden IT-Unternehmen fehlte uns für unseren Einstieg in Asien ebenso wie in Amerika seinerzeit allerdings das nötige Kleingeld, um die Märkte eigenständig zu bearbeiten oder durch entsprechende Unternehmenskäufe Know-how zu erwerben und Distributionen aufzubauen. Fusionen zogen wir erst recht nicht in Betracht, weil wir eigenständig bleiben wollten.

Stattdessen haben wir eine andere Strategie verfolgt und dabei anfangs oft nur kleine Brötchen backen können. Statt sich Gedanken über Fusionen oder Firmenaufkäufe zu machen, entschieden wir uns dazu, in den jeweiligen Ländern mit geeigneten Partnern als Lizenznehmern zusammenzuarbeiten.

Bevor wir im traditionsreichen Kaiserreich überhaupt Vertragsverhandlungen begonnen hatten, galt es, sehr viel Neues vor Ort zu lernen. Wir kamen uns in Japan wie Waisenknaben vor, was Hygienevorschriften sowie Qualitäts- und Produktionskontrolle anbelangte. Ich war gleich nach meiner ersten Reise sehr beeindruckt, wie sauber in der japanischen Produktion im Lebensmittelsektor gearbeitet wurde, und ich regte umgehend zu Hause an, von dieser vorbildlichen Hygiene zu lernen. Tatsächlich haben wir das in Japan Gelernte schnell und konsequent umsetzen können, lange bevor solche Maßgaben in deutschen Großbetrieben gang und gäbe waren. Ich begriff, wie viel Nachholbedarf wir grundsätzlich hatten, und entschied gleich nach unseren ersten Besuchen in Fernost, einen japanischen Verfahrensingenieur in unserem Unternehmen einzustellen. Der Ingenieur Shoichi Kurihara brachte die Theorie und Praxis der japanischen Unternehmensphilosophie *kaizen* mit, bei der es um die kontinuierliche Verbesserung von Qualitätsprozessen geht. Unermüdlich arbeitete Kurihara daran, die hohen Standards seiner Heimat auf unsere Produktion zu übertragen.

Ich erinnere mich, wie wir in Vorbereitung für die Märkte im Land der aufgehenden Sonne an speziellen Geschmacksrichtungen für Japan arbeiteten. Schon damals wusste ich, wie wichtig es ist, den Markenkern gleichbleibend zu lassen, jedoch regionale, kulturelle Besonderheiten gebührend zu berücksichtigen. Als in unserem Labor die Sorte Kirsche als Test für Japan kreiert wurde, war das zunächst keine leichte Aufgabe. Note für Note veränderten die Geschmacksentwickler das Kirscharoma, bis ihre Geschmacksnerven rebellierten. »Das kann doch kein Mensch trinken«, meinten einige unserer Experten. Doch genau an dem Punkt, als unsere Fachleute irritiert mit der Zunge über die Lippen fuhren und das Gesicht verzogen, begannen die Augen unseres japanischen Mitarbeiters zu strahlen. »Exakt so muss Kirsche bei uns zu Hause schmecken!«

Mit unserem japanischen Ingenieur verfügten wir zugleich über einen perfekten und zudem fachkundigen Dolmetscher. Denn nicht selten mussten wir in anderen Ländern feststellen, dass die Kommunikation auf Englisch oder Französisch, die mangelhafte Übersetzung von Fachbegriffen und detailliertem Fachwissen, zu kleineren oder auch größeren Missverständnissen geführt hatte, wenn bei der Partnerfirma niemand eine der gängigen Fremdsprachen annehmbar beherrschte. Mit sprachbedingten Kommunikationsproblemen hatten wir in Japan dank dieses wunderbaren Menschen und Dolmetschers nicht zu kämpfen. Shoichi Kurihara war ein von allen Betriebsangehörigen hochgeschätzter Mitarbeiter, der leider viel zu früh an einer Krankheit starb.

Als ich ihn 1979 nach Deutschland holte, war es im Übrigen noch mit erheblichen bürokratischen Schwierigkeiten verbunden, einen erfahrenen Fachmann aus dem Ausland einstellen zu können. Dabei ist es doch gänzlich unerlässlich, international voneinander zu lernen!

Nippons Geschichte, die mehrere Jahrhunderte dauernde Abschottung gegen Fremde und Fremdes, war selbst im modernen Japan zu Beginn unserer Geschäftsbeziehungen auf subtile Weise noch zu spüren. Die unumgängliche Internationalisierung wurde zwar im fernöstlichen Inselreich beschworen, doch mit der traditionellen Skepsis gegen Unbekanntes wurde manches von Außerhalb noch immer mit Nichtbeachtung gestraft. Genau dies war der Grund, warum wir uns noch wesentlich intensiver als in anderen Weltgegenden für das Engagement auf dem japanischen Markt einstellen und präparieren mussten.

Immer wieder haben uns Mentalität und Denkweise in Nippon in Staunen versetzt. Wir mussten lernen, dass eines der obersten Gebote in einem japanischen Unternehmen schon damals das Null-Fehler-Prinzip war. Diese Maxime würde sich bald auch bei uns im Stammwerk als eine Selbstverständlichkeit darstellen. Zunächst jedoch löste die Einstellung Bewunderung aus und veranlasste unseren langjährigen führenden Mitarbeiter und Geschäftsführer Friedrich Stumpf zu der Bemerkung: »Japaner zeichnen sich wohl dadurch aus, dass sie vermutlich als einziges Volk der Welt eine Betriebsanleitung von A bis Z lesen und zudem sich auch noch mit äußerster Genauigkeit daran halten.«

Nach einigen Japanreisen haben wir im Herbst 1979 Verhandlungen mit zwei interessierten, großen japanischen Firmen begonnen. Auf Vorführungen und eingehende Vorklärungen folgten die Abschlussgespräche, die zur selben Zeit in unterschiedlichen Tagungsräumen stattfanden. Horst Bussien war der eine Gesprächsführer, während ich mit den anderen Firmenvertretern verhandelte. In den Gesprächspausen trafen wir uns kurz und tauschten uns über den jeweiligen Stand aus. In diesem Sinne hatten wir bessere Karten in der Hand.

Schließlich wurde ich mit dem Süßwarenhersteller Ezaki Glico einig. Das Unternehmen stand damals unter den weltgrößten Lebensmittelherstellungsbetrieben an 17. Stelle. Ab 1980 begann die Zusammenarbeit und gestaltete sich überaus zufriedenstellend.

Capri-Sonne stand in dem asiatischen Land anfangs unter einem guten Stern. Glico führte das neue Produkt mit großem Aufwand ein. Die Umsätze stiegen bereits wenig später und wiesen dann kontinuierlich steil nach oben. Für uns wurde das Engagement dennoch zu einem fortwährenden Lernprozess. Selbst unsere Prüfgeräte für den Falltest mussten wir auf ganz genaue Angaben umstellen. Die Haltbarkeit des Boden- und Seitenmaterials wurde mit einem Verfahren geprüft, bei dem die Versiegelung des Beutels rund 70 Gramm Fallgewicht aushalten musste. Bei circa 70 Gramm war die Qualität der Verpackung sicher gewährleistet. Doch ein Wort wie »circa« schienen unsere japanischen Partner nicht zu kennen. Auch minimale Abweichungen wurden als Fehler angesehen. Das Fallgewicht hatte haargenau 70 Gramm zu betragen.

Als fast schon belustigend empfanden wir eine andere Begebenheit, die mit den Trinkhalmen zusammenhing. Heute haftet an jedem Trinkpack ein Strohhalm. Damals lag der 10er-Box Capri-Sonne ein Briefchen mit Strohhalmen bei. Um ganz sicherzugehen, dass in keiner Box ein Strohhalm fehlte, stellten wir unsere Verpackungsmaschinen darauf ein, mindestens zehn Trinkhalme pro Briefchen abzupacken. Das bedeutete, dass die Maschine zwar nicht weniger, aber gelegentlich elf oder zwölf Strohhalme in das Tütchen packte. Eines Tages stellte ein Mitarbeiter von uns bei einem Besuch in Japan erstaunt fest, dass die Mitarbeiterinnen den Inhalt jedes Briefchens Stück für Stück sorgfältig kontrollierten. Auf Nachfrage wurde uns erklärt, dass auf der Box zehn Trinkhalme angegeben seien. Daher müssten alle Päckchen mit mehr als zehn Strohhalmen als fehlerhaft aussortiert werden. Sonst stimme die Angabe auf der Box nicht mehr. Wir haben daraufhin die Verpackungsmaschine für den japanischen Markt entsprechend geändert.

Bezüglich der Hygienevorschriften und Qualitätskontrollen waren wir in den 1970er-Jahren der Ansicht, dass uns niemand etwas vormachen konnte. In den meisten Ländern, vor allem im Orient oder in Afrika, gingen die Impulse stets von uns aus. Während der Kooperation mit unserem japanischen Kunden mussten wir nicht nur anfangs die ernüchternde aber zugleich lehrreiche Erfahrung machen, dass nicht wir, die WILD-Werke in Eppelheim, die Verfechter ganz strenger Kontrollen und genauer Vorschriften waren, sondern die Japaner hier die Maßstäbe setzten.

Nach dem Start der Produktion zum Beispiel erläuterte unser Laborleiter Josef Paffen unseren Partnern die üblichen Maßnahmen zur Qualitätskontrolle: Pro Stunde sollten zwölf Beutel Capri-Sonne als Proben der laufenden Produktion entnommen und auf ihre Qualität hin untersucht werden. Die japanischen Mitarbeiter berieten einen Tag lang untereinander und waren anschließend einhellig der Meinung, der Intervall von einer Stunde sei nicht ausreichend. Unser Laborleiter war aus jahrelanger Erfahrung anderer Meinung, ließ sich aber auf halbstündige Qualitätskontrollen ein. Die freundlichen Japaner wiesen jedoch höflich lächelnd darauf hin, dass nach ihrer Ansicht alle zehn Minuten geprüft werden müsse. Das Argument unsererseits, dass dabei der Produktionsausstoß unnötig reduziert werde, ließen sie nicht gelten. Zuvorkommend, aber bestimmt wiesen sie darauf hin, dass sie bei der Qualitätskontrolle keine Abstriche von ihren Maßgaben akzeptieren würden.

Erst nach etlichen praktischen Versuchen und den sehr präzisen Ausführungen unseres Experten gelang es, unsere Partner freundlich und höflich – wir waren ja lernbereit – zu überzeugen, dass die langjährigen Erfahrungswerte der Qualitätskontrolle bei den »gaijin«, den Menschen aus dem Ausland, also bei uns in der Kurpfalz, doch auch für japanische Verhältnisse zufriedenstellend sein könnten.

Galten in der Lebensmittelproduktion in Deutschland schon damals strenge Hygienevorschriften, so übertrafen die Maßnahmen in Japan alles, was wir bis dahin gekannt hatten. Mit dem in der Regel üblichen weißen Kittel und der Kopfbedeckung war es bei Weitem nicht getan. Ob einfacher Mitarbeiter oder Generaldirektor, alle mussten sich vor Betreten der Produktionshalle vollständig umkleiden. In frisch gewaschener Arbeitskleidung und mit weißer Kopfhaube hatte man schließlich eine Schleuse zu passieren, in der man von Kopf bis Fuß abgesaugt wurde, damit nicht das kleinste Härchen eine Chance hatte, in die Nähe der Produkte zu gelangen. Wie das Phantom der Oper, erzählten meine Mitarbeiter noch jahrelang amüsiert, aber höchst verständnisvoll, seien sie damals durch die Produktionshallen gewandelt.

Kennzeichnend für den japanischen Getränkemarkt war, dass in der Regel gerade einmal 5 Prozent der Neueinführungen sich länger als ein Jahr halten konnten. Was von den Konsumenten im fernöstlichen Inselreich nicht binnen kurzer Zeit akzeptiert wurde, verschwand wieder vom Markt. Wir hatten beste Chancen und alle Voraussetzungen, dass uns dieses Schicksal nicht ereilen würde und wir einer großartigen Zukunft entgegensehen dürften. Dann passierte ein unvorhersehbares Ereignis, das unserem Lizenznehmer und damit auch Capri-Sonne schweren Schaden zufügte. Unser Partnerunternehmer fiel einer Erpressung zum Opfer. Gerade wegen der hohen Bedeutung von Qualität und Lebensmittelsicherheit hatte der schlimme Vorfall, dass er erpresst wurde, betriebsintern wie in der Öffentlichkeit besonders schwerwiegende Folgen. Es waren Pralinen des Süßwarenherstellers, die die Erpresser in den Geschäften mit Gift geimpft hatten. Im Nu verschwanden alle Artikel der Firma aus den Regalen. Damit aber auch das Lizenzprodukt Capri-Sonne.

Vergeblich versuchten wir, mit Werbemaßnahmen der Öffentlichkeit klarzumachen, dass ein Trinkpack, wenn er mit einer Giftspritze angestochen würde, sogleich auslief und somit gar nicht unbemerkt zu verunreinigen sei. Der Makel lastete jedoch auf allen Produkten, und wir mussten unsere gesamte Konzeption in Japan ändern, um diesen herben Rückschlag wieder wettzumachen. Mit dem neuen Lizenznehmer Takara starteten wir 1989 erneut. Allerdings akzeptierten die skeptischen Verbraucher den Beutel als Verpackung nach wie vor nicht. So wurde unser Getränk im Land der aufgehenden Sonne anschließend zwar wieder erfolgreich, konnte aber nur in Flaschen vermarktet werden.

Der Schock des Giftskandals blieb nicht die einzige Herausforderung, der wir uns in Japan stellen mussten. Alles oder nichts, hieß die Devise, als wir feststellen mussten, dass die japanische Unternehmensgruppe Mitsubishi eine Beutelabfüllmaschine auf den Markt bringen wollte. Die unserem Produkt sehr ähnliche Maschine wurde bereits auf einer Messe in New York präsentiert, während ich mich zufällig zur gleichen Zeit in Japan aufhielt. Eine hektische Kommunikation setzte zwischen den Kontinenten ein. Per Fax wurde mir aus New York bestätigt, dass die Entwicklung von Mitsubishi eine Verletzung unseres Patentes darstellte. Weil wir seit Ende der 1970er-Jahre mit eigenen Abfüllmaschinen bereits auf dem amerikanischen Markt waren, konnte ich Patentanwälte in den USA einschalten. Mit unserem Ingenieur Kurihara fuhr ich also zum japanischen Konkurrenten. Auf dem Weg dorthin reihte sich Firmengebäude an Firmengebäude. Welches denn Mitsubishi sei, fragte ich meinen Begleiter. Shoichi Kurihara lächelte verhalten und machte eine weit ausholende Bewegung. »Das alles, so weit das Auge reicht, das ist Mitsubishi.«

Ich dachte an unser ansehnliches Stammwerk in Eppelheim, das mir auf einmal doch recht klein vorkam.

Und so marschierte David zum Goliath, um der Geschäftsführung mitzuteilen, dass wir sofort eine Patentklage einreichen würden, wenn Mitsubishi die Maschine nicht vom Markt nähme. Vermutlich empfanden die Herren in Nippon das Auftauchen eines Firmeninhabers aus dem fernen, kleinen Heidelberg nicht als sonderlich bedrohlich. Vielmehr wollten sie sich auf keinen Patentverletzungsprozess in den USA einlassen. Tatsache ist, dass ihre Maschine noch am gleichen Tag in New York abgedeckt und auf der Messe nicht mehr präsentiert wurde.

Wäre Mitsubishi in das Maschinengeschäft in Amerika eingestiegen, hätten wahrscheinlich schon sehr bald diverse andere Firmen in den USA mit der Beutelproduktion begonnen. Das wäre das Aus unserer Exklusivität und damit wohl das Ende der gerade aufblühenden Capri-Sonne-Produktion in den Vereinigten Staaten geworden.

Beispiel USA

Nordamerika hatte ich bereits als junger Student besucht, mein Vater und ich hatten damals in Florida den modernen Orangenanbau studiert. Meine Bewunderung wuchs, als ich erfuhr, dass auf den Plantagen nicht nur mit ausgeklügelten Bewässerungssystemen gearbeitet wurde, sondern sogar mit Bodenheizung. Der Winter in Florida wartet zwar selten mit Nachtfrösten auf, doch sie können vorkommen und würden dann ohne entsprechende Vorkehrungen erhebliche Schäden anrichten.

Meine erste Reise, um in den 1970er-Jahren als Geschäftsführer unseres Unternehmens den US-amerikanischen Markt für Capri-Sonne zu erkunden, verlief nicht nur recht abenteuerlich, sondern setzte zudem unsere dortigen Partner in Erstaunen. Wie so oft war auch bei diesem Trip Horst Bussien mein Reisebegleiter. Nach unserer Rückkehr schworen wir uns, 30 Jahre lang niemandem auch nur ein Sterbenswörtchen über die Fauxpas während dieser Reise zu erzählen. Die Jahrzehnte sind verstrichen, und mein geschätzter früherer Mitarbeiter genießt längst seinen wohlverdienten Ruhestand. Ich gebe ihm hier gern das Wort, damit er diese Geschichte zum Besten gibt.

HORST BUSSIEN ERINNERT SICH:

Erst zwei Tage vor der ersten geschäftlichen Reise mit meinem damaligen Chef Hans-Peter Wild in die USA kam ich von einem Besuch bei einem wichtigen Kunden nach Eppelheim in die WILD-Firmenzentrale zurück. Es gab einiges nachzubereiten. Meine Sekretärin hatte Urlaub, so hatte die Organisation unserer Reise in die Vereinigten Staaten eine kurzfristig eingesprungene Vertretung übernommen. Über ein eigenes Reisebüro, wie Jahrzehnte später, haben die WILD-Werke in unserer Pionierzeit noch nicht verfügt.
Vor Antritt der Reise überflog ich die Unterlagen, und es schien alles richtig zu sein. Wir wollten die Firma Shasta in Hayward besuchen, sie hatte Interesse an Capri-Sonne gezeigt. Nach einer Zwischenlandung in Chicago flogen wir an einem Freitag nach Los Angeles weiter. Fälschlicherweise hatte ich zu Hause im Kopf, dass Hayward in der Nähe von Los Angeles liege, und niemand hatte die Angaben abgecheckt.
Hayward liegt aber bei San Francisco, rund 400 Meilen von unserem Ankunftsort entfernt. Erst die Rücksprache im Hotel mit dem Concierge, wie Hayward zu erreichen sei, klärte uns über unser Missgeschick auf.
Außer einem strafenden Blick hatte ich von meinem Chef keine weiteren Konsequenzen erfahren und zu befürchten. Seine Großzügigkeit habe ich nie ausgenutzt, aber ich konnte mich auf seine menschliche Art gegenüber seinen Mitarbeitern verlassen. Ohne viel Aufhebens begann er schnell zu improvisieren und schlug vor, dass wir ein Auto mieten und den Highway No. 1 am Pazifik entlangfahren würden. Wir baten noch jeder um ein Badehandtuch im Hotel und fuhren am Wochenende über Monterrey Richtung San Francisco.
Am Sonntagabend kamen wir in die Nähe der herrlichen Stadt am Pazifik an und entschlossen uns, in ein kleines Hilton Hotel in der Nähe der Firma Shasta einzuchecken. Am nächsten Morgen trafen wir pünktlich bei Shasta ein. Auf die Frage nach unserer Anreise erzählten wir, dass wir das Wochenende genutzt hatten, um den Highway No. 1 von Los Angeles nach San Francisco zu erleben und dabei auch gleichzeitig Super-

märkte gecheckt hatten, um Display und Platzierung zu studieren. Über unsere Ausführung waren unsere Gesprächspartner ganz beeindruckt, da sie bisher diese Fahrt selber noch nicht unternommen hatten. Unisono bekräftigten sie: »These Germans are so incredibly well organized.« Unsere Gespräche verliefen hervorragend und dauerten länger als geplant.

In dem Büro unseres Hotelmanagers tippte ich den Entwurf eines »Letter of Intent«, der am nächsten Tag unterschrieben wurde. Wir haben bei Shasta viel mehr erreicht, als wir es ursprünglich erhofft hatten.

Für den nächsten Tag war noch der Besuch von Canada Dry in der Nähe von New York City verabredet. Ich musste also zwischen all den geschäftlichen Besprechungen schnell noch unseren Flug umbuchen und nahm den letztmöglichen Tagesflug. Bereits im Flugzeug sitzend erfuhren wir, dass der Flug gar nicht zum John F. Kennedy Airport ging, wie von uns beabsichtigt, sondern nach Newark, dem zweiten von insgesamt drei offiziellen Flughäfen der Stadt. Weil »New York« und »Newark« so ähnlich klingen, hatten wir dieses Detail überhört.

Anhand einer Straßenkarte stellten wir fest, dass dieses vermeintliche Missgeschick das Beste war, was uns passieren konnte. Denn unser Reiseziel, die Kleinstadt mit dem Sitz des Hauptquartiers von Canada Dry, lag westlich von New York in der Nähe von Newark. Also sogar näher als von New York aus! Nach unserer Ankunft in Newark mieteten wir abermals ein Auto und fuhren bis kurz vor unser Ziel, wo wir in einem kleinen Hotel übernachteten. Am nächsten Morgen erschienen wir überpünktlich bei Canada Dry, sehr zur Überraschung unserer Gesprächspartner. Sie hatten noch nicht mit uns gerechnet, denn die Fahrt von New York bis zu ihnen dauerte Stunden. Wir erklärten, wie wir vorgegangen waren, ohne dabei unseren Irrtum zu erwähnen. Und wieder einmal gab es Applaus: »These Germans are so incredibly well organized.«

Diese Geschichte, die wir Jahrzehnte lang unter Verschluss gehalten haben, bekräftigt die WILD-Philosophie, dass Fehler immer mal passieren können, aber man muss sie umgehend korrigieren und kann aus manchen Missgeschicken schließlich das Beste machen.

Im Jahr 1979 betraten wir schließlich mit Capri-Sun den US-Markt. An dem Getränk mit dem für die USA damals ganz ungewöhnlichen Attribut »all natural« waren die Amerikaner außerordentlich interessiert. Allein das USA-Geschäft mit Capri-Sun und ab 1994 zusätzlich mit WILD-Flavors in Cincinnati machte nicht nur etliche Reisen, sondern auch längere Aufenthalte in den Staaten notwendig, die ich allesamt gern absolviert habe. Und der »American way of life & management« hat meine Art geschäftlichen Engagements stark geprägt. Die in den USA praktizierte Art des »leaderships« entspricht bis heute meinem Führungsstil, den ich von der Schweiz aus pflege.

Beispiel China

Bei chinesischen Vertragspartnern kann man davon ausgehen, dass sie so gut wie alles über die europäische Geschäftsmentalität wissen, während man das Denken im Reich der Mitte als Ausländer nur schwer oder überhaupt nicht durchschauen kann. Ob Konfuzianismus oder Kommunismus, was davon und auf welche Art in China praktiziert wird, ist für unsere westlich geprägte Weltanschauung nur schwer in Gänze verständlich.

In jedem Land, aber besonders in China, ändert sich laufend vieles. Und oft sind es sogar fundamentale Veränderungen, die man rechtzeitig erkennen und verstehen muss. Der gesamte asiatische Markt mit seinen rasanten Umgestaltungen funktioniert anders als die wirtschaftlichen Zusammenhänge in den meisten anderen Ländern. Das China von heute etwa ist nicht das China, in dem WILD Mitte der 1990er-Jahre sein erstes Büro in Peking eröffnete. Mir war es in jenen Jahren bewusst, dass dieses prosperierende weltweit bevölkerungsreichste Land künftig zu den ganz großen Zielmärkten gehören würde. Und bekanntlich wächst Chinas Volkswirtschaft nach wie vor rasant.

Viele glauben übrigens, die erste und markenprägende Frucht auf und in der Capri-Sonne-Tüte, die Orange, sei schon immer in

Südeuropa heimisch gewesen. Ein Irrtum: Nach Europa kamen die Früchte erst im 15. Jahrhundert. In China jedoch wurden süße Orangen bereits vor rund 4.000 Jahren kultiviert. Im 15. Jahrhundert gelangte die Zitrusfrucht aus Indien durch die Portugiesen in den Mittelmeerraum. Von dort breiteten sich die Früchte aus, bis ins südliche Nordamerika. Der Plantagenanbau und die Züchtung in Europa begannen erst im 19. Jahrhundert.

Ein interessanter Gedankengang in diesem Zusammenhang ist eine Entwicklung, die mit Marco Polo begonnen hat. Der venezianische Kaufmannssohn und Asienerforscher wurde maßgeblich durch die Berichte über seine Reise ins Kaiserreich China im 13. Jahrhundert bekannt. Es war der Beginn der Begegnung von europäischer und chinesischer Kultur, die für Jahrhunderte die Dominanz westlich orientierter Weltsicht und Herrschaft über China zur Folge hatte. Venedig war seit dem Mittelalter reich geworden durch den Handel mit Indien und China. Mittlerweile dreht China diesen Spieß um. Neben dem Landweg wird auch eine maritime Verbindung der Neuen Seidenstraße zwischen China und Europa auf- und ausgebaut. Der Seeweg der Seidenstraße endet nicht zuletzt in italienischen Häfen.

Schon als Kind habe ich gern Reiseabenteuer gelesen. Eines meiner Lieblingsbücher hieß *Wie die Welt entdeckt wurde*, ein faszinierend illustriertes Buch von Walter Herbert Cobb. Darin las ich auch über die Reise des wagemutigen Entdeckers Marco Polo nach China und von seinem 17 Jahre dauernden Aufenthalt dort. Dass ich selbst einmal das »Reich der Mitte« erkunden würde, davon durfte ich als Kind nur träumen.

Kindheitsträume wahr werden zu lassen, ist jedoch nicht allein eine Frage von Glück oder Zufall. Wenn auch nicht alles, so kann man vieles erstreben und mit hartem Einsatz erreichen. Lebenseinstellung, Lebensleistung, natürlich auch die oft beschworene intrinsische Motivation spielen eine wesentliche Rolle. Die Reiseabenteuer im kindlichen Kopf zur Wirklichkeit werden zu lassen, das war, von günstigen Voraussetzungen in meinem Fall abgesehen, Ergebnis eigenen Willens und eigener Arbeit.

Wie in vielen anderen Regionen der Welt lief auch in China nicht alles sofort reibungslos. Es gab anfangs manche holprigen Strecken und abenteuerliche Geschehnisse. Holprige Strecken meine ich auch im wörtlichen Sinne. Wenn ich an meine erste Reise vor Eröffnung des WILD-Büros vor rund 25 Jahren zurückdenke, kommen mir Schlaglöcher in den Sinn. Wenig Autos, dafür Fahrräder, Fahrräder, Fahrräder. Ich war zu geschäftlichen Erkundungsreisen schon Jahre vor unserem eigenen Engagement in China. In Begleitung eines Beraters, der mit einer Chinesin verheiratet war und mir sprachlich und zur Orientierung im Land behilflich war, machte ich mir ein Bild von der Getränkeindustrie. Wir besuchten in- und ausländische Getränkefabriken.

Mit der Zeit entwickelten wir unter uns amüsiert eine eigene Klassifizierung, die sich am Spucknapf orientierte. Wenn wir Spucknäpfe mitten im Werk sahen, war das kein Joint-Venture-Unternehmen. Stand der Spucknapf vor der Fabrik, handelte es sich um eine Joint-Venture-Firma. War überhaupt kein Spucknapf zu sehen, stand das Getränkeunternehmen gänzlich unter der Leitung eines ausländischen Partners.

Als wir unsere eigene WILD-Flavors-Fabrik bei Peking in einem Industriepark bauten, hatten wir mit manchen Widrigkeiten zu kämpfen. Im Industriepark wurde zwar alles von chinesischen Behörden und Aufsehern organisiert, aber es gab oft nicht die von uns benötigten Materialien. Wir konnten nicht einfach so im Land herumreisen, um passende Baustoffe auszusuchen und zu ordern. Ich erinnere mich, wie mein Architekt aus Heidelberg und ich stattdessen auf dem weiten Industriegelände herumfuhren und er mal hier, mal dort auf etwas zeigte. »Diese Teile wären nicht schlecht. Und das Material dort könnten wir vielleicht auch beim Bau verwenden.« So haben wir schließlich unsere Fabrik zusammengeschustert.

Ein eigenartiges, merkwürdiges Ereignis war es, als in unserer Fabrik ein Feuer ausbrach. Denn anscheinend kam das auch in anderen ausländischen Niederlassungen vor, dass sie schlicht abgefackelt wurden. Beim Brand in unserem Werk rückte die nur 200 Meter weit entfernte Feuerwehr schnell an und gab sich Mühe, das Feuer zügig unter Kontrolle zu bringen. Aber wie! Gebrannt hatte es in der Lagerhalle, doch die Feuerwehrleute hielten den Schlauch zunächst ins Büro und setzten die Verwaltungsräume unter Wasser. Dort und im Produktionsbereich sowie im Lager entstanden gehörige Schäden, sowohl durch das Feuer als auch durch den unsachgemäßen Löscheinsatz.

Geleitet wurde unsere Fabrik von einem Chinesen, den die Regierung nach Deutschland geschickt hatte, um Lebensmitteltechnologie zu studieren. Er machte seinen Abschluss mit Promotion in Hohenheim und war danach bei uns fünf Jahre in Heidelberg beschäftig, bevor er mit seiner inzwischen hervorragend Deutsch sprechenden Frau nach Peking zurückging. Er führte unsere Niederlassung, wie man in Deutschland ein Unternehmen führt, also ohne kleine »Gefälligkeiten«. Und der plötzliche Brand mag dafür die Quittung gewesen sein.

»Wir müssen der Feuerwehr mit einem Geschenk für ihren Einsatz danken«, sagte er mir. Ich verstand das zwar nicht, aber gemeinsam statteten wir der chinesischen Feuerwehr vor Ort einen Besuch ab, um uns für ihren Einsatz zu bedanken. Sie erhielten einen Billardtisch und jede Menge Capri-Sonne. Damit war der Frieden wiederhergestellt, und wir hatten uns wie ein chinesisches Unternehmen benommen. Zum Glück konnten wir während des Stillstands und der Neuerrichtung unserer Fabrik die Produktion auslagern und bei einem befreundeten Unternehmen fortsetzen. Wir haben den Umsatz und den Ausstoß in jener Zeit sogar verdoppelt.

Auch gegenwärtig ist China einer der weltweiten Produktionsstandorte von Capri-Sonne. Die hochmoderne Capri-Sonne-Fabrik wurde später von unserem Lizenznehmer Reignwood gebaut und ging 2015 in die Produktion.

Von geschilderten Misslichkeiten in der Anfangsphase abgesehen war unser Engagement in China durchgängig von vielen unternehmerischen Highlights und ebenso von positiven Lernerfahrungen geprägt. Das gilt für Capri-Sun und galt ebenso für das mittlerweile verkaufte Flavor-Business. Auf dem Gelände der Development-Area vor Chinas Hauptstadt Peking wurde 2003 die Produktionsstätte für Getränkegrundstoffe und Halbfertigprodukte zur Belieferung der asiatischen Ernährungsindustrie gebaut. Auf 16.000 Quadratmetern Gesamtfläche waren dort hochmoderne Produktionsanlagen, Laborräume und Büros entstanden.

15 Jahre nach unserem Beginn in Peking umfassten die Kapazitäten von »WILD China« bereits die Produktion und den Vertrieb von Getränkegrundstoffen und Halbfertigfabrikaten für die gesamte Lebensmittelproduktion im asiatischen Raum. Von hier aus belieferte WILD die Getränkeindustrie vor allem mit Grundstoffen, Aromen, Flavor-Packs, Emulsionen und natürlichen Farben, die ganz speziell auf die Anforderungen des asiatischen Marktes zugeschnitten waren. Dank des breiten Sortiments erhielten die Getränkeabfüller alle Ingredienzen aus einer Hand.

Wir konnten mit Hilfe unserer Produktentwickler schnell und gezielt auf die lokalen Kundenbedürfnisse und die gewünschten Geschmacksrichtungen eingehen, was uns einen klaren Wettbewerbsvorteil gegenüber im Ausland gefertigten Nahrungsmittelprodukten verschaffte.

Gerade unser Engagement in China brachte uns zudem wertvolle neue Erfahrungen, neues Wissen. Dazu trug auch die Kooperation mit dem »Shanghai Institute of Technology« (SIT) bei, einem der renommiertesten Institute in der Aromenforschung. Der Zusammenhang von Ernährung und Medizin gehört ebenfalls als bedeutender Punkt zu unserer Wissenserweiterung. Es geht dabei um die weitere Erforschung der »Traditional Chinese Medicine« (TCM). Asiatische Länder wie China sind seit jeher der Ausgangspunkt innovativer und gesundheitsbetonter Lebensmittelprodukte. So waren Grüntees, Gemüsesäfte oder spezielle Milchgetränke in China bereits Bestseller, als diese Kategorien in Europa und Amerika noch als Nischenprodukte gehandelt wurden. Die traditionelle chinesische Medizin verwendet seit Tausenden von Jahren natürliche Substanzen, die als »GRAS« (Generally Recognized As Safe) einzustufen sind.

Der Übergang zwischen Medizin und Ernährung ist fließend. Schon allein daher kommt China eine bleibend wichtige Rolle als Ideengeber bei der Kombination dieser beiden Bereiche zu. Das Riesenreich liefert wichtige Impulse für die Zukunft.

Unverzichtbare Begegnungen

Länder allein aus dem Lexikon oder Atlas zu kennen, reicht nicht aus, um eine Investitionsentscheidung zu treffen. Man muss diese Länder persönlich erfahren – im doppelten Wortsinn. Mit den heutigen Kommunikationsmöglichkeiten, etwa mit Videokonferenzen, lassen sich zwar manche Geschäftsreisen vermeiden. Doch das ist selbst heutzutage oft zu einfach gedacht. Gerade in der Corona-Pandemie haben wir erfahren, dass sich persönliche Kontakte nur sehr schwer durch Videokonferenzen ersetzen lassen.

Für junge Menschen, für Studierende sind und bleiben Reisen eine bedeutsame Welterfahrung. Denn die Begegnung mit Menschen ist ausschlaggebend. Das Gespür für geschäftliche Bedingungen vor Ort lässt sich nicht technisch ersetzen. Gerade für den Eigentümer eines Weltkonzerns sind permanent neue Reiserfahrungen und der Austausch mit Geschäftspartnern unerlässlich.

Was ich unter dem Aspekt der Reisetätigkeit ebenso wie unter anderen Gesichtspunkten verdeutlichen wollte, ist die unternehmerische Eigenschaft der unerbittlichen Arbeitsmoral. In der Studie von Rainer Zitelmann über die Persönlichkeit der Superreichen entdecken wir die Arbeitsmoral unter den von ihm erarbeiteten wesentlichen Eigenschaften wie »conscientious« (gewissenhaft, pflichtbewusst) und »hardworking« (energischer, harter Einsatz). Jake Newfield spricht in diesem Zusammenhang von »relentless work ethic« (unerbitterlicher Arbeitsmoral).

Welche Fachbegriffe man auch verwendet, es wird sich in den meisten Fällen bewahrheiten, dass die Arbeitsmoral zu den herausragendsten Eigenschaften einer Unternehmenspersönlichkeit zählt. Nur diese Lebenseinstellung hat es mir ermöglicht, zwei global agierende Konzerne mit der damit verbundenen Reisetätigkeit aufzubauen und über Jahrzehnte zu managen. Der gewissenhafte, hart arbeitende Mensch, die zahllosen menschlichen Begegnungen, die Aufmerksamkeit vor Ort, die langjährige empirische Erfahrung und gelegentlich ein Quäntchen Zufall, sie weisen den unternehmerischen Weg zum Erfolg, in zunächst noch unbekannten Ländern ebenso wie in der gewohnten Umgebung.

KAPITEL 9

Kurioses – über Begegnungen, Sprache und Mentalität in fremden Ländern

In unserer Pionierzeit haben wir zahlreiche Abenteuer und merkwürdige Begegnungen erlebt – von einigen habe ich an anderer Stelle schon erzählt. Zu welchen Tücken mangelnde Sprachkenntnisse gelegentlich bei unseren Partnern geführt haben, zeigte eine Akquisition in Afrika zu Beginn der 1980er-Jahre.

Wir waren in einem Land im Norden des Kontinents unterwegs. Genauer verifizierbare Details über das besuchte Unternehmen möchte ich hier höflich verschweigen. Mit dem Jeep fuhren wir durch die Wüste, um in einer Hafenstadt am Mittelmeer dem Interessenten das Capri-Sonne-Konzept vorzuführen. Auf dem Dach war der Filmprojektor festgeschnallt. Wer denkt heute noch daran, dass man vor gerade mal vier Jahrzehnten einen Werbefilm nicht einfach aus dem Laptop abspielen konnte, sondern dass Filmspulen, Vorführgerät und Leinwand benötigt wurden? Angekommen bei dem beachtlich großen Getränkeabfüller, arrangierte mein Reisebegleiter Horst Bussien unsere Firmenpräsentation. Erst führte er den Werbefilm mit Muhammad Ali vor. Danach hielt er in englischer Sprache einen Vortrag vor leitenden Mitarbeitern des Unternehmens. Er erläuterte die technische Seite unseres Konzepts und sprach schließlich über Lizenzverträge und Franchising. Wenn wir nicht eine eigene Produktion in einem Land einrichten wollten oder konnten, versuchten wir üblicherweise eine Kooperation auf der Basis von Franchising.

Nach den Ausführungen wollten wir wissen, ob auch alles verstanden wurde. Die Zuhörer nickten eifrig. Schließlich meldete sich der Präsident der Firma zu Wort. Der Herr Ingenieur R. beteuerte, dass ihm alles klar geworden sei. Aber eine Frage zum Franchise habe er doch. Er habe zwar nichts gegen die Franzosen, aber er verstehe nicht, warum bei der Produktion für die Kühlung der Getränke nicht irgendein beliebiges Eis, sondern ausgerechnet französisches Eis verwendet werden müsse: Er hatte »franchise« als »french ice« wahrgenommen. Nach diesem Einwurf war uns klar, dass hier unsere Erfolgsaussichten gering waren.

Ein anderes Erlebnis: Ende der 1970er-Jahre, zur Zeit der großen James-Bond-Filme mit Roger Moore, fühlten wir uns während einer Akquisitionstour durch Asien in ein Leinwandabenteuer des britischen Doppel-Null-Agenten versetzt. Nachdem wir in Hongkong erste Geschäftskontakte geknüpft hatten, besuchte unsere kleine Delegation auch Taiwan. Ein bedeutender Lebensmittelproduzent hatte Interesse an Capri-Sonne signalisiert. Wir waren stark beeindruckt, als wir durch den Verwaltungstrakt des Konzerns geführt wurden. Auf dem Weg zum Präsidenten des Unternehmens gingen überall lautlos die großen Flügeltüren auf, dahinter standen Diener, die sich stumm verneigten. Wir warteten nur noch, wann James Bond oder ein Schurke auftauchen würde. Tatsächlich wurden wir aber von sehr höflichen Vertretern des Konzerns empfangen.

Am Abend lud uns der Vize zum Dinner ein. Zum Trinken wurden sündhaft teure Cognacs und Whiskys gereicht. Der Vize schien uns nicht nur mit erlesenen Getränken, sondern auch mit seiner Standfestigkeit im Trinken beeindrucken zu wollen. Wir tranken höflich mit und registrierten bald, dass unser Gastgeber sich gehörig überschätzt hatte. Der Abend endete damit, dass ein stöhnender, mächtig schwankender chinesischer Manager, zu beiden Seiten von uns gestützt, zu seiner Limousine stolperte. Sein verdatterter Chauffeur fuhr ihn nach Hause, während wir uns an der Hotelbar noch ein kleines Bier genehmigten.

Diese Blamage ließ der ehrgeizige Vize jedoch nicht auf sich sitzen. Schon am nächsten Abend waren wir erneut zu einem köstlichen Abendessen in ein filmreifes Ambiente eingeladen. Dieses Mal saßen an der großen Tafel noch etwa 15 junge Führungskräfte des Unternehmens. Und abwechselnd stand einer der Mitarbeiter auf, brachte seinen Toast auf einen von uns persönlich aus und beteuerte, dass es landesübliche Sitte sei, das Glas in einem Zug auszutrinken. Nach dem dritten oder vierten Trinkspruch begriffen wir, welche Retourkutsche hier arrangiert werden sollte. Also ersannen wir schnell eine Taktik und starteten die Gegenoffensive: Wir begannen Toasts auszusprechen, bei denen sich alle genötigt sahen, das Glas bis zur Neige zu leeren. So wurde an diesem denkwürdigen Abend von der deutsch-taiwanesischen Freundschaft über Taipeh und Heidelberg bis zu den Präsidenten der Länder auf alles Schöne und Feierliche angestoßen, was uns in den Sinn kam. Das fernöstliche Gastmahl endete mit vollem Unentschieden.

Unsere Begegnung mit den taiwanesischen Interessenten wurde geschäftlich zwar kein Erfolg. Doch wir hatten uns tapfer geschlagen, und das Meeting blieb allen Beteiligten lange in Erinnerung. Als Lernerfahrung kann man hier konstatieren, dass andere Mentalitäten frühzeitig gut studiert werden müssen – und dass manchmal eine kleine List erlaubt ist.

Karibische Zauberei

Gelegentlich scheint man hinsichtlich der Mentalitäten fast wie mit filmreifer Magie konfrontiert zu sein. Eine derartige Kuriosität demonstriert auch die folgende Geschichte. Mit Trinidad und Martinique verfügten wir schon in der ersten Hälfte der 1980er-Jahre über Produktionsstandorte auf den Inseln der Region. Nach Trinidad haben wir zunächst Grundstoffe geliefert und später, als Teil eines größeren Betriebs, dort zudem eine Capri-Sonne-Abfüllanlage aufgestellt.

Die Produktion lief an. Die Geschäftsführung und unsere Fachleute waren zufrieden. Doch eines Abends bemerkte jemand von uns, dass in der Abfüllanlage ein riesiges Rohrstück fehlte. Wie aber hatte die Anlage überhaupt in den vergangenen Tagen funktionieren können, wenn sie doch gar nicht vollständig war? An der Stelle, wo normalerweise das Verbindungsrohr hätte installiert sein müssen, wäre doch der ganze Saft ausgelaufen. Bei der Inspektion am nächsten Morgen war das Rohr wie von Geisterhand wieder eingebaut, und die Produktion lief tadellos weiter. Am Abend wurde die Anlage mit Dampf steril gefahren und für die Nacht abgeschaltet.

Doch es war wie verhext. Kaum dass die ersten Sterne funkelten, war das lange Rohrstück wieder verschwunden. Da unser Laborleiter Josef Paffen an karibischen Zauber nicht recht glauben wollte, ging er der Sache nach. Er stellte fest, dass an anderen Stellen dieses Betriebs auch nachts gearbeitet wurde. Dort entdeckte Paffen schließlich das Rohr aus der Capri-Sonne-Abfüllanlage, in zweckentfremdeter Benutzung. Treuherzig erklärte ihm der einheimische Mitarbeiter, dass durch die doppelte Nutzung doch kein Schaden entstehe, und er dafür garantiere, dass das auf Treu und Glauben geborgte Rohr schließlich jeden Morgen wieder an seinem angestammten Platz installiert werde. Damit bleibe doch die gesamte Anlage voll funktionstüchtig! Ob er das Rohrstück auch steril machen würde, bevor er es wieder einbaute, wollte unser Fachmann wissen. Der Mitarbeiter schaute ihn mit großen Augen an. Das Sterilisieren war ihm weder als Wort noch als Vorgang bekannt.

Erfolge und auch Niederlagen zeigen, dass wir uns trotz des Erreichten immer wieder am Anfang befinden, dass wir einerseits lernen und auf der anderen Seite lehren müssen. Wenn wir uns neue Ziele setzen, entstehen weitere Herausforderungen. Neben Mentalität und Sprachproblemen sind oft auch politische Gegebenheiten oder Glaubensfragen zu berücksichtigen, und insbesondere politische Ereignisse können in Ausnahmefällen zu kaum überwindbaren Herausforderungen werden. So geschah es auch mit der allerersten Produktionsstätte von Capri-Sonne außerhalb von Europa.

Der Blick wandert zurück in die Pionierzeit unseres internationalen Engagements. 1979. Ich sehe in den Fernsehnachrichten eine Stadt in Aufruhr. Sehe ein brennend einstürzendes Haus. Und rufe: »Das ist doch das Bürohaus unseres iranischen Partners in Rezaieh!«

Die Stadt, die den Namen des persischen Herrschers trug, wurde nach der Absetzung des Schahs Mohammad Reza Pahlavi in jenem Jahr 1979 in Urmia umbenannt. Sie liegt im Westen Irans, nahe der Grenze zur Türkei, am Urmiasee. Dort in Rezaieh wurde Capri-Sonne zum ersten Mal außerhalb Europas produziert. Die Produktion lief nur wenige Jahre, dann endete mit dem Beginn der islamischen Revolution unser unmittelbares Engagement in diesem Land.

In Rezaieh standen unsere ersten ins Ausland verkauften INDAG-Abfüllmaschinen, nachdem die Geschäftsverbindung 1976 zustande gekommen war. Diese Maschinen blieben auch nach der Islamischen Revolution im Iran, also nachdem unser Kunde das Land verlassen hatte.

Dieser Kunde war ein sehr wohlhabender Geschäftsmann, er betrieb eine BMW-Niederlassung, eine erlesene Weinkellerei und eine große Schnapsbrennerei, und schließlich hatte er auch ins Geschäft mit Erfrischungsgetränken einsteigen wollen. Zunächst war nur einheimischer Traubensaft in die von uns gelieferten Beutel abgefüllt worden, bald wurde zudem die Produktion von Capri-Sonne aufgenommen. Zu ihrer geplanten Ausweitung ist es wegen der politischen Entwicklung dann nicht mehr gekommen.

Im Jahr 1976 waren zum ersten Mal einige unserer Mitarbeiter zu einem geschäftlichen Auslandsaufenthalt aufgebrochen und berichteten anschließend staunend über Kuriositäten von der Produktionsstätte in Rezaieh. Die mit Traubensaft gefüllten Beutel wurden im Lager von Hand in Kartons gepackt. Erst beim genaueren Hinsehen merkte man, dass die jungen Frauen je nach Geschicklichkeit mal einige Beutel mehr, mal einige weniger als vorgeschrieben in die Kartons packten. Der Grund: Die meisten der Packerinnen konnten einfach nicht zählen. Also wurde eine Waage aufgestellt. Doch mit der Skaleneinteilung kamen wiederum nicht alle zurecht. Mit einem dicken Filzstift wurde schließlich die Stelle markiert, bis zu der der Zeiger der Waage ausschlagen durfte, damit der Karton mit den vorgesehenen 40 Trinkbeuteln gefüllt war.

Natürlich haben wir im Unternehmen angeregt, dass zu der Abfüllmaschine auch die von uns entwickelte Verpackungsmaschine aufgestellt werden sollte. Doch obschon Geld keine große Rolle spielte, rechnete der Geschäftsführer unseren Fachleuten aus Eppelheim vor, dass es auf Jahre hinaus erheblich billiger sei, statt einer Maschine das ungelernte Personal zu bezahlen.

Heißabfüllung, Sterilabfüllung, Qualitätskontrolle – alles mussten meine Mitarbeiter vor Ort in Lehrgängen vermitteln. Unser Laborleiter verbrachte etliche Wochen in Rezaieh. Und auch daran mussten sich meine Mitarbeiter erst gewöhnen, dass die dortigen Arbeiter inmitten der Ausführungen und praktischen Vorführungen aufstanden und gingen. Sie taten es keineswegs aus Desinteresse oder gar mit böser Absicht, sondern begaben sich in einen großen Raum innerhalb der Fabrik, der mit einem wunderschönen Teppich ausgelegt war, um dort traditionsgemäß mehrmals am Tag zu beten. Nicht nur zu fest definierten Zeiten stand jedem Beschäftigen das Recht zu, sich für eine kurze innere Einkehr zurückzuziehen.

Um gedanklich in der Region zu bleiben, können wir rückblickend noch einmal auf den Erzrivalen des Iran eingehen. Wie an anderer Stelle erzählt, war unser erstes geschäftliches Engagement in Saudi-Arabien im Sande verlaufen. Aber meine Devise lautete stets, dass man nach Fehlentwicklungen oder Niederlagen nicht aufgeben darf. Unser erster Geschäftspartner in Saudi-Arabien hatte ja das Interesse an der Getränkeproduktion verloren, noch bevor der Aufbau der gelieferten Fabrikanlage von uns in Angriff genommen werden konnte. Der größte Staat auf der Arabischen Halbinsel zählt zu jenen Ländern, in denen wir im zweiten Anlauf den Durchbruch auf einen interessanten Absatzmarkt geschafft haben.

Mit dem neuen Partner Springs Beverage Factory Company Ltd. wurden Lizenzverträge abgeschlossen. Wie gut 20 Jahre zuvor lieferte auch 1999 INDAG die spezielle Capri-Sonne-Abfüllanlage nach Saudi-Arabien. Diesmal wurde sie aber im gleichen Jahr tatsächlich offiziell eingeweiht – trotz eines beträchtlichen Unfalls. Per Schwertransport gelangte die Abfüllanlage von Eppelheim auf den Frachter und wurde nach Dschidda verschifft. Bis zum Ausladen im Hafen am Roten Meer verlief alles reibungslos. Erst auf dem letzten Teilstück in die Hauptstadt Riad, mitten in der Wüste, kollidierte der Schwertransport mit einem Brückenpfeiler. Der einheimische Fahrer kam mit dem Schrecken davon, aber nicht nur die Brücke, sondern leider auch unsere Abfüllanlage wurde bei dem Zusammenstoß erheblich beschädigt. Einige Teile mussten eilig aus Deutschland nachgeliefert und die gesamte Anlage vor Ort neu justiert werden.

Dank erfahrener Ingenieure bedeutete der Transportunfall lediglich eine Verzögerung von knapp drei Monaten. Dann lief die Produktion an, sodass auf dem Erfrischungsgetränkemarkt des größten Rohölexporteurs der Welt gleich zu Beginn sieben Sorten Capri-Sonne angeboten werden konnten.

Mit solchen – kleineren wie größeren – Herausforderungen leben wir seit den Anfängen der Internationalisierung von Capri-Sonne. Und bis in die Gegenwart gilt es für unser Unternehmen, etliche Unterschiede in der Mentalität in anderen Ländern im Auge zu behalten und auf Unwägbarkeiten oder gar Kurioses dementsprechend zu reagieren, um erfolgreich zu bleiben.

Denkwürdiges und Merkwürdiges

Der jeweilige Zeitgeist präsentiert eine Vielfalt an Ideen. Für einen Unternehmer gilt es zu entscheiden, wie viel Sinn es macht, mit den Innovationen mitzugehen oder sie als vorübergehende Erscheinungen einzustufen. In diesem Zusammenhang gilt es, stets zu überprüfen, an welchen traditionellen Werten in der Businesswelt festzuhalten sei und welche zu modifizieren seien. In meinem Leben sind viele Werte in Kindheit und Jugend bereits durch mein Elternhaus und in unserem Familienunternehmen nachhaltig geprägt worden. Aber auch hierbei ist es maßgeblich, dass neue Lernerfahrungen manche Werte und Anschauungen der Überprüfung und gegebenenfalls der Modifizierung und Korrektur unterwerfen.

Ich betone gern, dass ich eigentlich in der Zukunft lebe. Der Satz bedeutet, dass die meisten meiner Aktivitäten, sowohl in der Vergangenheit als auch in jüngster Gegenwart, eindeutig zukunftsorientiert waren und sind. Mein Denken, mein Engagement, meine Investitionen hatten und haben ferne Ziele im Visier. Es handelt sich dabei um konkrete Ziele, die unsere Zukunft sowohl im Unternehmen selbst als auch darüber hinaus sicherer gestalten sollen.

Zukunftsorientiertheit bedeutet trotzdem nicht, dass in der Vergangenheit Gelerntes zu vernachlässigen wäre. Ganz im Gegenteil. Immer wieder zeigt meine Geschichte, wie sehr vorangegangene Lebenserfahrungen als Kompass für weitreichende Ziele unerlässlich sind. Und so wird manch Merkwürdiges später zu einer denkwürdigen Handlungsstrategie.

Entscheidend ist stets die Offenheit für Neues. In den USA spricht man von »openness to experience«, von der Aufgeschlossenheit, neue Herausforderungen anzunehmen. Diese Aufgeschlossenheit und Offenheit angesichts von großen Herausforderungen dürfen nicht als übermäßige Belastung angesehen und empfunden werden. Die Historie von Capri-Sonne und Capri-Sun ist voll von neu zu bewältigenden Aufgaben. Bei keiner dieser Herausforderungen haben wir und habe ich aber ans Aufgeben gedacht, sondern ganz im Gegenteil eine Lebenseinstellung favorisiert, die sich an »can-do-attitude«, an »openness to experience«, an Entdeckergeist orientiert.

Wenn ein Unternehmen wächst, verändern sich die Strukturen. Man kann sagen, dass eine Firma dann alle fünf Jahre ein neues Unternehmen geworden ist. Dementsprechend müssen auch die Strukturen des Unternehmens verändert werden, es muss mit den Neuorientierungen Schritt halten. Oder aber die jeweilige Firma verharrt im Stillstand und ist irgendwann neuen Herausforderungen nicht mehr gewachsen.

Eine Voraussetzung für unternehmerisches Handeln ist eine ausreichende Liquidität. Nun ist gerade bei einem Familienunternehmen Bargeld meist rar, denn das Vermögen ist zum größten Teil im Unternehmen selbst gebunden. Es ist ein Kapital, das mit Risiko behaftet ist und daher nicht ausreichend Spielraum für außergewöhnliche geschäftliche Aktivitäten oder Notwendigkeiten bietet.

Über einen risikoreichen Trip, sozusagen »im Auge des Hurrikans«, und welche Erkenntnis dabei gewachsen ist, will ich hier eine denkwürdige Story erzählen. Sie ist zugleich ein Beispiel dafür, dass unternehmerische Inspiration einem manchmal ganz plötzlich in den Sinn kommt und für alle späteren Jahre prägend wird. Diese Inspiration oder Erkenntnis kam mir, zumindest zeitlich, während Hurrikan Hugo in Puerto Rico tobte.

Der Hurrikan im September 1989 zählt zu den verheerendsten Naturkatastrophen in der Geschichte der Vereinigten Staaten. Hugo galt drei Jahrzehnte lang als der Hurrikan, der am weitesten östlich die Kategorie 5 erreichte und dabei gewaltige Schäden anrichtete. Ich war gerade zu einem Kurzurlaub im Hotel Dorado Beach in Puerto Rico, als der Hurrikan das Land erreichte. Im Hotel wähnte ich mich mit den anderen Gästen gut aufgehoben, man schien die nötigen Vorkehrungen getroffen zu haben. Ich witzelte sogar, dass wir im Hotel eine »Hurrikan-Party« veranstalten könnten, und besorgte Whisky, andere Getränke und Chips. Doch kaum eine Viertelstunde später, als ich gerade ins Hotel zurückgekehrt war, brach das Inferno los. Binnen Minuten drückte die Wucht des Hurrikans die Fensterscheiben unseres Hotelzimmers im dritten Stockwerk ein, Glassplitter flogen im Raum umher. Dass die Gitter vor dem Fenster hielten, war ein Glück, denn man sah im düsteren Licht allerlei Gegenstände, zum Teil sogar riesige Metallteile am Hotel vorbeiwirbeln.

Wir wurden umgehend in andere, tiefer gelegene Bereiche umquartiert. Aber die untere Treppe unseres Hotels hatte sich bereits in einen reißenden Bach verwandelt. Durchs Wasser watend wurden wir in ein sicheres Zimmer geführt. Der Strom war ausgefallen, so saßen wir bei Kerzenlicht und warteten auf das Abklingen der ersten, heftigsten Phase des Hurrikans. Nach einer vorübergehenden, eigenartigen Ruhe, während das Auge des Hurrikans über unsere Köpfe hinwegzog, setzten heftiger Wind und Regen wieder ein.

Es wurde so eine äußerst merkwürdige »Party«, die ich als Endvierziger inmitten eines Hurrikans gefeiert habe. Damit hatte ich nicht gerechnet.

Völlig gewahr wurde ich der verheerenden Auswirkungen dieser Naturkatastrophe erst, als ich nach Abklingen der zweiten Phase des Wirbelsturms das Hotel vorsichtig verlassen konnte. Mein Wagen war einer der wenigen, der unbeschädigt geblieben war. So konnte ich die Umgebung etwas erkunden. Noch immer windete es kräftig. Viele Straßen waren unbefahrbar, weil überall Trümmer oder entwurzelte Bäume auf der Fahrbahn lagen. Im vierten Stockwerk eines der Häuser sah ich ein ganzes Flugzeug hängen. Es war nicht abgestürzt, sondern hatte auf einem kleinen Flughafen gestanden. Im Hafen der Insel türmten sich an Land die Boote übereinander, die aus dem Hafenbecken gespült worden waren. Sogar größere Schiffe hingen schräg auf einer Hafenbrücke. Rundum eine gespenstische Situation. So würde die Welt nach einem Atomkrieg ausschauen, dachte ich. Es war apokalyptisch.

In und nach all dieser Zerstörung war es außerordentlich schwierig, schnell von der Insel wegzukommen. Viele kämpften wie ich um einen Platz in einem Flieger, ich wollte, sobald es irgend ging, weg aus dieser von der Katastrophe heimgesuchten Region. Nach etlichen Bemühungen gelang es mir tatsächlich, im ersten Flugzeug nach New York zu sitzen. Oben in der Luft atmete ich tief durch, nahm einen Notizblock und begann stichwortartig meine »Objectives« für die nächsten fünf Jahre aufzuschreiben: die unumgänglichen Zielsetzungen für mein zukünftiges Handeln.

Ein Stichwort hieß Cash. 20 Millionen in bar wollte ich sicherstellen. Hurrikan Hugo wurde somit zu einem Schlüsselerlebnis. Zum ersten Mal in meinem Leben habe ich über eine größere Summe an Barvermögen nachgedacht. Privates Cash hatte nie zuvor eine Rolle gespielt, nahezu mein gesamtes Vermögen hatte stets im Unternehmen gesteckt, Gewinne wurden zum Zweck der finanziellen Stärkung und für Innovationen in die Firma investiert. Im Lichte traditioneller Familienunternehmen macht das viel Sinn, schafft jedoch auch Abhängigkeiten.

Naturkatastrophen wie Hurrikans kommen in den USA regelmäßig vor, und die meisten Menschen sind relativ gut vorbereitet. Die letzten Jahre zeigen eine Häufung derartiger Naturereignisse, und das nicht nur in Nordamerika. Es muss jedoch gar keine Naturkatastrophe sein, die für ein Unternehmen den Zugriff auf Bargeld erforderlich macht. Mancherlei Gründe können einen Neustart, unternehmerisch oder privat, erforderlich machen. Die Gelegenheit eines lukrativen Zukaufs etwa kann sich plötzlich auftun. Mein damaliges Nachdenken über Cash führte zum Beispiel dazu, dass ich zwei Jahre später, 1991, Capri Sun Inc. in den USA an Kraft Foods verkauft habe. Kraft Foods wurde Lizenzpartner, und ich verfügte so über die nötigen Finanzmittel, um die Internationalisierung von Capri-Sonne auszubauen und um WILD Flavors weltweit zu entwickeln.

Man sollte auf eine unvorhersehbare Situation aus konzernstrategischen Gründen sowohl monetär als auch mental stets vorbereitet sein. Zum mentalen Vorbereitsein will ich eine hübsche Parabel erzählen, die ich während eines unserer Fachseminare in Heidelberg, der »International Heidelberg Convention«, gehört habe. Die Teilnahme an diesen Fortbildungsmaßnahmen, zu denen wir einheimische und internationale Fachkräfte nach Eppelheim und Heidelberg einluden, war für unsere Kunden und ebenso für meine Mitarbeiter und auch für mich selbst über mehrere Jahrzehnte eine wunderbare Erfahrung. Anfangs haben wir uns auf mikrobiologische, ernährungstechnische Themen fokussiert, später habe ich großen Wert darauf gelegt, dass auch andere das Unternehmerische betreffende Themen erörtert wurden.

Eine unserer Referentinnen war eine bekannte Ärztin. Wie gewohnt habe ich sie zu einem Abendessen eingeladen. Wir sprachen weiter über ihre Seminarthemen und kamen auch auf die Entschlossenheit bei unternehmerischen Entscheidungen zu sprechen. Zu der Frage der mentalen Problembewältigung hat sie folgende Parabel erzählt, wie man scheinbar unlösbare Probleme gedanklich begreifen kann: Da sitzt jemand eingesperrt in einer düsteren, kalten, feuchten Höhle. Vor dem engen Höhlenausgang lauern hungrige Grizzlybären. Wie will man aus dieser misslichen Lage entkommen? Die Situation scheint für manche Menschen ausweglos zu sein. Man kann sich jedoch auch klarmachen, dass die Situation nur im Kopf existiert, und die Realität meist ganz anders ist als die Wahrnehmung. Mit der gleichen mentalen Energie, mit der man sich die scheußliche Situation vorstellt, kann man sich auch ausmalen, dass vor der Höhle, die man verlassen möchte, keine Grizzlys lungern. Man reibt sich die Augen und siehe da, plötzlich spielen süße kleine, friedliche Pandabären vor dem Höhlenausgang. Der Ausweg aus der Höhle des vertrackten Denkens und der Fortgang auf dem Weg zu Problemlösungen kann sich somit viel einfacher gestalten, als man es sich ursprünglich vorgestellt hatte. Man kann tatsächlich vorhandene Probleme in seiner Vorstellung groß aufblähen, man kann sie aber ebenso auch klein machen.

Das Bild von den Pandabären beeindruckte mich seinerzeit so sehr, dass ich mir bei künftigen großen unternehmerischen Herausforderungen und Verhandlungen die Gegenseite stets als harmlose Pandas vorstellte und mich wesentlich freier im Kopf an die Bewältigung der anstehenden Aufgaben machen konnte. Inzwischen muss ich aufpassen, dass ich nicht nur Pandas vor meiner Höhle sehe, denn selbstredend wird in der Ökonomie mit harten Bandagen gekämpft.

Angst ist trotzdem kein guter Ratgeber. Man muss immer gewappnet sein, und das geht am besten mit einem klaren Kopf, ohne sich von Panik leiten zu lassen. Mit Entschlossenheit muss in ruhigen ebenso wie in beunruhigenden Entwicklungsphasen gehandelt werden. Die nächste große Herausforderung steht immer direkt vor der Tür, ohne dass jemand darum wissen kann.

Jüngstes Beispiel ist die Pandemie, die 2020 Einzug in jedes Land des Planeten, in alle Lebensbereiche gehalten hat. Hierzu kann ich anmerken, dass wir gut gerüstet waren, und die Zeit der Pandemie ist nahezu ohne Schaden an Produktion und Vermarktung von Capri-Sun vorübergegangen.

Naturkatastrophen, Pandemien, gar Kriege wie wir ihn in Europa beim russischen Angriff auf die Ukraine erleben mussten, bedeuten auch für Unternehmen massive Schwierigkeiten. Entscheidend dabei ist nicht allein die mentale Einstellung der Führungspersönlichkeit. Oft denke ich an den geflügelten Satz meines Vaters: »Wenn es einfacher wäre, würden es andere machen.« Diese Haltung, die ich gern verfolge, vermittele ich auch allen Mitarbeitern. Ich will beispielgebend für meine Führungskräfte sein, die ich persönlich aussuche, und nach wie vor soll die gesamte Belegschaft die mentale Einstellung des Unternehmers spüren und von den Lernerfahrungen im Unternehmen profitieren.

Neben meiner Aufmerksamkeit und Achtsamkeit, dass alles rechtschaffen vor sich geht, ist Belohnung ebenfalls ein wichtiger Faktor im Unternehmensgeschehen. Anlässlich meines 80. Geburtstages habe ich alle Mitarbeiter beschenkt. Das hatte bereits meine Mutter 1998 zu ihrem 90. Geburtstag getan. Ursprünglich hatten wir ein großes Mitarbeiterfest geplant, was nun in Pandemiezeiten nicht durchführbar war. Als Geburtstagsgruß haben daher alle Betriebsangehörigen 80 Euro pro Jahr ihrer Zugehörigkeit zum Unternehmen bekommen, zusätzlich eines Verzehrgutscheins von 200 Euro, den sie in regionalen Restaurants einlösen konnten. Bei der langjährigen Treue zu meinem Unternehmen kam für sehr viele Mitarbeiter eine ansehnliche Summe zusammen. Insgesamt beliefen sich die Schenkungen auf einen siebenstelligen Betrag, was von den Mitarbeitern sehr geschätzt wurde.

Nicht nur in Krisenzeiten, wenn Herausforderungen übergroß erscheinen oder sogar sind, ist Gelassenheit ebenso wie Großzügigkeit gefragt. Oft geht es lediglich darum, eine gewisse Lockerheit und etwas Humor im Umgang mit den Situationen zu bewahren. Bei unseren internationalen Heidelberger Fachseminaren und auch sonst wurde und werde ich gelegentlich gebeten, einen Vortrag zu halten. Auch dazu gibt es eine kleine Story, die ich bei den Reden oft im Hinterkopf habe.

Ein Gelehrter und sein Fahrer sind unterwegs zu einem Vortrag. Der Professor ist missmutig: »Schon wieder dieser Vortrag, den habe ich schon oft gehalten. Das Thema hängt mir allmählich zum Hals heraus.« – »Kein Problem«, sagt sein Chauffeur. »Ich habe Ihren Vortrag schon so oft gehört, dass ich ihn auswendig kenne. Sie setzen sich bequem in die letzte Reihe, und ich halte den Vortrag für Sie.«

Gesagt, getan. Der Vortrag wird vom Publikum mit viel Applaus quittiert. Und weil der Fahrer etwas vor der Zeit mit der Rede fertig ist, meint der Veranstalter, dass er bestimmt noch bereit sei, Fragen aus dem Publikum zu beantworten. Sogleich meldet sich auch jemand, steigt lang und breit in das Thema ein und stellt schließlich eine knifflige Frage. Während der ausufernden Erörterungen des Fragestellers, der offenbar hauptsächlich selbst vor dem Publikum brillieren will, gerät der Professor in der letzten Reihe schon leicht ins Schwitzen. Nicht aber der Chauffeur. »Das ist wohl die dümmste Frage, die ich bei allen meinen Vorträgen je gehört habe«, sagt er, »sie ist so dumm, dass ich sie zur Beantwortung an meinen Fahrer hinten in der letzten Reihe weiterreiche.«

Denkwürdige Erfahrungen und Erlebnisse gestalten sich selten so dramatisch und sind meistens nicht von so bedeutsamer Auswirkung wie die langen Stunden, als der Hurrikan über uns wütete. Und auch kleinste Geschichten, heiter oder traurig, zählen als Bereicherung, sind als Lernerfahrung von Belang. Es ist eine weite Spanne an merkwürdigen und denkwürdigen Lebensfragen, die ich hier angerissen habe. Angstbewältigung zählt ebenso dazu wie Lob und Humor. Wenn ich zurückdenke, so gab es wenige Anlässe und Zeiten, die ich nicht mit einer gewissen Lockerheit und ebenso mit Humor angegangen wäre.

Hard Work and Fun

Mein Lebensmotto »hard work and fun« findet sich bereits vor Jahrzehnten im symbolischen »WILD MISSION TREE« und verbindet zwei Lebenseinstellungen zu einer Einheit. Konzentrierter Fleiß, beständiger Einsatz und Durchhaltevermögen einerseits, aber auch reichlich Spaß als Ventil. Beides zusammen sind zwei Seiten derselben Medaille.

Das richtige Arbeitsethos ist im Leben eines Unternehmers unerlässlich. Doch wer den Einsatz für sein Unternehmen nur als Arbeit begreift, sich auf nichts anderes mehr einlassen kann, verliert jene Distanz, die man für die große Übersicht bei der Unternehmensführung benötig.

»Was bedeutet Ihnen Geld?«, hat Rainer Zitelmann in seiner umfangreichen Studie über die Psychologie der Superreichen gefragt. Mit großem Abstand wurde an erster Stelle »Freiheit und Unabhängigkeit« genannt. Aber auch der Punkt, sich »schöne Dinge im Leben leisten zu können«, spielte eine bedeutende Rolle. An zweiter Stelle steht, dass Geld die Möglichkeit für Neuinvestitionen eröffnet.

Als ich anlässlich meines 80. Geburtstages gefragt wurde, was mir Reichtum bedeutet, habe ich ganz ähnlich wie die Befragten geantwortet. Ich investiere sehr viel in den weiteren Ausbau und in Innovationen für Capri-Sun. Ebenso dient mein Vermögen dazu, zahlreiche zukunftsweisende Projekte in der Forschung zu fördern. Und ich will meine Unabhängigkeit bewahren.

Schließlich geht es aber auch um »fun«, also darum, sich Freude und schöne Dinge im Leben zu gönnen. Denn wenn ich mir Spaß und Lebensfreude nach meinem 80. Geburtstag nicht leiste, wann dann?

Ich will an einigen Beispielen jedoch zeigen, dass selbst dieser Fun-Bereich im Leben oft mit unternehmerischen Tätigkeiten und Notwendigkeiten zusammenhängt. Arbeit macht mir grundsätzlich Spaß. Sich Arbeitserleichterungen zu schaffen, ist ebenso selbstverständlich.

Bekannt ist, dass ich eine Yacht besitze. Spätestens seitdem das Video mit einem spektakulären Crash auf YouTube über eine halbe Million Mal angeklickt wurde und zahlreiche Medien darüber berichtet haben, ist die 77 Meter lange Motoryacht GO praktisch weltbekannt. Ich war selbst an Bord, als wir im Februar 2020 auf der Insel St. Martin in der Karibik zweimal eine Anlegestelle gerammt haben.

Der Kapitän und die Crew waren absolut schuldlos. Auf einmal war die Yacht manövrierunfähig. Ein plötzlicher Computerdefekt hatte GO steuerungsunfähig gemacht. Die manuelle Übernahme der Steuerung funktionierte ebenfalls nicht. Wir verfügen zwar über die modernste Technik – zwölf miteinander vernetzte Computer sind bei der Steuerung im Einsatz –, und trotzdem haben die Systeme versagt. Der Kapitän ließ vom Vorderdeck aus die Schaulustigen warnen. Zum Glück wurde niemand verletzt und die Schäden waren insgesamt nur gering. Der Steg ist wiederhergestellt, und auch die Yacht wurde repariert.

Die Motoryacht GO wurde 2018 von einer türkischen Werft gebaut. Die Yacht hat mir stets gute Dienste geleistet und viel Freude bereitet. Ich spreche gern von meinem »Boot«, und natürlich benutze ich es auch, um damit Urlaubsreisen zu machen. Es ist ein guter Ort, um im Alter zu relaxen. Ich bin dort gern mit meiner Familie zusammen. Aber ich treffe mich dort auch im kleinen Kreis mit leitenden oder verdienten Mitarbeitern, insofern dient mir mein Boot auch als Arbeitsplatz. Eine Kabine ist als geräumiges Büro eingerichtet, und wir verfügen auch auf hoher See über alle notwendigen Kommunikationsmittel. Wenn ich morgens eine Runde im Meer schwimme und danach auf dem Deck in der Sonne die neusten Wirtschaftsnachrichten lese, kann der Tag kaum schöner beginnen.

Meine Affinität zum Boating begann lange bevor ich diese Yacht erwarb. In der Zeit, als ich Anfang der 1970er-Jahre in Bremen berufstätig war, habe ich in meiner Freizeit alle Segelscheine gemacht. Ich bin zuvor bereits während meiner Studentenzeit in München gern gesegelt, mit kleineren Segelbooten auf dem Starnberger See. Einige Jahre nach der Berufstätigkeit in Norddeutschland, als meine Kinder noch klein waren und wir unsere Urlaube gern am Mittelmeer verbrachten, entschloss ich mich, mir ein Motorboot anzuschaffen. Bei einer Bootsausstellung in Miami bot sich eine günstige Gelegenheit, ich erwarb ein Boot der Marke Tempest und ließ es nach Mallorca schicken. Das Boot war mit zwei Mercruiser-Motoren ausgestattet und damals auf dem modernsten Stand der Technik. Damit aber begannen die Probleme, und es wurde eine lustige, aufregende, abenteuerliche Geschichte auf dem Mittelmeer, die mir nicht nur Vergnügen bereitete. In Spanien gab es nämlich noch keinen Service für diese Motoren der neuesten Generation. Schließlich fand ich einen Mechaniker, der zwar einen solchen Motor auch noch nie gesehen hatte, gleichwohl die Wartung übernahm und später, als der Motor zu stottern begann, sich auch die Reparaturen zutraute.

Es fehlte jedoch an Ersatzteilen, angefangen bei den passenden Zündkerzen. Mein spanischer »mecánico« hat die Dinger irgendwo beschafft oder irgendwie zusammengebastelt. Schließlich war ich der größte Zündkerzenbesitzer der Region und hatte auch sonst ein beachtliches Ersatzteillager an Bord.

Wir waren berühmt dafür, dass wir mit tuckerndem Motor und offener Motorenhaube den Hafen verließen und auf diese Weise dorthin wieder zurückkehrten. Über den Bootsrand hing meist mein »mecánico«, um an irgendetwas herumzuschrauben. Die Leute haben gelacht, da zu allem Überfluss mein Boot »Bobo« hieß, was auf Spanisch Idiot bedeutet. So bin ich also mit meinem »Narrenboot« umhergefahren. Wir haben das Problem dann aber später durchaus in den Griff bekommen.

Andere Gründe haben dazu geführt, dass ich mir ein Flugzeug angeschafft habe. Man könnte die Bequemlichkeit privaten Fliegens zum Fun-Bereich, zur Lebensfreude zählen. Aber Fliegen hat bei mir hauptsächlich mit Business zu tun. Während meiner Managertätigkeit in Bremen und danach bei der Internationalisierung des Capri-Sun-Geschäfts sind wir mit Linienmaschinen zu den Bestimmungsorten geflogen. Die Reisen haben viel Zeit in Anspruch genommen, zumal die Flugzeiten nicht immer auf die geschäftlichen Termine abzustimmen waren.

Später ergab es sich, dass ich auf Einladung von Bundeskanzler Helmut Kohl oder des Ministerpräsidenten von Baden-Württemberg, Lothar Späth, in einer Gruppe von Unternehmern und hochrangigen Managern in den jeweiligen Regierungsmaschinen mitflog. Solche Erlebnisse haben mich umso mehr in meiner Überlegung bestärkt, künftige Geschäftsreisen unabhängig gestalten zu können. Insbesondere ein Flug mit Helmut Kohl nach Moskau ist mir bis heute als eine desolate Veranstaltung im Gedächtnis geblieben. Am Regierungschef lag es nicht, sondern die Reise war schlichtweg miserabel vorbereitet. Wir haben zwar diverse Joint Ventures unterzeichnet, aber danach wusste die eine Hand nicht mehr, was die andere tat. Aus diesem Durcheinander und Leerlauf brachen einige Reiseteilnehmer wie Krupp-Manager Berthold Beitz oder Commerzbank-Chef Martin Kohlhaussen zu ihren Privatmaschinen auf und verließen Moskau rasch, während ich bis zum Ende der offiziellen Reise durchhalten musste. Dabei hätte auch ich Wichtigeres zu tun gehabt. Ähnlich schlecht vorbereitet war einmal ein Flug in der Regierungsmaschine des Bundeskanzlers nach Warschau.

Reisen der Wirtschaftsdelegationen mit Ministerpräsident Späth hingegen waren immer hervorragend organisiert. Abends gab es Round-Table-Gespräche mit Erfahrungsaustausch und Abstimmung untereinander. Manche Leerläufe und Zeitverschwendung waren trotzdem nicht vermeidbar. Ich erinnere mich an eine Reise nach Portugal, als die dortige Regierung um deutsche Investoren warb. In dem Zusammenhang besuchten wir einen neu eröffneten Industriepark. Dazu fuhren wir in einer langen Autokolonne von Lissabon nach Porto. Lothar Späth saß in einem der ersten Wagen, ich ungefähr im fünfzehnten. Es war eine abenteuerliche Fahrt. Ständig wurden Wagen der Kolonne irgendwo im Verkehr oder an einer Ampel aufgehalten und wir mussten versuchen, wieder Anschluss zu kriegen. Schließlich kamen wir schweißgebadet in Porto an. Nach beeindruckender Besichtigung des Industrieparks ging es ähnlich strapaziös wieder zurück nach Lissabon, um nach Barcelona zu fliegen.

Bei dieser Reise war auch Heinz G. Baus, Eigentümer von Bauhaus, dabei. Er lud mich ein, statt mühsam mit der Wirtschaftsdelegation zurückzufahren, in seiner Privatmaschine direkt nach Barcelona zu fliegen und dann nach Mannheim. Schließlich landete ich gut erholt mit ihm in Mannheim, sozusagen vor der Haustür in Eppelheim. Der Unternehmer Baus erzählte mir unterwegs, wie er aus der Luft erkundet, wo es am günstigsten sei, eine neue Bauhausfiliale einzurichten. Diesem Beispiel folgte ich später in Cincinnati, als ich das Gelände für die WILD Produktionsstätte aussuchen musste. Meine Mitarbeiter hatten einige Standorte vorgeschlagen, von denen mir kein einziger gefiel. Ich mietete einen Hubschrauber, um von oben das Gebiet zu erkunden, und entschied, die Fabrik in der Nähe des Internationalen Flughafens in Erlanger und direkt am Highway zu bauen. Ein hervorragender Standort, wie sich später herausstellte. Die Kunden konnten nach Cincinnati fliegen, uns besuchen und zwei oder drei Stunden später weiterfliegen.

Auch habe ich gelernt, wie viel Zeit und Umstände es spart, wenn man selbst ein Flugzeug besitzt. Zunächst habe ich für meine folgenden Geschäftsreisen nur Flieger gechartert. Im Rahmen der Internationalisierung weiteten sich unsere Reisetätigkeiten aber so sehr aus, dass es finanziell günstiger wurde, ein eigenes Flugzeug anzuschaffen. Viele Jahre lang flog ich für WILD und Capri-Sun mindestens einmal pro Jahr geschäftlich rund um die Welt. Immer in Richtung Osten – man kann den Rückenwind nutzen und spart somit Zeit und Sprit.

In Immobilien investiere ich eher selten. Im Scherz könnte man sagen: weil sie nun einmal nicht mobil sind. Salzburg war eine Ausnahme. Dort habe ich 2005 das renommierte Hotel »Schloss Mönchstein« und rund zehn Jahre später das ebenfalls traditionsreiche Haus »Goldener Hirsch« erworben. Die österreichische Gastfreundschaft habe mich in die Mozartstadt gezogen, schrieb die Presse. Das liegt nicht mal weit von der Wahrheit entfernt, denn Österreich kenne ich seit früher Jugend, als wir mit der Familie in Seefeld oder später in St. Anton waren. Heute besuche ich gern die Salzburger Festspiele. Das Hotel Mönchstein bot und bietet sich als Übernachtungsmöglichkeit an. Der Zufall hat letztlich eine Rolle gespielt, dass ich Besitzer dieses Hotels wurde. Bei einem geschäftlichen Meeting in Wien erfuhr ich, dass das Hotel in Konkurs war und versteigert würde. Jemand hatte gerade 18 Millionen Euro neu investiert und sich dabei übernommen. Nun sollte man für das Hotel 8 Millionen bieten und durfte das Angebot noch einmal erhöhen. Eher spaßeshalber nahm ich an der Auktion teil und bot vermeintlich verhalten mit. Ich war fest davon überzeugt, dass ein anderer das Rennen machen würde. Ich wusste, dass die Mutter des Eigentümers des Red-Bull-Konzerns, Dietrich Mateschitz, oft und gern im Mönchstein weilte und mit der einstigen Besitzerin Hansi von Mierka ebenso gut bekannt war wie ich. Dann saß ich gerade in einer wichtigen Präsentation von Capri-Sun mit den Vertretern der internationalen Getränkebranche, als ein Mitarbeiter hereinkam und mir einen Zettel überreichte. »Wir haben das Mönchstein.« – »Holy shit«, dachte ich, »was machen wir jetzt daraus?«

Meine Investitionen haben anschließend weit über das Zweifache der Kaufsumme von 10,1 Millionen Euro betragen, aber das war es mir wert, um mich um das historische Bauwerk in exponierter Lage auf dem Mönchsberg zu kümmern. Der Salzburger Architekt Volkmar Burgstaller hat das »Märchenschloss« systematisch renoviert, hat Umbau- und Ausbaumaßnamen vorgenommen. Eine »logistische, planerische und statische Meisterleistung, die durch Funktion und Emotion besticht«, wird dem Architekten in Salzburg bescheinigt. Um das ansprechende Innendesign haben sich die britischen Spezialisten Ruth Thomas und James Bermudez sowie der amerikanische Künstler Dale Chihuly verdient gemacht.

Es war dann auch naheliegend, dem seinerzeit sehr sanierungsbedürftigen Fünf-Sterne-Hotel »Goldener Hirsch« in der Altstadt ähnlich unter die Arme zu greifen. Auch bei diesem Haus, dessen Geschichte bis in das Jahr 1407 zurückreicht, investierte ich nach dem Kauf viel Geld in die Renovierung und in die technische Innovation, ohne dass der traditionelle Stil angetastet wurde. Der »Goldene Hirsch« gehört mit dem historischen Zentrum der Stadt zum UNESCO-Welterbe.

Ich habe mich bei den Hotelkäufen nicht gefragt, ob es sich um lohnende Investitionen handelte. Gute Investments sind beide Immobilien sicherlich, aber es ging mir in erster Linie um die Freude an der Sache, und entscheidend war für mich die vernünftige und nachhaltige Gestaltung.

KAPITEL 10

Lebensmotto: Lernen

Es scheint das Selbstverständlichste zu sein, dass jedes Kind, selbst in der Tierwelt, zunächst einmal eine Menge lernen muss, um im Leben bestehen zu können. Ab einem gewissen Alter meinen viele Menschen, sie wüssten genug, sie hätten ausreichend Erfahrung für anstehende Herausforderungen gesammelt. Diese Einstellung – oder im schlimmeren Fall: diese Überheblichkeit – ist Gift für Neugier und Entdeckerlust. Sie bremst und verhindert Innovationen, sowohl im privaten als auch im beruflichen Leben.

Im erfolgsorientierten Wirtschaftsleben darf es keine Grenze des Weiterlernens und der fortwährenden Innovationen geben. Es ist nicht ausschlaggebend, welche Ziele man erreicht hat. Vielmehr kommt es darauf an, neue Ziele ins Auge zu fassen und anzugehen. Anfangserfolge sind schnell verspielt, wenn die Lust auf Neues verlorengeht.

Es zeigt sich, dass permanente Lernbereitschaft insbesondere drei Eigenschaften von jenen zehn tangiert, die von dem US-amerikanischen Autor Jake Newfield den erfolgreichsten Unternehmern auf den Weltmärkten zugeschrieben werden. Auf alle zehn Charaktermerkmale wird im Einzelnen einzugehen sein. Hier beschäftige ich mich zunächst mit jenen drei Wesenszügen, die stark mit dem Thema des lebenslangen Lernens zusammenhängen:

- big picture thinking
- ability to motivate others
- entrepreneurial mindset

Zuvor will ich jedoch einen Blick auf eine weitere bedeutende Charaktereigenschaft werfen, die ebenfalls Unternehmern attestiert wird, die durch eigene Leistung zu Milliardären geworden waren. Das ist die sogenannte intrinsische Motivation, die eine ganz entscheidende Rolle spielt. Diese innere Motivation geht auf sehr frühe Prägungen zurück.

Die Darstellung meiner Kindheit und Jugend zeigt etliche Anhaltspunkte auf, die für die Entstehung der intrinsischen Motivation als bedeutsam oder sogar ausschlaggebend angesehen werden können. Inwieweit diese tief verankerte Motivation bereits eine grundlegende Veranlagung ist, ist schlussendlich nicht wissenschaftlich geklärt. Sicherlich wird ihre volle Entwicklung in erster Linie dadurch begründet, dass die Eltern ihren Kindern sowohl eine wohlbehütete Kindheit bieten können, aber zugleich ausreichend Raum und Zeit für deren freie Entfaltung lassen.

Dabei erleben Kinder natürlich nicht nur Erfolge. Das erachte ich im Zusammenhang mit der wachsenden Motivation ebenfalls für bestimmend. Denn auch die Auswirkung und die positive Verarbeitung von Niederlagen bieten, trotz vieler bitterer Stunden, eine großartige Chance. Man muss dabei die Niederlage allerdings richtig analysieren. Hier schließt sich der Kreis. Für die eingängige Analyse bedarf es nämlich stetiger Wissenserweiterung.

Intrinsische Motivation und die permanente Lernbereitschaft bedingen und beeinflussen sich demnach gegenseitig, es verhält sich etwa so wie Neugier und Lern-Gier.

Zielstrebige Unternehmer orientieren sich weniger an Erfolgen oder Misserfolgen konkurrierender Firmen und deren Inhabern. Man kann und muss aus dem Geschehen in der Businesswelt selbstverständlich lernen. Ein Maßstab oder Ansporn der intrinsischen Motivation sind Ereignisse bei anderen Firmen und Konzernen aber nicht. Selbst Lob von außen hat für mich in meiner unternehmerischen Tätigkeit nie eine Rolle gespielt.

Es waren und sind stets meine selbst gesetzten Ziele, die sich aus der intrinsischen Motivation entwickeln und sie zugleich stärken. So werden Ziele zu einer hauptsächlich treibenden Kraft.

Vor etwas über 50 Jahren, als wir die ersten Capri-Sonne-Beutel produziert haben, hat sich wohl niemand vorstellen können, wie erfolgreich sich dieses Produkt entwickeln wird. Viele Nachahmer haben in all den Jahren aufgegeben, weil sie die damit verbundenen Herausforderungen nicht bewältigen konnten.

Von Peter Ferdinand Drucker, dem US-amerikanischen Ökonomen österreichischer Abstammung, stammt die Einschätzung, dass Erfolg sehr tückisch sein kann. Er verleitet zu Nachlässigkeit. Man neigt dazu, es sich im erworbenen Komfort bequem zu machen und das Erreichte zu genießen, aber das frühere Arbeitsethos beiseitezuschieben.

Peter Drucker warnt von den Folgen der Nachlässigkeit. Ein Unternehmer muss permanent und frühzeitig dafür sorgen, dass in jedem Bereich neue Pfeiler errichtet werden. Das gilt von der Produktion über die Motivation der Mitarbeiter bis hin zum Marketing.

Über einen weiteren Punkt im Zusammenhang mit der Motivation hat der Kenner der Psychologie der Superreichen, Rainer Zitelmann, ein ganzes Buch geschrieben. *Wenn du nicht mehr brennst, starte neu: Mein Leben als Historiker, Journalist und Investor*, heißt das autobiographische Werk von Zitelmann, und es legt dar, wie man aus einer Niederlage neu startet.

Auch wenn ich selbst in keiner Lebensphase ausgebrannt war, musste ich doch zeitweilig mit harten Rückschlägen kämpfen, mit mancher Niederlage fertigwerden und auch gesundheitliche Beeinträchtigungen überwinden. Wenn jedoch Zitelmann in seinem Buch mit dem Rat »Ich erobere die Welt« zur Neumotivation anregt, so können wir darin auch eine intrinsische Motivation in meinem Sinne sehen. Eine veränderte Sicht, eine neue Perspektive schaffen, die dazu einlädt, die Welt erneut zu erobern – darum geht es.

Für viele ist es bewundernswert, so lese ich oft in Beiträgen über mich, wenn jemand nach acht Jahrzehnten immer noch diese innere Energiequelle in sich sprudeln lassen kann. Ich will diese Eigenschaft nüchtern betrachten, Wunder spielen dabei keine Rolle. Es hat mit Lebenseinstellung zu tun. Die intrinsische Motivation fordert mich von innen dazu auf, weiter und weiter zu lernen, mich immer wieder neu zu qualifizieren. In diesem Sinne haben die genannten drei Charaktereigenschaften, also die Fähigkeit, in großen Bögen und Bildern zu denken, die ausgeprägt unternehmerische Denkweise und die Bereitschaft, andere zu motivieren, meinen Lebensweg bestimmt und meine unternehmerische Philosophie geformt.

Big Picture Thinking

Damals, als ich aus Bremen mit meinen Erfahrungen in der Unternehmensführung zurückgekehrt und im heimischen Eppelheim in unser Familienunternehmen eingestiegen bin, war WILD hauptsächlich ein Hersteller von Getränkegrundstoffen zur Lieferung an Brauereien und Mineralbrunnen mit einem Umsatz von circa 50 Millionen DM. Also ein B2B (Business to Business) Geschäft. Capri-Sonne steckte noch in den Kinderschuhen. Dieses Unternehmen war ein sogenanntes B2C (Business to Consumer) Geschäft. Von Anfang an war es mein Ziel, mit Capri-Sonne eine Weltmarke in dem völlig neuen Trinkpack aufzubauen. Ich gab mich nicht damit zufrieden, die Distribution in Deutschland zu erweitern. Damals war Sunkist im Tetraeder von Tetra Pak der Marktführer. Bereits ein Jahr später, 1975, hatten wir die Spitzenposition in Deutschland übernommen.

Ich wollte unser Angebot, nämlich ein natürliches Erfrischungsgetränk in einer innovativen Verpackung, hergestellt auf einem völlig neuen High Speed Maschinensystem, unter dem Namen Capri-Sonne (Capri-Sun), global vermarkten. Dabei habe ich entschieden, neben Europa sofort die großen internationalen Getränkemärkte

USA und Japan anzugehen. Das konnte nur als Lizenzgeschäft erreicht werden, weil wir zur Selbstvermarktung weder das Know-how noch das notwendige Kapital hatten.

Ein wichtiger Schritt in dieser Phase war die Entscheidung, einem einzigen Partner in einem Land die Lizenz und die Exklusivität für das Capri-Sonne-System zu geben. Das war natürlich für die großen Märkte wie USA und Japan besonders schwierig, hat sich aber nachträglich als durchaus richtige Strategie erwiesen.

Für den Schritt, mit Capri-Sonne eine eigene globale Organisation aufzubauen, waren jedoch andere Qualifikationen gefragt, als sie in Eppelheim zu dieser Zeit vorhanden waren. Eine Neuorientierung, ein ganz neues Denken musste eingeführt werden, weil B2B und B2C wirklich zwei verschiedene Welten darstellen. Äpfel und Birnen also.

Es war eine große Herausforderung, diese Umstellung zunächst auf dem heimischen Markt und kurz darauf global bei der Kreation einer Weltmarke zu bewältigen. Bald nach meinem Einstieg musste ich auch feststellen, dass unser Unternehmen über keinerlei modernes B2C Marketing-Know-how verfügt hatte. So habe ich mich mit *Can Do Attitude* an die Arbeit gemacht, das Marketing aufzubauen. Natürlich musste ich auch zügig neue Mitarbeiter vor allem im Vertrieb für den Handel und im Marketing einstellen – mit eben jenem Know-how, das bislang nicht vorhanden war.

Neben zündenden Ideen habe ich so etwa die Sportförderung mit Marketing kombiniert und zugleich den internationalen Aspekt des Marketings – also zugkräftige, weithin bekannte Personen als Werbebotschafter zu gewinnen – ebenfalls berücksichtig. Dem Thema Marketing habe ich ein eigenes Kapitel gewidmet.

Weltweite Erfahrungen in der Businesswelt und die Kenntnisse mentaler Unterschiede in unterschiedlichen ökonomischen Regionen und Wirtschaftsordnungen zählen unweigerlich zum »big picture thinking«.

Verhandlungen in Japan oder in China erfordern beispielsweise ein anderes Denken als in Europa, und ganz andere Herangehensweisen sind wiederum im Nahen Osten, in Afrika oder in den USA nötig.

Ebenfalls unerlässlich für die Etablierung einer Weltmarke ist es, mit kulturellen und mentalen Unterschieden vertraut zu sein. Denn Geschmack ist nicht gleich Geschmack. Den feinen Unterschied zu kennen und zu berücksichtigen, war von Anfang an die Aufgabe insbesondere der Sensoriker für Lebensmittel in den WILD-Labors, und diese erarbeiteten Standards für Capri-Sonne beziehungsweise Capri-Sun gilt es bis heute zu befolgen und gegebenenfalls neu zu definieren.

Bereits in den Laboratorien des Stammwerks bei Heidelberg wurde mit der modernsten Technik gearbeitet, doch standen stets der Mensch und seine Sinne im Mittelpunkt. Entscheidend für den Geschmack nämlich, trotz zeitgemäßer technischer Möglichkeiten, sind natürliche Essenzen und Grundstoffe, in erster Linie jedoch die menschlichen Sinnesorgane. Ich weiß, wovon ich spreche, denn ich bin selbst sensorisch geschult und gut in der Lage, auch feine Unterschiede zu erschmecken.

»Mein Ziel war es nicht nur, ein weltweit führender Anbieter von fruchtigen Erfrischungsgetränken für Kinder zu werden«, so habe ich es schon in den 1970er-Jahren formuliert, »sondern es war ebenso mein Anliegen, dass Qualitäts- und Geschmacksstandard unseres Markenartikels überall in der Welt den gleich hoch sind.«

Während für Qualität in jedem Land vergleichbare Standards gelten, sind Geschmäcker eben gänzlich unterschiedlich. Hierbei den gemeinsamen Nenner zu finden, erfordert es, über landestypische Horizonte hinweg zu schauen und in großen Bildern zu denken. Durch Verträge mit Lizenznehmern und mit den in Jahrzehnten gewachsenen Erfahrungen in der Welt des Geschmacks und der Aromen, mit dem *Flavor-Know-how*, wird sichergestellt, dass die Qualität von Inhalt und Verpackung in jedem Land den Ansprüchen gerecht wird. Alle Rohstoffe, die aus verschiedenen Ländern in den Capri-Sun-Beutel gelangen, werden ständigen Qualitätskontrollen unterzogen. Fabriken und Fabrikation müssen bestimmten vorgegebenen

Normen gerecht werden, damit auch in den entlegensten Winkeln der Erde Capri-Sun mit dem gleichen Genuss getrunken wird.

Das Ziel, eine globale Marke zu kreieren und sie auch tatsächlich zum Verkaufsschlager auf den Märkten der Welt zu machen, konnte nur erreicht werden, indem ich stets und insbesondere drauf geachtet habe, nationale Besonderheiten und kulturelle Unterschiede gebührend zu berücksichtigen. So erst stellt meine Marke, ursprünglich aus Eppelheim, schließlich ein internationales Produkt dar, das zusammen mit dem Markenkern divergierende Einflüsse vereinigt. Das Unternehmen und dessen Mitarbeiter haben Erfahrungen in den unterschiedlichsten Ländern mit deren Traditionen und Vorzügen Schritt für Schritt erweitert und sie mit dem in Jahrzehnten gewachsenen Know-how in den WILD-Werken in Einklang gebracht.

Für dieses »big picture thinking«, so darf ich wohl sagen, war ich Vorreiter und Vorbild in unserem Unternehmen.

Die spannendste Arbeit dabei in den Labors leisteten übrigens nicht die Instrumente der Technik. Es sind die »Instrumente« des Menschen, nämlich seine Sinnesorgane, die über den Wohlgeschmack entscheiden. Eine Geschmacksnote, die in Deutschland oder in der Schweiz als angenehm empfunden wird, entspricht noch lange nicht den Geschmacksgewohnheiten der Konsumenten im Wüstenstaat Dubai oder im traditionsreichen China.

Im Abenteuerland »Geschmack« entscheiden Zunge und Nase über Misserfolg oder Erfolg eines Produkts. Es ist die Aufgabe der diplomierten Ingenieure der Lebensmitteltechnologie, den besten Geschmack für das jeweilige Land zu kreieren. Sogar bei exotischen Früchten wie zum Beispiel Mango oder Guave stehen den Geschmacksentwicklern zehn bis 15 natürliche Fruchtaromen allein zu der jeweiligen Frucht zur Verfügung. Um aber einen typischen Geschmack bei der Produktentwicklung, also den »great taste« des Fruchtsafts, zu erzeugen, hatten unsere Sensoriker und Flavoristen bei WILD eine Auswahl von über 1.000 Einzelkomponenten, die das Aroma schließlich abrundeten.

Bei der Orange zum Beispiel, der ersten Frucht in der Capri-Sonne-Tüte, müssen Geschmacks- und Geruchsnerven zwischen rund 50 Geschmacksrichtungen allein des Orangengeschmacks unterscheiden können, bevor andere Aromen den »great taste« erzeugen. Laufende Sensorikschulungen und langjährige Erfahrung beim Verkosten haben die Fachkräfte unseres Labors ab den 1970er-Jahren in die Lage versetzt, immer mehr Geschmacksrichtungen bis auf ganz kleine Nuancen Frucht für Frucht zu erschmecken. Je nach Kundenwünschen, die von Erdteil zu Erdteil, ja von Land zu Land stark variieren können, wird Capri-Sun seit einem halben Jahrhundert stets mit Hilfe der aus den Früchten gewonnenen natürlichen Aromen, aber gleichwohl jeweils sehr unterschiedlich komponiert. In dem einen Land wird einem »saftig-frischen« Orangengeschmack der Vorzug gegeben, in einer anderen Region der Welt soll die Orange leicht »schalig« schmecken. So gibt es die verschiedensten Wünsche nach Art und Intensität des Aromaeindrucks.

Oder ein anderes Beispiel, die Sorte Erdbeere: In Frankreich bevorzugt man ein Getränk, in dem die Erdbeere den Geschmack der noch nicht voll ausgereiften Frucht aufweist, während diese Geschmacksnote anderswo als unreif empfunden würde.

Auch Süße wird unterschiedlich wahrgenommen. So wäre das in einigen Ländern angebotene Erdbeergetränk für den deutschen Geschmack fast unerträglich süß. In arabischen Regionen werden grundsätzlich süßere Geschmacksrichtungen bei allen Getränkesorten bevorzugt, als es in Europa der Fall ist. Aber nur aus der Sicht des Laien ist es eine leichte Aufgabenstellung, einem Getränk mehr Süßgeschmack zu verleihen. Zusätzliche Süße kann das Aroma eines Getränks verstärken, darf den Geschmack aber sonst nicht beeinträchtigen.

Einerseits neuere Zuckerverordnungen zum Zweck des Gesundheitsschutzes und andererseits Geschmackwünsche der Kunden haben Arbeit und Können der Lebensmittelsensoriker im vergangenen Jahrzehnt zusätzlich auf die Probe gestellt. Dank ausreichender Grundkenntnisse können auch diese Herausforderungen, wie schon jene der Vergangenheit, gelöst werden.

Beispielsweise musste das Labor besonders akribisch ans Werk gehen, wenn die Aufgabe lautete, Geschmacksintensität und Geschmacksrichtung einer seinerzeit in Deutschland weitgehend unbekannten Frucht für ein neues Getränk zu komponieren. Das war 1999 der Fall, als mit Berry Cooler eine neu entwickelte Sorte Capri-Sonne auf den Markt kam, die sich nach der Einführung schnell zum Renner entwickelt hat. Für Berry Cooler wurde die bis dato in Europa wenig bekannte Beerensorte Aronia verwendet.

Solch eine Neuentwicklung bedarf umfangreicher Versuche und des geschulten Geschmacks der im Labor tätigen Lebensmittelingenieure. Es geht nicht allein darum, aus den Möglichkeiten einer Fruchtsorte die beste, die ansprechendste Geschmacksrichtung auszuwählen. Vielmehr sollte die nordamerikanische Frucht Aronia ihr charakteristisches Aroma entfalten, ebenso wie Kirsche, Traube, Apfel, Zitrone. Das Getränk als Mischung aller dieser Geschmackslinien musste zugleich ein rundes Ganzes an Geschmacksfülle ergeben.

Die Kunst der Lebensmitteltechnologie, das heißt in erster Linie die Fähigkeit der Menschen, die im Labor die Mischungen von Aromen und Düften zu beurteilen haben, besteht darin, ausdrucksvolle Geschmacksvorgaben zu machen.

Das Urteil von Testpersonen und schließlich der Kunden nah oder fern verändert den Geschmack abermals um Nuancen: etwas »reifer«, etwas »blumiger«, »fruchtiger« oder »nelkenartiger« und so weiter. So lässt sich das Geschmacksprofil ganz ohne Chemie mit der großen Fülle an natürlichen Aromen der Fruchtsorten gestalten.

Bevor ein Lebensmittelprodukt »marktreif« ist, muss es letzten Endes jeweils den Test bei den Konsumenten bestehen. Erst die Erfolgszahlen im Verkauf dürfen als Indiz gewertet werden, dass die fachkundige Erforschung des Abenteuerlandes der Düfte und Aromen von den Liebhabern einer jeweiligen Sorte des Markengetränks auch honoriert wird. Diese Verkaufszahlen sind das Ergebnis jener Faszination, die unser Familienunternehmen von Anfang an, also seit »Orange«, der ersten kreierten Sorte, bewegt hat, nämlich mit meinen Worten, »in jedem Land die beste Orange anzubieten«.

Nehmen wir aber ein ganz aktuelles Beispiel. Wir produzieren Capri-Sun auch als veganes Getränk. Dazu bin ich in den Medien gefragt worden, was an einem Getränk vegan sein soll oder kann, wo es doch eh schon ein Fruchtsaft ist, und aus unserer Produktion zudem »all natural«.

Die aus Sicht von Laien verständliche Frage konnte ich aus fachlicher Sicht leicht beantworten. Mit dem Fruchtsaft selbst hat die vegane Eigenschaft überhaupt nichts zu tun. Es geht dabei um die Filtrierung. Um unerwünschte Schwebstoffe aus dem Saft zu holen, wurde früher tierische Gelatine genutzt. Wir hingegen setzen schon seit Jahren mineralische Filterstoffe wie natürliches Bentonit ein. Damit ist Capri-Sun vegan.

Die heutige Erfolgsbilanz von Capri-Sun basiert also auf ganz frühen ehrgeizigen Zielen und auf einem neuen Denken, das ich im Unternehmen eingeführt habe, auf dieses »big picture thinking«, überall nach landesüblichen Vorlieben, nach kulturtypischen Trinkgewohnheiten die wohlschmeckendsten Fruchtsaftgetränke auf den Markt zu bringen.

Ebenso ausschlaggebend für den Erfolg einer Marke sind weitere Faktoren in diesem Bild, das man in großen Dimensionen zu denken hat. Bereits während meiner Studienjahre habe ich die Mentalität in anderen Ländern kennengelernt, spreche dank meines Studiums in Cambridge und an der Sorbonne fließend Englisch und Französisch. Daneben haben Geschäftsreisen, langjährige Aufenthalte auf verschiedenen Kontinenten und mein unternehmerisches Engagement in den jeweiligen Ländern mein Gespür für Mentalitätsunterschiede geschult. Alle diese Lernerfahrungen sind in die Unternehmenskultur an den Produktionsstätten eingeflossen, ob bei meinen »einfachen« Mitarbeitern oder in den Führungsetagen.

Ability to motivate others

Andere Menschen anhand eigener Lernerfahrungen motivieren zu können, gehört sicherlich zu den herausragenden Charaktereigenschaften höchst erfolgreicher Unternehmer.

»Goethe ist der ständig Lernende, das Buch des Lebens für ihn eine unablässig aufgeschlagene Aufgabe, die gewissenhaft, Zeile für Zeile, mit Fleiß und Ausdauer bewältig werden will«, schrieb Stefan Zweig in diesem Zusammenhang über den Dichterfürsten. In der Businesswelt formuliert man diese Sachverhalte anders, doch es kommt auf den tiefen und allgemein gültigen Sinn des Contents an.

Aus der Pionierzeit von Capri-Sonne habe ich bereits passende, konkrete Beispiele zu diesem Themenspektrum aufgezeigt, wie man andere Menschen motivieren kann, aber auch motivieren muss. Nicht allein der Umstand, wie ich etwa mit spannenden Wetten meine Führungscrew und andere Mitarbeiter angespornt habe, ist dabei ausschlaggebend. Ich war mir eben auch nicht zu fein, selbst einen Arbeitskittel anzuziehen und Nächte lang in der Produktion neben den lauten Maschinen zu stehen. Man kann andere nicht von oben herab anspornen, sondern man muss mit eigenem Beispiel vorangehen.

Schon während meiner unternehmerischen Tätigkeit im Management der Firma Diersch & Schröder in Bremen bin ich in die Produktion gegangen, um mir ein eigenes Bild von den Arbeitsbedingungen der Mitarbeiter zu machen und anschließend für arbeitnehmerfreundliche Verhältnisse zu sorgen.

Motivation hängt mit eigenen Lernerfahrungen und Kenntnissen ebenso wie mit Fürsorglichkeit und Führungsstärke zusammen. Ob Lob oder Kritik als motivierendes Element, es wird von den Angesprochenen am ehesten angenommen, wenn die Anregungen von einem Menschen kommen, der nicht von einem bloßen theoretischen Wissen ausgehend agiert, sondern selber die vergangene wie die gegenwärtige Praxis bis in die Einzelheiten kennt und das oben zitierte »Buch des Lebens für ihn eine unablässig aufgeschlagene Aufgabe« bleibt.

Intrinsische Motivation, wie gesagt, sehe ich als einen besonderen Wesenszug in meinem eigenen Leben ebenso wie im Wirken anderer höchst erfolgreicher Unternehmer. Wenn Motivation aus einem selbst entsteht, aus Freude an einer Tätigkeit, aus Spaß an der Arbeit, besitzt dieser Mensch eine wesentlich höhere Fähigkeit, davon etwas auf seine Mitarbeiter zu übertragen. Das heißt zwar nicht, dass ich anderen intrinsische Motivation beibringen kann, aber ich kann vieles von mir selbst auf andere übertragen. Begeisterung, Faszination sind Wesensmerkmale, die ansteckend wirken.

Dieser innere Antrieb ist eng mit der Lust verbunden, stets für Neues aufgeschlossen zu sein, bereit zu sein für neue Lernerfahrungen. In meinem Buch *Capri-Sonne. Faszination einer Weltmarke* schrieb ich vor über 20 Jahren bereits: »Permanentes Lernen, auch das *learning by doing*, haben unseren geschäftlichen Erfolg begleitet und bestimmt.«

Diese Sicht und Lebenseinstellung haben für mich natürlich nach wie vor Gültigkeit. Neues zu wagen und stets etwas dazuzulernen, das war auf meinem gesamten Lebensweg ausschlaggebend, eine Leitlinie meines Handelns.

Zukunftsorientiertheit bestimmt auch gegenwärtig mein Unternehmen, sie spielt bei allen geschäftlichen Tätigkeiten ebenso wie im Bereich der Förderung von Wissenschaft und Forschung und bezüglich meiner Investitionen in andere Unternehmen mit disruptiven Zukunftstechnologien eine wesentliche Rolle. Lernen und Motivation waren und sind daher zu jeder Zeit meines Engagements ein Parameter des Erfolgs. Die eigene Faszination für und über Lernerfolge motiviert unternehmerisches Engagement und das der Mitarbeiter gleichermaßen.

Ein beeindruckendes praktisches Beispiel bieten die internationalen Fachseminare und Fortbildungsmaßnahmen, die über Jahrzehnte regelmäßig in Heidelberg durchgeführt wurden. Von Beginn an dienten sie nicht allein dem Zweck, die Geschäftspartner mit Know-how zu versorgen. Ich habe vielmehr regelmäßig hochrangige Referenten eingeladen, um auch meine eigenen Fachkräfte und ebenso mich selbst zu schulen und zum Weiterlernen zu motivieren. »Es bringt zwar viel, wenn man als Führungskraft allein dazulernt, doch erst die Teilhabe des gesamten Unternehmens an Weiterbildung und Motivation für lebenslanges Lernen erzeugt Bewegung nach vorne. Bei WILD hat immer das ganze Unternehmen gelernt und tut es bis heute«, schrieb ich in einem Beitrag über die Bedeutung unserer Fachseminare.

Bereits in den 1990er-Jahren war der renommierte Unternehmensberater Roland Berger willkommener Referent während der Fachtagungen in Heidelberg. Auch mit Dozenten des Lausanner Instituts IMD (International Institute for Management Development) gab es Kooperationen. Anlässlich ihres 75-jährigen Bestehens hat meine Firma unter dem Motto »Die Welt zu Gast bei WILD« zu einer Jubiläumsveranstaltung der Heidelberger Fachseminare eingeladen. Sie liefen mittlerweile unter der Bezeichnung »Heidelberg Convention« und avancierten zu einem internationalen Branchentreff. 2006 konnten wir uns als Veranstalter über eine Rekordbeteiligung von rund 700 Teilnehmerinnen und Teilnehmern aus rund 70 Ländern im Rahmen der Jubiläumsveranstaltung freuen, so viele wie noch nie zuvor in der bis dato 45-jährigen Geschichte der Fachseminare. Räume und eigens errichtete Zelte auf dem Werksgelände bei WILD in Eppelheim dienten ebenso als Fortbildungsorte wie die altehrwürdige Stadthalle in der Heidelberger Altstadt.

Mit dem Thema »Gesund in die Zukunft – Mehrwert schaffen durch Innovationen« habe ich nicht nur zeitaktuelle Themen aufgegriffen, sondern geradezu ins Schwarze getroffen, als ich in meiner Eröffnungsrede ausführte: »Wir waren eines der ersten Unternehmen der Ernährungsindustrie, das damit begonnen hatte, Produkte mit einem messbaren Gesundheitsnutzen zu entwickeln und diese Erzeugnisse auf ihre Wirksamkeit auch klinisch zu testen.«

Bei den »International Heidelberg Convention« wurden nicht nur Produkte und Ideen für künftige Märkte vorgestellt. Auch andere relevante Themen spielten immer wieder eine bedeutende Rolle. Zu ihnen zählt zu jeder Zeit die unternehmerische Verantwortung.

Altbundespräsident Richard von Weizsäcker hat als Ehrengast in diesem Zusammenhang während seiner Eröffnungsrede eines Fachseminars betont: »Für die Führung und den Erfolg eines Unternehmens gibt es recht einfache, gesunde Grundsätze, welche Macht und Ethik miteinander verbinden. Wer etwas Gutes leistet, dem gebührt ein guter Lohn. Wer am Wettbewerb der Märkte teilnimmt, tut im langfristigen eigenen Interesse gut daran, sich fair zu verhalten. Dem guten Gewinn entspricht die hohe Verantwortung. Bei alledem bleibt unsere Arbeit im Beruf von lebensbestimmender Bedeutung. Die Arbeit ist unentbehrlich für unser Selbstwertgefühl, für die Gesundheit unseres gesellschaftlichen Systems. Ein guter Unternehmer vertraut sich selbst und fühlt sich seiner Gemeinschaft verpflichtet, den Mitarbeitern, der Stadt, dem Gemeinwesen.«

Wie seinerzeit werden auch jetzt in der Schweizer Zentrale, im »Family Office« und in der »Capri-Sun Group Holding« die geschilderten unternehmerischen Eigenschaften, beruhend auf jahrzehntelangen Erfahrungen, allem voran die Fähigkeit, andere motivieren zu können, hochgeschätzt. Gerade jene unternehmerischen Bereiche, die ich zusammen mit meinem Mitarbeiter Thomas Pfisterer im »Family Office« hinsichtlich Zukunftstechnologien bis in die jüngste Gegenwart bearbeite, zeugen davon, wie unerlässlich lebenslanges Lernen und intrinsische Motivation sind.

Diesem umfangreichen gegenwärtigen Engagement von Förderungen und Investitionen will ich mich wegen seiner Bedeutung und seiner zukunftsweisenden Relevanz ausführlicher in einem Extraabschnitt widmen.

Eng verbunden mit den Zukunftsperspektiven sind dabei die international agierenden Stiftungen, die ich zusätzlich zu seit langem bestehenden Fördereinrichtungen in den letzten Jahren gegründet habe.

Entrepreneurial mindset

Das unternehmerische Denken (»entrepreneurial mindset«) ist eng mit der Fähigkeit verwandt, weite Perspektiven sowohl vor dem inneren Auge als auch bei der konkreten Gestaltung eines globalen Konzerns zu haben. Es kommen weitere Aspekte hinzu, die typisch für einen erfolgreichen Unternehmer sind.

In seiner Erforschung der *Psychologie der Superreichen, des verborgenen Wissens der Vermögenselite* hat Rainer Zitelmann dispositionelle Persönlichkeitsmerkmale der Genannten untersucht. Er stellt dabei die Frage, »worin der Nutzen der Beschäftigung mit dem Zusammenhang von Persönlichkeitsmerkmalen und Reichtumsgenese für das Individuum besteht, das sich zum Ziel setzt, selbst reich zu werden. Es ist zu vermuten, dass es sehr viel mehr Personen gibt, die von ihren Persönlichkeitsmerkmalen die Voraussetzung hätten, zu Reichtum zu gelangen, als solche, die wirklich reich geworden sind. Die Identifikation solcher Persönlichkeitsmerkmale kann also eine Hilfe zur Selbsterkenntnis bzw. Selbstreflexion über ungenutzte Potenziale sein«.

In seinen Interviews mit 45 Hochvermögenden, die die Grundlage der Studie ausmachen, stellt Zitelmann zahlreiche spezifische und dominante Eigenschaften fest, die ich hier in meinem Buch unter dem Begriff »entrepreneurial mindset« zusammengefasst habe.

Viele der Charaktereigenschaften und Persönlichkeitsmerkmale, darunter Gewissenhaftigkeit, Ausdauer, Experimentierfreude, Führungsstärke, Zielstrebigkeit, Sportlichkeit und andere werden besonders erfolgreichen Unternehmern, also unternehmerisch denkenden Menschen zugeschrieben. Sie werden auch anhand des beschriebenen praktischen Engagements im Laufe meines Lebens sichtbar.

Alle zehn typischen Merkmale in Denken und Handeln von höchst erfolgreichen und vermögenden Unternehmern sind interessant und lehrreich, und es lohnt sich, sie eingehend zu betrachten. Im letzten Abschnitt meiner Autobiographie, der sich wesentlich mit Unternehmenskultur beschäftigt, werden diese zehn hervorstechenden Eigenschaften ausführlich behandelt.

Gedanken und Überlegungen aus den bisherigen Kapiteln meines Werkes, die sich von den frühen Lebenserinnerungen und der Historie der Unternehmen bis zu gegenwärtigen Entwicklungen und Erfahrungen ziehen, will ich ebenfalls im Schlussabschnitt des Buches als Fazit zusammenfassend vertiefen. Es geht mir schließlich darum, welche Schlüsse für eine Unternehmenskultur und vor allem welche Zukunftsperspektiven durch Erkenntnisse aus acht Jahrzehnten für Leserinnen und Leser zu gewinnen sind.

Teil III

Unternehmenskultur und Zukunftsdenken

SUMMARY TEIL III

Der abschließende Teil meiner Autobiographie beschäftigt sich hauptsächlich mit dem »WILD-Geist«. Ich gehe auf Anforderungen an eine zeitgemäße Unternehmenskultur ein. Für unser Familienunternehmen haben wir bereits früh Werte definiert. Wieweit sind diese Einstellungen und Haltungen auch heute gültig – für das eigene Unternehmen und allgemein in der Geschäftswelt? Was sind herausragende gemeinsame Eigenschaften von besonders erfolgreichen Unternehmern? Welche Rolle spielt Förderung als Investition für die Zukunft?

KAPITEL 11

WILD MISSION TREE

»Dummheit und Stolz wachsen aus dem gleichen Holz«, diesen Satz habe ich häufig von meinem Vater gehört. Und der Stolz, gegen den er sich damit wandte, ist gleichzusetzen mit »stolzem Hochmut«, mit »anmaßender Arroganz«. Seine Abneigung gegen diese Charakterzüge teile ich, während jeder, der etwas Positives vollbracht hat, darauf natürlich stolz sein darf. Das hätte auch mein Vater nie bestritten. Die Schilderung meiner persönlichen und unternehmerischen Geschichte habe ich ohne anmaßenden Stolz zu schreiben versucht. Was ich verdeutlichen will, ist vielmehr die stetige Lernerfahrung.

Dahin zielt auch mein abschließendes Resümee, und ich beginne mit bereits früh von uns entworfenen Maßstäben für eine Unternehmenskultur. Dieser Begriff war damals nicht gebräuchlich. Es ging aber immer schon darum, bestimmte unternehmerische Ziele, Vorhaben und damit Werte in die Praxis umzusetzen. Ich habe die Einstellung, die als WILD-Geist zusammengefasst wird, schon als Kind verinnerlicht, und sie prägt mich bis heute. In diesem Sinn will ich das Schaubild des »WILD MISSION TREEs« erläutern.

WILD MISSION TREE

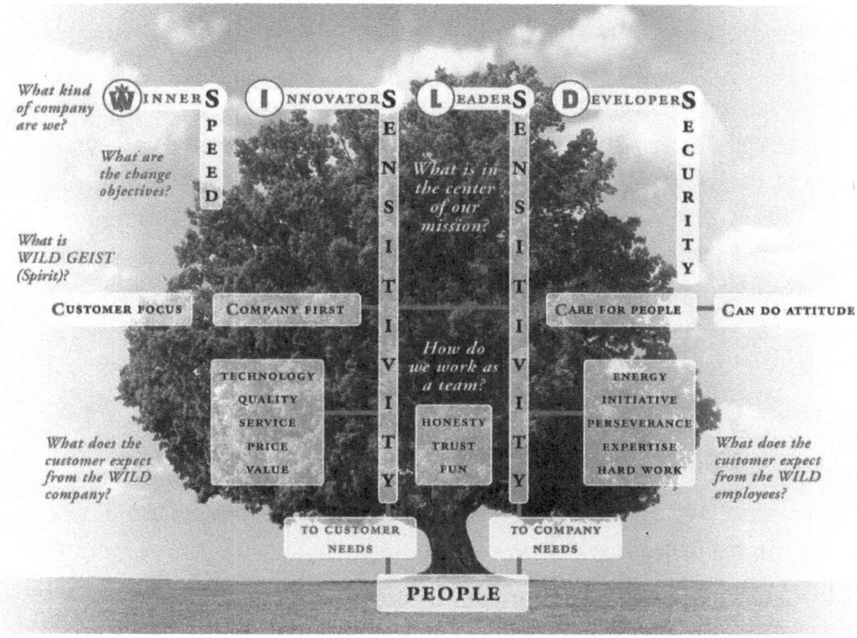

Mein Vater hat zusammen mit meiner Mutter eine Unternehmenskultur in unserem vergleichsweise kleinen Unternehmen geschaffen, die geprägt war vom Vertrauen in die Mitarbeiterschaft und deren Leistungskraft – und umgekehrt vom Vertrauen der Mitarbeiterschaft in den Unternehmer. Beide Eltern waren vorbildlich, wenn es darum ging, ein Team zusammenzuschweißen. Sie haben ihren Mitarbeitern immer wieder den Spaß am gemeinsamen Erfolg vermitteln können. Auch etliche andere Werte wie Ehrlichkeit, Vertrauen, Zielstrebigkeit haben selbstverständlich unsere unternehmerische Haltung geprägt.

Nachdem ich einige Jahre in der Reederei Diersch & Schröder tätig gewesen war, bin ich in der ersten Hälfte der 1970er-Jahre nach Eppelheim zurückgekehrt, um mich mit meinen Lernerfahrungen wieder unserem Familienunternehmen zu widmen. Die Werte des WILD-Geistes entsprachen sehr wohl auch meinen eigenen Vorstellungen von Unternehmensführung. Die großen Veränderungen, die ich dann vornahm, der Umbau der WILD-Werke von einem am heimischen Markt orientierten Unternehmen zu zwei weltweit agierenden Konzernen, standen im Einklang mit dem ursprünglichen WILD-Geist, der immer schon von der Geisteshaltung der »can-do-attitude« geprägt war. Das Auftreten auf den Weltmärkten hat es aber erforderlich gemacht, weitere Komponenten hinzuzufügen. Sie haben den WILD-Geist mit notwendigen neuen Lernerfahrungen aus der weiten Welt bereichert.

Was eigentlich der WILD-Geist bedeutet, war damals noch nie aufgeschrieben worden. Als es modern wurde, von Vision und Mission zu sprechen, begann ich nach und nach darzulegen, was ich unter Unternehmensgeist verstehe. Das war zu Beginn der 1990er-Jahre. Entstanden ist so der »WILD MISSION TREE«, und ich erinnere mich noch ganz genau, wie es mir anlässlich der Anuga in Köln 1991 in den frühen Morgenstunden im Hotel Hilton gelungen ist, diesen in der abgebildeten Form auf Papier zu bringen. Er besteht nur aus 16 Wörtern, die sich jeder einfach merken kann.

WILD, also der Wild-Geist, verkörpert demnach:

- **W**inners
- **I**nnovators
- **L**eaders
- **D**evelopers

Es geht wie im Sport darum, zu gewinnen. Ein Unternehmer will zu den **Winners** gehören. Das bedeutet, er will qualitativ besser, geschickter und schneller sein als konkurrierende Unternehmen. Der WILD-Geist besagt, dass wir mit unseren Produkten Branchenführer sein wollen und zugleich neue Wege gehen, als **Leaders**. Eine wesentliche Grundlage dafür ist die Aufgeschlossenheit für Neues, die Entwicklung neuer Ideen und die schnelle Umsetzung von Innovationen in die Tat. Wir wollten und mussten seit jeher innovativ sein, um gegen gewichtigere Firmen auf dem Markt zu bestehen. Unser wichtigstes Kapital war somit die **Innovation**. Wenn es schwierig wurde, haben wir nicht nach- oder aufgegeben, sondern im Gegenteil, wir waren **Developers**. Unser Job war es, qualitativ Neuartiges zu entwickeln.

WILD-Flavors hat großen Konzernen in der Nahrungsmittelbranche und in der Getränkeindustrie von uns entwickelte, einzigartig Produkte geliefert. INDAG hat Maschinen und unser Werk hat Verfahren entwickelt, mit denen unsere Kunden besser als andere sein konnten. Dermaßen spezialisiert gelang es uns, gegen Konkurrenten anzutreten und unser Geschäft weltweit auszuweiten.

»Winners« und »Leaders« darf dabei nicht bedeuten, dass man auf kurzfristige Scheinerfolge setzt. An erster Stelle sind Qualität und ebenso Service und Preis-Leistungs-Verhältnis gefragt. Aber auch Ehrlichkeit und Vertrauen (»honesty and trust«). Ein erfolgreiches Unternehmen muss auf die langfristige Überzeugung der Kunden setzen, die in unserem Fall die Grundstoffe, Essenzen, Aromen von uns bezogen haben. Im B2B-Bereich, also von Unternehmen zu Unternehmen ist es besonders wichtig, Vertrauen zu schaffen und immer wieder neu zu erarbeiten. Auch im B2C-Bereich, vom Unternehmer zum Konsumenten geht es um das Vertrauen des Endverbrauchers in die Marke, um deren Qualität und Attraktivität. Wir hatten das Glück, dass in jedem Land der Welt die Qualität und das Haptische des Trinkpacks vom Verbraucher sofort positiv bewertet wurden.

Indem wir unsere Firmenstrategie geändert hatten und nicht mehr nur Flavors und andere Grundstoffe an die Nahrungsmittelbranche lieferten, sondern mit einem Markenprodukt direkt auf den Markt gingen, mussten wir die Kommunikation mit den Endverbrauchern aufnehmen. Auch dies wird in der Darstellung des WILD-Geistes verdeutlicht, das Stichwort in diesem Zusammenhang lautet »Customer Needs«. Die Wünsche des Verbrauchers sollten stets im Fokus stehen.

Die Kommunikation mit den Kunden, die durch Capri-Sonne unsere direkten Kunden geworden waren, hat ganz neue Marketingstrategien erforderlich gemacht. Es wurde mein Job, im Rahmen der

Internationalisierung des Geschäfts die Wechselwirkung zu berücksichtigen, die von der Begegnung mit Kulturen ausgehen, dass nämlich andere Länder andere Vorstellungen von einem schmackhaften Getränk haben.

Der »WILD MISSION TREE« fasst also früh den von uns dargestellten Unternehmensgeist zusammen, den ich später auch für den Umbau auf dem Weg zur Internationalisierung benötigt habe. Ideen sind wichtig, es kommt jedoch auf deren Umsetzung in der Praxis an. Der praktische Einsatz beim Erschaffen von zwei Weltkonzernen stellte die wahren Herausforderungen, die mein Buch schildert.

»Der globale Markt lässt sich als ein weltweit vernetzter Learning-Pool verstehen, in dem nicht Einbahnstraßen, sondern Wechselwirkungen den Weg bestimmen«, habe ich bereits in dem 2010 erschienen Buch *Portrait eines Global Players* geschrieben. Unternehmerisches Denken bedeutet also auch, auf kulturelle Eigenheiten in anderen Regionen der Welt eingehen zu können. Das heißt, sie kennenzulernen, sie zu studieren, von ihnen zu lernen und mit ihnen zu kooperieren.

Darin lag und liegt eine der großen Stärken meiner beiden Unternehmen. Der interkulturelle Austausch fand und findet überall im Unternehmen statt. Über alle Grenzen hinweg kommunizieren jeden Tag weltweit zahlreiche Kompetenzteams und Arbeitsgruppen miteinander. Anfangs mussten wir natürlich viele ländertypische Eigenheiten staunend erfahren und zu begreifen versuchen. Und ich habe viel an neuen, nützlichen Ideen aus fernen Ländern mitgebracht und gleichzeitig den gegenseitigen Wissensaustausch forciert.

Ich möchte die heutigen Leser an dieser Stelle auf den Zeitunterschied von einem halben Jahrhundert aufmerksam machen. Mit heutigen Kommunikationstechniken, mit dem sekundenschnellen weltweiten Austausch über das Internet, mit Berichten über unzählige Fernsehkanäle, dazu den Fernreisen, die viele Menschen unternehmen, um andere Kulturen »hautnah« erleben zu können, mit all diesen Mitteln ist inzwischen eine ganz andere Begegnung von

Kulturen möglich. Für mich und für uns war seinerzeit sehr vieles Neuland, wir haben in entlegenen Ländern und Regionen umdenken müssen, und die Internationalisierung des Geschäfts hat seinerzeit einen ausgeprägten Entdeckergeist und intensive Lernbereitschaft erfordert.

In einem globalen Markt kommt es auf Mitarbeiter an, die aufgeschlossen und in der Lage sind, auf spezielle kulturelle Besonderheiten in anderen Gegenden auf dem Globus einzugehen. Diese vielseitigen Herausforderungen sind nicht von heute auf morgen zu stemmen. Sie erfordern ein ständiges Eingehen auf bis dato Unbekanntes, sie bedürfen des permanenten Lernens und verlangen vor allem Ausdauer. »Perseverance« steht dafür als Begriff im WILD-Baum. Perseverance, also Beharrlichkeit und Ausdauer, heißt auch der Rover, den die NASA 2020 auf dem Mars landen ließ, um den Planeten noch eingehender als zuvor zu erforschen, Gesteinsproben zu sammeln und möglicherweise Spuren früheren Lebens zu entdecken. Solcher Pioniergeist, eine Beharrlichkeit in der Begegnung mit Neuem und Unbekanntem, diese Freude am Entdecken hat mich von Jugend an begeistert und angetrieben.

Dominant stehen die beiden Doppelsäulen »Sensitivity for customer needs« und »Sensitivity for company needs« sich gleichgewichtig gegenüber. Gerade Familienunternehmen haben hier gegenüber den großen Konzernen einen Vorteil, da sie eine ausgewogene Balance schaffen können. Der Unternehmer muss dabei permanent dafür sorgen, dass diese Balance nicht aus dem Gleichgewicht gerät. Meine Eltern haben hier sehr viel Vorarbeit geleistet. Ich musste nur dafür sorgen, dass das Gleichgewicht weiter gewährleistet war, was allerdings mit zunehmender Unternehmensgröße schwieriger wird.

Die Begegnung mit kultureller Diversität habe ich in meiner Studienzeit in vielen Ländern erfahren. Und ich habe die Erfahrungen im Laufe der Internationalisierung des Geschäfts genutzt und sukzessive erweitert. »Sensitivity«, die Sensibilität gegenüber Neuem, Unbekanntem, aber auch gegenüber den Mitarbeitern, habe ich nicht nur für mich als eine Leitlinie begriffen. Ich habe diese Aufgeschlossenheit stets auch allen Mitwirkenden in meinem Unternehmen versucht zu vermitteln.

Noch etwas Grundsätzliches zeigt das Schaubild, nämlich die besondere Mission des WILD-Geistes: »People« als Basis. Die Menschen bilden die Grundlage des Erfolgs. Damit sind gleichermaßen die Konsumenten sowie die Mitarbeiter im Unternehmen gemeint. Das Gelingen ist in allen Geschäftsfeldern wesentlich das Verdienst der Mitarbeiterinnen und Mitarbeiter. Auch bei uns haben ihr Wissen und ihr Engagement, ihre Motivation und ihre Erfahrungen, ihr Teamgeist und ihre praktische Zusammenarbeit in heimischen und internationalen Teams die beiden Unternehmen WILD und Capri-Sun zu weltweit so erfolgreichen Konzernen gemacht.

Entscheidend ist die Orientierung der Mitarbeiter an den Kundenwünschen und dass sie in dem Bewusstsein arbeiten: *Winning, Hard Work* und *Fun* bilden eine Einheit. Man fühlt sich besser, wenn man ehrgeizige Ziele erreicht hat. Und es macht Spaß, erfolgreich zu sein!

Mitarbeiter und Management meines Unternehmens nehmen wie in den vergangenen Jahrzehnten neue Herausforderung an, permanente Erweiterung des Wissens hört nicht auf, und Antworten wie »Das geht nicht« werden nicht akzeptiert.

Jedes zielstrebige Unternehmen ist auf Mitarbeiter angewiesen, die neugierig sind, die sich einsetzen, die forschen und nicht gleich vor der ersten Hürde aufgeben. Solche Erwartungen kann ein Unternehmer aber nur dann an die Mitarbeiterschaft stellen, wenn er selbst mit gutem Beispiel vorangeht. Man soll nicht von Mitarbeitern mehr erwarten, als man bereit ist selbst zu geben.

Mit der Größe verändert sich natürlich die Struktur eines Unternehmens. Anders als im einst überschaubaren Stammwerk in Eppelheim kann ich nicht mehr allzu oft sämtliche Produktionsstandorte persönlich aufsuchen. Es sind zu viele geworden. Dennoch habe ich auch in den letzten Jahren großen Wert daraufgelegt, mir gelegentlich überall vor Ort ein Bild von der Lage zu machen. Auch die Begegnung mit den Mitarbeiterinnen und Mitarbeitern ist mir wichtig geblieben.

Blick in die Zukunft

Jahrzehntelange Prägungen ziehen sich als positive Lebenseinstellung durch das Unternehmen: Wir arbeiten hart und haben Spaß am Erfolg. Um für gegenwärtige und zukünftige Anforderungen vorbereitet zu sein, brauchen wir weiterhin die Einstellung im Unternehmen, die im WILD-Geist zusammengefasst ist. Denn einerseits habe ich weiterhin das Bestreben, neue Ziele mit Capri-Sun zu erreichen. Andererseits stellen ökonomische und ökologische Fragen neue Herausforderungen an uns.

Nachfolgend daher einige Zukunftsgedanken bezüglich der Weiterentwicklung meines Unternehmens. Durch den Verkauf von WILD Flavors verfüge ich über ausreichend Geld und setze einen erheblichen Teil dieser Mittel in die Neuaufstellung meines Unternehmens in der globalen Getränkebranche ein. Erhebliche Investitionen sind für den weiteren Ausbau und für Umbaumaßnahmen auch im Hinblick auf ökologische Erfordernisse notwendig.

Zum einen verfolgen wir das Ziel, zwölf Milliarden Capri-Sun-Beutel pro Jahr zu produzieren. Die Nachfrage seitens der Konsumenten rechtfertigt das angestrebte Wachstum. Um dieses Ziel zu erreichen, sind weitere Voraussetzungen notwendig. Dazu gehört, dass wir verstärkt in Eigenregie tätig werden und dadurch weniger von Lizenznehmern abhängig sind. Also mehr Eigenabfüllungen im Ausland verwirklichen anstelle von Lizenzvergaben. Wir wollen unser unternehmerisches Schicksal selbst bestimmen.

Als jüngstes Beispiel dient hierzu Dubai. Am dortigen Produktionsstandort von Capri-Sun haben wir 2020 das Geschäft vom Lizenzpartner zurückgekauft. Dadurch sind wir in der Lage, ganz eigenständig das Business von unserer Zentrale aus zu bestimmen und etwa neue Abfüllmaschinen unseres Maschinenproduzenten INDAG in Dubai aufzustellen. Es ist ein großer Vorteil, wenn wir zukünftig die ganze Golfregion selbst beliefern können.

Mein CEO Roland Weening und ich denken darüber nach, zusätzlich zum Stammwerk in Eppelheim und der Produktion in England einen weiteren europäischen Produktionsstandort zu errichten. Kostenfaktoren spielen dabei ebenso eine Rolle wie ökologische Gesichtspunkte. Es stellt sich nämlich immer die Frage, bis zu welcher Distanz Transportwege überhaupt noch vernünftig sind.

Die Erweiterung der Produktion in Eppelheim selbst wird gerade realisiert. Es gibt dort allerdings kein entsprechendes Gelände mehr für weitere Ausbaustätte. Auch spielen Fragen eine Rolle, die nicht allein von uns beantwortet werden können. Wirtschaftlich sinnvolle und politisch mögliche Entscheidungen passen nicht immer zusammen.

»Can-do-attitude« bedeutet nicht, dass man jede Hürde nehmen kann, sondern es gibt manchmal Fälle, in denen man andere, ebenso zielführende Wege finden muss. Grundsätzlich entscheidend ist, dass wir breit genug aufgestellt sind und auch neuen Kundenwünschen gerecht werden können. Unsere zukunftsweisende »all natural«-Philosophie bedeutet so zum Beispiel auch, dass wir medizinische Aspekte bei der Entwicklung neuer Sorten berücksichtigen oder dass wir für bestimmte Getränkesorten kalorienreduzierte oder Sorten ganz ohne Zuckerzusatz eingeführt haben. Notwendige Umweltschutzmaßnahmen stellen uns vor neue Aufgaben und erfordern einen erheblichen Kapitaleinsatz.

Auch beim Umweltschutz waren wir schon sehr oft und sind wir gegenwärtig erneut auf unsere alte Stärke, auf unsere Innovationskraft angewiesen. Der Strohhalm, der an der Capri-Sun-Tüte haftet, ist ein Teil der Kult-Marke. Aus gesetzlichen Gründen muss künftig auf Plastikstrohhalme verzichtet werden, wie ich bereits erwähnte. Weil wir diesen Bestanteil und gleichzeitig den Spaßfaktor unseres Markenprodukts aber nicht in Frage stellen wollten und konnten, war eine kreative Lösung gefragt. Es ist uns gelungen, dieses Problem in wenigen Monaten, aber mit erheblichem Kapitalaufwand zu lösen: Die Strohhalme werden inzwischen aus Papier hergestellt und in ganz Europa vermarktet.

Vor eine kompliziertere Herausforderung stellt uns die Verpackung, also der Beutel von Capri-Sun selbst. Vor über 20 Jahren haben wir in der umfangreichen Dokumentation »Umwelterklärung 1999« unsere Maßnahmen für einen praktizierten Umweltschutz aufgelistet und diese Umwelterklärung alle drei Jahre aktualisiert. Damals bereits wurde dem superleichten Beutel ein im Vergleich zu anderen Verpackungen viel kleinerer CO2-Fußabdruck bescheinigt, mit der Folge, dass auf den Trinkpack nie ein Pfand erhoben wurde. Wir haben den CO2-Fußabdruck immer weiter verringert, indem wir weniger Materialien für die Herstellung verwendet haben. Zudem konnten wir in den letzten 25 Jahren die benötigte Aluminiummenge in der mehrschichtigen Folie pro Beutel um 33 Prozent reduzieren.

Nun stehen wir vor der Aufgabe, eine komplett recycelbare Verpackung auf den Markt zu bringen, die nicht länger mehrschichtig ist, also ohne Aluminiumeinlage als Lichtschutz auskommt, und trotzdem dieselben Anforderungen an Qualität, Stabilität und Hygiene bietet. Dafür musste eine neuartige Folie entwickelt werden. Sie wird in einem Werk in Italien produziert, das wir dazugekauft haben.

Die weichere Beschaffenheit dieser Folie benötigt aber ganz neue Verarbeitungstechniken. Dadurch müssen wiederum die Abfüllmaschinen größer werden, sie benötigen mehr Platz in den Produktionshallen. Es findet deshalb gerade eine Refokussierung auf den Maschinenbau statt, auf die innovativen Fähigkeiten der INDAG. Unsere Maschinenfabrik hat zwar weltweit genug zu tun, jetzt kommt aber noch die Entwicklung einer neuen Maschinengeneration hinzu, die mit einem entsprechenden Kapitalaufwand verbunden ist und von Technikern sowie Wissenschaftlern an Universitäten und in Forschungszentren unterstützt wird.

Prototypen sind bereits im Einsatz, und die Verpackung unseres »all natural« Fruchtsaftgetränks muss und wird recycelbar gemacht werden. An all diesen komplexen, ökologisch notwendigen Lösungen arbeiten wir mit Hochdruck. Unser eigenes Innovationsteam wird von Technikern sowie Wissenschaftlern an Universitäten und in Forschungszentren unterstützt.

Um die perfekte Balance zwischen Ökologie und Ökonomie zu finden, braucht es permanent innovative Ideen und Know-how. Wir setzen alles daran, diese Balance so schnell wie möglich zu erreichen, und ich bin überzeugt, wir werden die nötige technische Weiterentwicklung mit der in diesem Buch beschriebenen unternehmerischen Haltung zu einem guten Ende führen.

KAPITEL 12

Die zehn Eigenschaften von Milliardären und meine Unternehmensphilosophie

In meinem 2001 erschienen Buch *Capri-Sonne. Faszination einer Weltmarke* habe ich geschrieben:

> »Erfolg wird dadurch definiert, wie man persönlich den Parameter des Erfolgs festlegt. Es gibt jedoch keine fest definierte Grenze des Weiterlernens und fortwährenden Wachsens im Sinne innovativer Weiterentwicklung. Das heute Erreichte reicht nicht, die Aufgaben der Zukunft zu meistern. Wir bleiben Pioniere und Entdecker, stehen trotz des Erfolgs stets am Anfang des Weges zu faszinierenden neuen Abenteuern.«

Die Sätze haben auch nach mehr als 20 Jahren ihre Gültigkeit nicht verloren. Und in den zwei Jahrzehnten, die seitdem vergangen sind, habe ich noch viel neues Wissen dazu erworben. Nach wie vor bin ich gespannt auf die Abenteuer des Weiterlernens, auf einige der damals noch ungeahnten Entwicklungen. Auch wenn die Tragweite des Neuen nicht immer gleich ersichtlich ist, beschäftigt sie mich und ich mache mir Gedanken, wie Veränderungen innovativ und positiv fortgeführt werden können. Diese unstillbare Neugier ist sicherlich eine meiner maßgeblichen Charaktereigenschaften.

Ich habe schon vor einiger Zeit von den 10 Top-Eigenschaften von Milliardären gelesen, die Jake Newfield aufgelistet hat. Er führte dazu Interviews mit 35 Milliardären. Es sind im Großen und Ganzen die gleichen Hauptmerkmale, von denen wir in der bereits mehrfach zitierten wissenschaftlichen Studie von Rainer Zitelmann lesen konnten. Zitelmanns Analysen sind allerdings wesentlich detaillierter in seinem über 400-seitigen Werk, und er berücksichtigt bei seiner »Reichtumsforschung« zudem weitere, nicht ganz so häufig hervorstechende Persönlichkeitsmerkmale.

Gerade während der Arbeit an meiner Autobiographie sind mir die Charaktermerkmale der Milliardäre und Superreichen oft durch den Kopf gegangen, und ich habe mich zwei Sachen gefragt:

1. Wie weit treffen sie auf mich zu?
2. Wie sind diese Merkmale entstanden und wo haben sie sich im Laufe meines Lebens besonders deutlich gezeigt?

Ich will eine mir wichtige Anmerkung vorausschicken. Newfield zog bei der Aufstellung der zehn herausragenden Eigenschaften nicht ausdrücklich in Betracht, inwieweit die interviewten Personen aus eigener Leistung zu ihrem Vermögen gekommen waren. Jake Newfield schreibt einleitend: »While many of the world's wealthiest people have earned their riches in drastically different ways, they all share these valuable traits.«

Gemeinsame wichtige Charakterzüge bei völlig unterschiedlichen Wegen zum Reichtum: Diese Beobachtung stimmt zweifellos. Ich bin vielen dieser Superreichen begegnet und mit manchen befreundet. Einen bestimmten Punkt habe ich für mich persönlich immer als ausschlaggebend betrachtet, nämlich dass an erster Stelle die selbst erbrachte unternehmerische Leistung über Jahrzehnte zu zählen hat. Wenn ein Mensch nämlich Millionen oder Milliarden nur erbt, braucht er dafür weder besondere Eigenschaften, noch wird so ein Mensch in der Regel mit seinem nicht selbst erarbeiteten Reichtum sich angespornt fühlen, innovativ und lernbegierig zu sein.

Hier die Aufstellung von Jake Newfield:

1. Insatiable desire for money and success
2. Entrepreneurial mindset
3. Relentless Work Ethic
4. Empathic Ability
5. Creativity
6. Ability to Motivate Others
7. Constant Dissatisfaction
8. Willingness to Take Risks
9. Coachability & Hyperfocus
10. Big-Picture Thinking

Ich gehe die Punkte der Reihe nach durch und mache dazu meine Anmerkungen.

1. **Insatiable desire for money and success**
   Dieses »unstillbare Verlangen nach Geld und Erfolg« hat unterschiedliche Seiten. Wenn es lediglich darum geht, Reichtum spekulativ oder mit großem Risiko anzuhäufen, um sein Vermögen danach in einer Fehlspekulation zu »verdummbeuteln«, wie ich es einmal in einem Interview gesagt habe, kann ich dieses Verlangen nicht befürworten und nicht teilen. Sowohl Selbstgefälligkeit als auch Selbstzufriedenheit, die Newfield in dem Zusammenhang zurecht als negative Begleiterscheinungen benennt, sind auf Dauer schädlich für den Erfolg. Das Geld benötigt ein Unternehmer schließlich in erster Linie für den Ausbau oder die Modernisierung seines Unternehmens oder um auf neuen Märkten aktiv zu werden. Das Verlangen nach Erfolg sehe ich, wie im Sport, in der

Mentalität von Gewinnern, die qualitativ besser als ihre Mitbewerber sein wollen. Im geschäftlichen Bereich ist der Erfolg sofort messbar durch das positive finanzielle Ergebnis. Ausreichendes Vermögen lässt aber zumindest ein erstrebenswertes Ziel erreichen, nämlich Unabhängigkeit.

2. **Entrepreneurial mindset**
Über die »unternehmerische Denkweise« schreibt Newfield, dass Milliardäre ein sehr eigenwilliges Denken bevorzugen und ihre eigenen Visionen entwickeln, die sie schließlich auf selbst gewählten Wegen in die Realität umsetzen. Das kann ich fraglos bejahen. Welche Art von Denken, Mitdenken und Vorausdenken man im Geschäftsleben braucht, zeigt exemplarisch auch die Geschichte meiner beiden Unternehmen.

3. **Relentless Work Ethic**
Ein selbst erarbeiteter, enormer Reichtum sei Ergebnis einer »unermüdlichen Arbeitsmoral«. Diese Einstellung würde über einen langen Zeitraum hinweg den Lebensweg des Unternehmers bestimmen. Es stimmt, ein solches Arbeitsethos hat auch meinen Werdegang ganz wesentlich geprägt. Hinzuzufügen wäre, dass ein Unternehmer auf eine Mitarbeiterschaft angewiesen ist, die eine vergleichbare Zielstrebigkeit und Arbeitsmoral hat. Diese Einstellung im Unternehmen greift auch Punkt 6 auf.

4. **Empathic Ability**
In der »Fähigkeit zur Empathie« sehe ich zwei Hauptrichtungen. Eine der bedeutsamen Eigenschaften, die Newfield hervorhebt, ist tatsächlich Überzeugungskraft und die Bereitschaft im Geschäftsleben, mit anderen Menschen gut und vertrauensvoll auszukommen, selbst wenn manche Eigenarten des Geschäftspartners einem zunächst fremd erscheinen. Und daran knüpft sich die zweite Hauptfähigkeit, die ich oft prakti-

ziert habe: nämlich eine unvoreingenommene, vorurteilsfreie Begegnung mit zunächst unbekannten Kulturen.

5. **Creativity**
»Kreativität« wird meist dem künstlerischen und wissenschaftlichen Lebensbereich zugeschrieben. Dort ist sie auch tatsächlich stark verwurzelt. Die Aufgeschlossenheit für Innovationen und Problemlösungen, die Begeisterung für neue Ideen, wie der WILD-Geist es zeigt, und damit verbunden die nicht nachlassende Erweiterung des Know-hows, sie alle sind jedoch auch Voraussetzungen für geschäftlichen Erfolg.

6. **Ability to Motivate Others**
Eine tatsächlich bedeutende Charaktereigenschaft ist die »Fähigkeit, andere Menschen zu motivieren«. Wie schon meine Eltern im kleinen Familienunternehmen habe auch ich eine meiner Hauptaufgaben darin gesehen, die Mitarbeiter immer wieder für neue Ideen und die Lösung schwieriger Probleme zu begeistern. Dabei kommt es darauf an, beispielgebend vorzugehen. Vorbildfunktion und die Motivation von anderen Menschen spielen nicht nur innerhalb des Unternehmens eine Rolle. Bei der Gewinnung neuer Geschäftskunden und Lizenznehmer kommt es ebenso darauf an, Geschäftspartner für eine Kooperation zu motivieren. All das hatte für mich bei der Verwirklichung meiner Ziele eine sehr hohe Priorität.

7. **Constant Dissatisfaction**
Wer schnell mit Zwischenetappen zufrieden ist, wird oft bequem und verspürt wenig Lust, weiter aktiv zu bleiben. Kurzzeitige Erfolge können zur Nachlässigkeit führen. Die von Newfield benannte »ständige Unzufriedenheit« meint ja nicht, dass jemand Frust vor sich herschiebt, sondern das Gegenteil ist der Fall. Es meint den Spaß am fortgesetzten

erfolgreichen Wirken. Man hat etwas erreicht, aber ist damit nicht zufrieden, sondern will noch mehr schaffen, alles noch besser machen. In meinem Leben und in meinen Unternehmen war die Kombination von harter Arbeit und Spaß am Erfolg immer eine große Antriebskraft. Denn den Status quo kann man nicht konservieren. Ohne Wachstum hört Weiterentwicklung, also auch qualitative Verbesserung, auf. Und darum bedeutet Stehenbleiben Rückschritt.

8. **Willingness to Take Risks**
   Die »Bereitschaft, Risiken einzugehen«, ist wohl einer der schwierigsten der zehn Charaktermerkmale. Es gehört viel Erfahrung dazu, die nicht von heute auf morgen erworben werden kann, und natürlich Mut. Risikobereitschaft setzt zugleich das Abwägen von Risiken voraus, also permanente Lernbereitschaft. Doch selbst Niederlagen dürfen nicht entmutigen. Jeder Milliardär, so Newfield, musste im Laufe seiner Karriere manchmal ein großes Risiko eingehen. In unserem und in meinem Fall gab es auf dem Weg zur Weltmarke ebenfalls nicht wenige Risiken, die wir eingegangen sind. Hinterher waren wir stärker.

9. **Coachability & Hyperfocus**
   Nicht nur als Coach zu wirken, sondern selbst »trainierbar und maximal fokussiert zu bleiben«, ist im Grunde das, was ich unter fortwährender Lernbereitschaft verstehe. Auch die von Newfield Befragten sahen die Eigenschaft der »Coachability« in der Bereitschaft, von anderen zu lernen. Fast niemand ist als Kind schon ein Genie. Prägungen und Lernerfahrungen sind Voraussetzungen dafür, erfolgreich zu werden.
   Allerdings ist »Coachability« eng mit »Hyperfocus« verknüpft, mit der Charaktereigenschaft, eine Aufgabe, eine Herausforderung und ein vielleicht noch fernes Ziel konzentriert im Auge zu behalten. Die Geschichte von der kleinen Tüte, die in

Eppelheim staunend und kopfschüttelnd von Hand zu Hand gereicht wurde, die aber samt Inhalt zur Weltmarke geworden ist, erzählt davon.

10. **Big-Picture Thinking**
Eine Erfolgsstory wie mit Capri-Sun und anderen großen Marken auf dem globalen Markt benötigt ein »Denken in großen Bildern«, in ganzheitlichen Bögen, die weit über die Gegenwart hinausgreifen. Newfield spricht von den Milliardären als Träumern, die es jedoch nicht bei ihren Visionen belassen, sondern den festen Willen haben, eine großartige Idee auch zu verwirklichen.

Fazit: Wenn ich auf meinen Lebensweg zurückschaue, sehe ich, dass die aufgeführten zehn Eigenschaften während meines ganzen Geschäftslebens eine entscheidende Rolle gespielt haben. Sie haben mich wesentlich zu meinem Engagement befähigt.

Förderung und Zukunftsdenken

Viele Träger wie Staat, Kommunen, Wirtschaft, Kirchen, Stiftungen oder einzelne Philanthropen fördern und unterstützen unterschiedliche Vorhaben im gesellschaftlichen Leben. Auch meine Eltern haben stets Wert darauf gelegt, Menschen und Einrichtungen im Raum Heidelberg zu fördern. Nach dem Tod meines Vaters hat meine Mutter die Leonie Wild Stiftung gegründet, um Menschen aus der Region in sozialen Notlagen helfen zu können. Es hat zu unserer Familientradition gehört, dieses Engagement weitgehend im Stillen auszuüben. Ich habe diese Einstellung von meinen Eltern übernommen und bin im gleichen Sinn tätig. Dank des erheblichen Wachstums meiner Unternehmen sind meine Möglichkeiten wesentlich größer geworden, als das in der zweiten Hälfte des vergangenen Jahrhunderts noch der Fall war.

Wenn ich hier meine Gedanken über unternehmerische und private Fördertätigkeiten niederschreibe, lässt es sich nicht vermeiden, dass ich dies anhand von praktischen Beispielen tue und die Gründe erläutere. Ich will aber an der Familientradition festhalten und konkrete Ausführungen nur machen, wenn sich dadurch Sinn und Zweck der Unterstützungen konkreter verdeutlichen lassen.

Kurz zusammengefasst geht es mir darum: Förderung ist eine Investition in die Zukunft. Viele Menschen denken, dass Sponsoring eigentlich zum Wohle eines Unternehmens, als Reklame für die eigenen Produkte dienen würde. Wer jedoch in erster Linie auf die Imagepflege des eigenen Unternehmens abzielt, hat die Idee der Fördertätigkeit nicht verstanden. Den Nutzen lediglich für das eigene Business zu sehen, das wäre mir zu wenig. Es muss bei der Förderung um anderes und mehr gehen.

Ein gutes Beispiel ist die Sportförderung. Mein Vater war dem Sport – auch als aktiver Sportler – sehr verbunden, nicht zuletzt als Teilnehmer bei den Olympischen Spielen 1928. Seine Ansichten haben auch in sportlicher Hinsicht meine Kindheit und Jugend geprägt. Obschon ich im Alter nicht mehr die vielen Sportarten früherer Jahre ausüben kann, halte ich mich regelmäßig körperlich fit. Und die Begeisterung für den Sport führt beinahe automatisch dazu, in diesem Lebensbereich fördernd tätig zu werden. Als aktiver Sportler weiß ich aus eigener Erfahrung, welche positiven Auswirkungen Sport auf Körper und auf Geist hat. Die altrömische Redewendung »mens sana in corpore sano«, dass also ein gesunder Körper einem gesunden Geist förderlich sei, ist jederzeit und in jedem Alter gültig.

Über reine Marketingaspekte der Sportförderung, die in der Unternehmensphilosophie natürlich auch eine Rolle spielen, soll es hier nicht gehen. Vielmehr ist es mir wichtig, die tiefgreifendere und weiterführende Idee der Sportförderung deutlich zu machen.

»Aus Niederlagen lernt man am meisten« – diesen Satz habe ich aus dem Mund mancher Sportlerinnen und Sportler oft gehört. Tatsächlich deckt sich diese Erfahrung mit der Einstellung, mit der man ein Unternehmen aufbaut und lenkt. Niederlagen kann man als sportliche Herausforderung begreifen. Leistung, Elan, Selbstdisziplin, Ansporn und Durchhaltevermögen, der Wunsch sich zu steigern und Ziele immer wieder erneut anzugehen, diese Eigenschaften lernt man im Sport. Sie erfordern harte Arbeit an sich selbst. Eine Haltung, die nicht nur im Sport und nicht nur im Unternehmertum, sondern in allen Lebensbereichen nützlich ist. Im Business spreche ich in diesem Zusammenhang von Arbeitsethos.

Es muss übrigens gar nicht Leistungssport auf höchstem Niveau sein, um Zielstrebigkeit einzuüben, den Willen, Herausforderungen zu meistern, insgesamt also eine erfolgsorientierte Haltung. Ich persönlich habe in keiner Disziplin Ambitionen gehabt, sportliche Höchstleistungen anzustreben. Aber meine Aktivitäten in diversen Sportarten haben mich Ausdauer gelehrt. Dieses Dranbleiben und der Wunsch, mich von Mal zu Mal zu steigern, haben mich sportlich angetrieben und zugleich meinen unternehmerischen Geist gefördert. Indem ich beispielgebend war, habe ich schließlich auch unser gemeinsames Handeln, den Teamgeist im Unternehmen, angespornt.

Weithin bekannt werden naturgemäß Spitzensportler. Sie werden von vielen Menschen bewundert und tragen im Endergebnis als Influencer wesentlich dazu bei, die oben genannten positiven Eigenschaften im Leben vieler Menschen zu wecken und zu fördern.

Ich sehe den maßgeblichen Sinn, fördernd tätig zu sein, darin, dass Menschen die Gestaltung ihres eigenen Lebensweges zielstrebig und selbstbewusst in die eigene Hand nehmen. Einsatzbereit für die eigene Selbstverwirklichung und ebenso für das Erreichen von Zielen im Team, wie bei Mannschaftssportarten.

Eine bedeutende Rolle spielt im Sport nicht nur die körperliche Leistungsfähigkeit. Es kommt auch stark auf die mentale Einstellung an. Auf das Mindset. Wir haben neben anderen Tennisspielern im Leistungszentrum Leimen auch Steffi Graf in ihrer frühen Jugend gefördert. Beeindruckt hat mich bei ihr immer, dass während manch anderer aus dem Sportleistungszentrum nach dem Training den Sommerabend auf den Neckarwiesen Heidelbergs genossen hat, ich Steffi von meinem Haus am Philosophenweg aus abends noch den steilen Hang hinaufjoggen sehen konnte. Der eine Trainer steht neben und hinter uns. Der andere steckt bildlich gesprochen in unserem Kopf – als intrinsische Motivation. Diese innere Antriebskraft funktioniert ohne externe Anfeuerungsrufe.

Im Bereich Sport habe ich und hat mein Unternehmen im Laufe der Jahrzehnte vielerlei Disziplinen gefördert, vornehmlich Tennis, Triathlon, Radrennen, Fußball, Rudern und nicht zuletzt Rugby. Mein Vater war, wie bereits ausgeführt, Ruderer und hat im Winter Rugby gespielt, wie das früher an der Universität so üblich war. Das Ziel des Rugbysports ist, seit seiner Erfindung im Jahr 1828 in England, die Charakterbildung. Vor allem jungen Menschen bringen Teamwork, gegenseitiger Respekt, Fairplay und natürlich die harte Arbeit in diesem Sport eine charakterliche Reifung. Die Förderung solcher Werte halte ich für bedeutsam. Ich habe erst Jahrzehnte den Heidelberger Ruderklub (HRK) unterstützt und später mit der WILD Rugby Academy die deutsche Nationalmannschaft, die nur knapp die Teilnahme am World Cup 2019 verpasst hat. Stade Français Paris habe ich 2017 erworben, weil ich professionelles Rugby lernen wollte und niemand in Deutschland dieses Know-how hatte. Nachdem der vormalige Eigentümer das Interesse an dem Club und auch viel Geld verloren hatte, konnte ich Stade Français für den symbolischen Preis von 2 Euro kaufen. Dieser professionelle Traditionsclub hat 14 Mal den nationalen Meistertitel erworben. Ich habe mich verpflichtet, jährlich 10 Millionen Euro in den Club zu investieren – keine lohnende Investition, das heißt, Geld kann ich und wollte ich mit diesem Engagement nicht verdienen. Es handelt sich um reine Sportförderung durch einen seit jeher sportbegeisterten Menschen.

Bei meiner Sportförderung lerne ich und sehe in der Praxis das riesige Potenzial im Mindset. Der Wille, zu gewinnen, ist im Mindset und besonders beim Rugby im Teamgeist zu finden. Ebenso wie man sich im Weitsprung neben körperlichem Training auch mittels mentaler Kraft steigern kann, ist es in Unternehmen möglich, sich auf jene inneren Antriebskräfte zu besinnen, die zum Beispiel im »WILD MISSION TREE« beschrieben sind. Auch ein global aufgestelltes Unternehmen muss in großen Perspektiven denken mit dem Ziel, die Weltspitze zu erreichen. Das Bewusstsein, dass man Ziele erreichen will, befeuert den Wettbewerb.

Über diese Zielstrebigkeit hinaus werden im Sport Grundwerte eingeübt, die wir alle im menschlichen Zusammenleben brauchen. Natürlich ist Sport ein Wettstreit. Es geht dabei oft hart zu, beispielsweise beim Boxen oder im Rugby. Gleichzeitig gehört es zum Sport, auf Reisen, bei nationalen und internationalen Wettkämpfen andere Menschen, andere Regionen kennenzulernen. So wird eine Weltoffenheit gefördert, für die ich zeitlebens in meinem Privatleben ebenso wie im Unternehmerischen eingestanden bin.

Fördern bedeutet immer auch fordern. Ich fordere dabei nicht etwas, was mir nutzt. Ich fordere die bestmögliche Leistung von den Personen oder Einrichtungen, die ich fördere. Wenn sie gut sind, wenn sie besser werden, wenn sie sich immer weiter selbst verwirklichen, ist das erst einmal ein Nutzen für sie selbst. Aber natürlich gewinnt auch die Allgemeinheit. Sie profitiert von besseren Sportlern, Künstlern, Wissenschaftlern. Ebenso fördere ich mit meinen Investitionen innovative Unternehmen. Auch von deren Ergebnissen und Entdeckungen profitiert die Allgemeinheit.

Bildende Kunst fördere ich durch Erwerb von Kunstwerken, die Musik als Mäzen. Ich gehöre dem Stiftungsvorstand des »Heidelberger Frühlings« an und zähle ebenfalls zu den Mäzenen der Salzburger Festspiele. Für die »Astona Summer Music Academy«, die hochbegabte junge Musikerinnen und Musiker aus der ganzen Welt in der Schweiz zusammenbringt, bin ich der wichtigste Privatsponsor.

Begabten- und Hochbegabtenförderung hat mich seit jeher interessiert. Hochbegabung fasziniert mich. Ich war und bin daher in dem Bereich in der Schweiz ebenso wie in Deutschland aktiv. Ich weiß, dass Hochbegabte es häufig nicht leicht haben, weil sie von ihrer Umwelt oft nicht richtig verstanden und auch nicht entsprechend unterstützt werden. Als Ehrensenator der Ruperto Carola fördere ich die Forschung und Lehre in Heidelberg. Dazu zählt auch die Begabtenförderung in den Zukunftsfeldern Mathematik, Informatik, Naturwissenschaft und Technik. Ich will zudem, dass herausragende Wissenschaftler an die Mannheimer Universität gebunden werden können. Daher bin ich mentaler und finanzieller Unterstützer des sogenannten Beste-Köpfe-Programms, das, wie der Name sagt, hervorragende Gelehrte an meine frühere Universität holt. Obwohl ich längst in der Schweiz lebe und viele meiner Förderungen internationalen Charakter haben, habe ich nicht vergessen, wo ich herkomme und dass ich nach dem Studium an verschiedenen Universitäten meine akademische Laufbahn als diplomierter Betriebswirt und Doktor jur. in Mannheim und Heidelberg abgeschlossen habe.

Unternehmenskultur muss aus meiner Sicht stark von der Überlegung geprägt sein, welche Lösungen wir für die weit über die Gegenwart hinausreichenden Aufgaben im Auge haben. Kommende Herausforderungen haben einen großen Einfluss auf die Gegenwart, bestimmen in ökonomischen Prozessen ebenso wie in anderen gesellschaftlichen Bereichen bereits gegenwärtige Entscheidungen. Förderungen und Investitionen sehe ich daher gerade in der wissenschaftlichen Forschung als geboten an.

Wir erleben einen faszinierenden Umbruch, der generell alle Lebensbereiche tangiert. Digitalisierung, Internetplattformen, Hightech und zukunftsweisende Bereiche in Technologie und Forschung, nicht zuletzt die Biotechnologie oder die schier unvorstellbaren Möglichkeiten der künstlichen Intelligenz sind Teil einer wohl noch nie dagewesenen gesellschaftlichen Transformation. Diese Entwicklung vollzieht sich in einem rasanten Tempo. All diese Veränderungen bestimmen die Gegenwart, doch es bahnt sich ein Umbruch in einem gigantischen Ausmaß an, dessen baldige Auswirkungen auf unser Leben wir uns gegenwärtig nicht einmal vorstellen können.

Mich fasziniert dieser Umbruch, wenn ich seine positiven, bereichernden Chancen betrachte. Mit meinen Lernerfahrungen will ich mich in dieser Zeit großer Veränderungen und Umbrüche positionieren. Darauf beziehen sich zahlreiche meiner Fördertätigkeiten und Investitionen in disruptive Zukunftstechnologien.

Zu Letzteren zählt zum Beispiel die Erforschung der Kernfusion. Die Transformation von Kohle und Öl auf erneuerbare Energien ist in vollem Gange. Der Strombedarf weltweit aber wächst schneller und kann mit bisherigen umweltfreundlichen Methoden der Stromerzeugung nicht gedeckt werden. Seit Jahren bin ich an der britischen Firma Tokamak in recht großem Umfang beteiligt. Sie arbeitet daran, Strom mittels Fusionsenergie zu produzieren. Kernfusion erzeugt keinen radioaktiven Abfall, und die benötigten Rohstoffe gibt es in nahezu unendlichem Ausmaß. Daher halte ich Kernfusion für die entscheidende Energiequelle der Zukunft. Eine tatsächlich saubere Energie, die wir dringend benötigen – zum Beispiel für die E-Mobilität oder für eine viel umfassendere Digitalisierung, als wir sie heute haben.

Im Zusammenhang mit der Digitalisierung kann ich noch die Beteiligung an einem Software-Unternehmen anführen. Auch hier geht es um Zukunftstechnologie, denn wir brauchen sehr sichere Computer und Software, wenn ich etwa an autonomes Fahren oder an bemannte Raumflüge zum Mars denke. Das von mir geförderte Wiener Software-Unternehmen TTTech arbeitet in diesem Sinn, unter anderem für die Weltraumbehörde NASA.

Ob es Unternehmen in Europa oder in Asien sind, die sich auf dem Feld disruptiver Zukunftstechnologien engagieren, in meinem Family Office in Zug kümmere ich mich zusammen mit einem sehr versierten und hoch spezialisierten Mitarbeiter darum, zu schauen, wo eine Firma Erfolg versprechende Wege beschreitet. Wir prüfen deren Arbeit, und wenn uns die Chancen auf praktische Umsetzung realistisch erscheinen, steige ich als Investor ein. Eine Sicherheit, dass solche Investitionen sich auszahlen, gibt es natürlich nicht – auch hier steht die Förderung wissenschaftlicher Forschung im Vordergrund.

Als geradezu selbstverständlich erscheint es mir, im medizinischen Bereich fördernd tätig zu sein. Die Entwicklung von Wirkstoffen gegen Krebszellen zählt ebenso dazu wie die Unterstützung von Kliniken in der Schweiz und in anderen Ländern. Namentlich will ich die Johns Hopkins University in den Vereinigten Staaten nennen. Mit ihren herausragenden Bereichen in Medizin und Gesundheitswissenschaften ist sie weltweit führend, und das Johns Hopkins Hospital belegt seit vielen Jahren den ersten Platz im globalen Ranking der Kliniken. Übrigens diente für die Universität in Baltimore bei ihrer Gründung die Universität Heidelberg als Vorbild.

Erwähnen will ich schließlich auch die jährliche Zuwendung an die US-amerikanische »Marine Corps Scholarship Foundation«. Warum ist mir gerade diese Förderung so wichtig? Die Stiftung ermöglicht mittellosen Kindern von US-Marines eine kostenlose College-Ausbildung. Ich erinnere mich, wie ich als Kind am Ende des Weltkrieges die US-Soldaten bei uns in Eppelheim erlebt habe, ihre Freundlichkeit und Hilfsbereitschaft. Meine Förderung ist ein kleiner Dank an die Amerikaner für die Befreiung Deutschlands von der Diktatur. Das schien mir persönlich besonders wichtig zu einer Zeit, als viele deutsche Politiker den Russen näher waren als den Amerikanern, denen wir so viel zu verdanken haben.

Um alle meine Fördertätigkeit zu bündeln, habe ich in Liechtenstein eine umfassende Stiftung gegründet. Warum gerade dort? Eine Stiftung mit Sitz in der Schweiz müsste laut Gesetz die Fördertätigkeit zu einem wesentlichen Teil in der Schweiz selbst ausüben. Ich will jedoch, wie beispielhaft ausgeführt, nicht nur hierzulande fördern, sondern auch in Deutschland, in den USA und wo auch immer Unterstützung erforderlich wird.

Mit meinem Tod wird mein gesamtes Vermögen, einschließlich meines Unternehmens auf die Stiftung in Lichtenstein übergehen. Somit ist gewährleistet, dass die genannten Förderungen auch nach meinem Ableben weiter von der Stiftung ausgeführt werden – eine weitere Investition in die Zukunft.

Schlussgedanken

Während des Redigierens des Manuskripts marschierte am 24. Februar 2022 die russische Armee in die Ukraine ein. »Wir sind heute in einer anderen Welt aufgewacht«, sagte die Grünen-Außenministerin Annalena Baerbock an jenem Morgen. Hoffentlich ist der Westen überhaupt endlich aufgewacht, dachte ich für mich. Diese Katastrophe kommt nicht aus dem Nichts. Sie hat sich abgezeichnet. Die vielen Fehlentscheidungen eines immer wechselnden, schwachen politischen Establishments haben zu dem geführt, was wir jetzt in Russland und China als abgestimmte Reaktion sehen. In der Wirtschaft können Fehlentscheidungen der Führung den Konkurs bedeuten. In der Politik führen sie in die Katastrophe. Verbunden mit unsäglichem Leid vieler schuldloser Menschen, die nur eines wollen, den Frieden und die Sicherheit für ihre Familie. Wie es weitergeht, ist zum jetzigen Zeitpunkt völlig offen.

Was bedeutet das für meine eigene Zukunftsplanung? Wie bereits erwähnt, geht mein gesamtes Vermögen nach meinem Tod und teilweise auch schon vorher in eine Stiftung in Liechtenstein über mit einer Auffangstiftung in Zug, falls es in Zukunft einmal keine Wild Familienmitglieder mehr geben sollte. Genau genommen sind es zwei Stiftungen:

- die Dr. Hans-Peter Wild Family Foundation und
- die Hans-Peter Wild Stiftung

Erstere dient, wie der Name schon sagt, vorrangig dazu, die Versorgung meiner Familie auch nach meinem Tod sicherzustellen und gemeinnützige Zwecke zu unterstützen. Hauptbegünstigte aus dieser Stiftung sind meine beiden Söhne und deren direkte Abkömmlinge. Mit meinem Tod werden die wesentlichen Vermögensgegenstände meiner Unternehmen in diese sogenannte Familienstiftung eingebracht. Ein dafür eingerichteter Stiftungsrat wird die Verwaltung des Vermögens übernehmen.

Besonders wichtig ist es mir dabei, dass die Family Foundation nicht nur das Vermögen verwaltet und für gemeinnützige Zwecke ausgibt, sondern das Vermögen zudem durch unternehmerische Aktivitäten vermehrt – und nicht durch Finanzspekulationen. Das schließt natürlich eine solide Vermögensverwaltung, wie wir sie im Family Office schon seit Jahrzehnten betreiben, nicht aus. Auch möchte ich meinen Enkeln und weiteren Abkömmlingen eine Plattform geben, eigene unternehmerische Aktivitäten im Rahmen der Stiftung oder außerhalb zu verfolgen. Das Vermögen ist durch die harte Arbeit und Kreativität meiner Eltern und mir zusammen mit vielen treuen und qualifizierten Mitarbeitern geschaffen worden. Ich freue mich immer sehr, wenn ich die Mitarbeiter wiedersehe und sie mir sagen, dass ihre Zeit bei Wild die Beste ihres Lebens gewesen ist und sie für sich und ihre Familien einen Lebensstandard erreicht haben, wie sie ihn sich als junger Mensch nicht haben vorstellen können. Diesen Spirit, erfüllt mit den Prinzipien des Wild-Geistes, möchte ich in den Stiftungen auch nach meinem Tod erhalten.

Wir arbeiten daran, die erforderlichen Strukturen bereits zu Lebzeiten aufzusetzen, um eine gewisse »Zeit zum Üben« zu haben – und nötigenfalls noch einmal nachjustieren zu können, sollten sich einzelne Regelungen als unpraktikabel erweisen oder neue Entwicklungen einen anderen Schwerpunkt erfordern. In diesem Stadium befinden wir uns gerade: Wir führen regelmäßig Sitzungen des Stiftungs- und Beirates in Liechtenstein durch, in denen wir jeweils einzelne Themengebiete auf der Tagesordnung haben. Für mich ist wichtig, meine Familie an diesen Sitzungen teilhaben zu lassen. Auch nach meinem Tod soll der Familieneinfluss durch einen Sitz im Beirat, einer Art Aufsichtsorgan, dem in besonders wichtigen Punkten ein Mitsprache- beziehungsweise Entscheidungsrecht zukommt, gewahrt bleiben. Weitere Mitglieder dieses Beirats sind langjährige Geschäftspartner und Geschäftsfreunde, die jeweils unterschiedliche Expertise haben.

Die zweite Stiftung richtet sich vor allem an Nichtfamilienmitglieder und fördert ebenfalls nicht gemeinnützige Projekte. Im Laufe der Jahre sind mir viele Personen ans Herz gewachsen, die ich über meinen Tod hinaus unterstützen möchte. Hier sind vor allem Kinder von langjährigen Weggefährten zu nennen, deren Ausbildung ich unterstütze, oder auch Angehörige der erweiterten Familie, die nicht in direkter Blutslinie mit mir verwandt sind und daher ihren Platz nicht in der Familienstiftung finden können. Auch für diese Personen soll ein gewisser Kapitalstock zur Verfügung stehen, der durch einen Stiftungsrat kompetent verwaltet wird.

Beide Stiftungen haben in ihren Statuten geregelt, dass ein gewisser Teil der erwirtschafteten Erträge gemeinnützigen Einrichtungen zugutekommen soll. Auch nach meinem Tod möchte ich die Förderung vor allem von medizinischen Forschungsprojekten im bisherigen und – durch das angestiegene Stiftungsvermögen – hoffentlich sogar erweiterten Umfang sicherstellen. Gleiches gilt für die Förderung des universitären Nachwuchses. Das geschieht zum einen durch die Hans-Peter Wild Scholarship, ein Stipendienprogramm, das ich zusammen mit der Ruperto Carola Universität Heidelberg aufgelegt habe, um gezielt leistungsstarke Studenten in den MINT-Studienfächern zu fördern. Zum anderen haben wir ein »Beste Köpfe«-Programm an der Universität Mannheim zur Bindung herausragender Forscherinnen und Forscher an die dortige Universität initiiert.

Steuerlich gibt es dabei den Unterschied, dass Beträge, die in die Familienstiftung übergehen, steuerbefreit sind, während die Beträge, die in die Hans-Peter Wild Stiftung eingebracht werden, mit einer Steuer von 20 Prozent belastet sind. Deshalb konzentriert sich die Family Foundation auf gemeinnützige Zwecke und die Hans-

Peter Wild Stiftung auf Nichtfamilienmitglieder und nichtgemeinnützige Zwecke.

Mir ist vollkommen bewusst, dass sich mit meinem Tod einiges ändern wird und dass ich nicht alles zu Lebzeiten für die Nachwelt werde regeln können – dies möchte ich auch gar nicht, da sich auch in der Zukunft neue Herausforderungen herauskristallisieren werden, auf die individuell reagiert werden muss.

Natürlich hängt mein Ziel sehr stark von den beteiligten Personen ab. Meine Eltern und ich haben viel mit Mitarbeitern der sogenannten »traditional generation«, also der bis etwa 1945 geborenen Menschen, gearbeitet. Die Generationen danach haben erheblich andere Prioritäten. Unsere Kernzielgruppe bei Capri-Sun sind die 6- bis 15-Jährigen, und deshalb investieren wir viel, um die Wünsche der jungen Menschen und den Wandel zu verstehen. Ich bin sicher, dass die Pandemie und jetzt auch der von Russland entfachte Krieg erhebliche Auswirkungen auf die heranwachsenden Generationen haben werden.

Es wird also meine primäre Aufgabe sein, die Organe der Stiftungen so zu besetzen, dass eine möglichst große Chance besteht, dass das, was ich mit dem Vermögen erreichen möchte, auch realisiert werden kann. In Liechtenstein kann ich per Gesetz zwar eine List of Wishes schreiben, nur verbindlich daran halten muss sich niemand. Das ist der Grund dafür, dass sich viele Stiftungen oft verselbstständigen und dann primär den Organen der Stiftungen und nicht mehr den Zielen der Stiftungen dienen. Learning by doing also wieder, wie so oft in meinem Leben, gepaart aber auch mit dem Vertrauen in die Menschen, die mit mir arbeiten und befreundet sind!

Timeline

1931
Rudolf Wild gründet die Radium-Verwertungs-GmbH in Heidelberg und startet zusammen mit seiner Frau Leonie die Produktion eines Tafelwassers auf rein natürlicher Basis.

1937
Umzug der kleinen Firma nach Eppelheim.

1941
Geburt von Hans-Peter Wild in Heidelberg.

1942
Umwandlung der GmbH in eine Einzelfirma.

1948
Erster Auftritt der Firma auf einer Messe.
Glockenweihe in Eppelheim.

1951
Markenartikel »Libella« kommt auf den Markt.

1952
Das Warenzeichen »Capri-Sonne« für die Deutschen SiSi-Werke wird eingetragen.

1956
Übernahme der Deutschen SiSi-Werke durch die Rudolf-Wild-Werke.

1963
Sitz der SiSi-Werke wird von Hamburg nach Heidelberg verlegt.

1966
Idee für das Capri-Sonne-Konzept entsteht.
INDAG kommt nach Heidelberg.

1967
Entwicklung der Verpackung (Beutel) für Capri-Sonne.

1969
Capri-Sonne im Standbodenbeutel kommt auf den deutschen Markt.
Die ersten Sorten sind Orange und Zitrone, bald folgt Apfel.
In den Folgejahren wird das Sortiment laufend erweitert.

1971
WILD beginnt mit der Produktion von Fruchtzubereitungen für die Milchwirtschaft und die Süßwaren-Industrie.

1972
Der Prototyp einer Abfüllmaschine wird bei INDAG weiterentwickelt und gebaut.

1974
Hans-Peter Wild kehrt nach Managertätigkeit in Bremen zurück nach Eppelheim und steigt ins Familienunternehmen ein.

1975
Capri-Sonne übernimmt Marktführerschaft bei flexibel verpackten, fruchthaltigen Getränken in Deutschland.

1976
Beginn der internationalen Vermarktung von Capri-Sonne.

1977
INDAG liefert erste komplette Capri-Sonne-Fabrik aus.

1978
Erster USA-Auftrag.

1979
Muhammad Ali unterschreibt Werbevertrag.
Start der Capri-Sonne-Produktion in den USA.
In Pratteln in der Schweiz wird die Rudolf Wild AG gegründet.

1980
Erster Capri-Sonne-Produktionsstandort in Afrika (Nigeria).

1981
Capri-Sun setzt sich als erste deutsche Softdrink-Marke auf dem nordamerikanischen Markt durch.
Bundesverdienstkreuz Erster Klasse an Rudolf Wild.

1982
Capri-Sun in den USA als »Verpackung des Jahres« ausgezeichnet.

1983
Start der Capri-Sun-Produktion in Reunion.

1984
Start der Capri-Sun-Produktion in Indonesien.

1985
WILD übernimmt die Dr. Scholvien GmbH & Co. Essenzen-Fabrik, eine der ältesten Essenzen-Produzenten Deutschlands. Das Unternehmen wird 2001 in WILD Flavors Berlin GmbH & Co. KG umbenannt.

1986
Ministerpräsident Späth besucht die Wild-Werke.
WILD gründet die Capri Sun Inc. in den USA und übernimmt die dortige Capri-Sonne®-Lizenz von Shasta Beverages.

1987
WILD übernimmt die Firma Deprovesa in Valencia, Spanien, und baut WILD España auf.

1989
Start der Produktion von Capri-Sonne in Guinea und Martinique.
Lizenzvergabe an Takara in Japan.

1990
Ausweitung der Geschäftstätigkeit, WILD beginnt mit der Produktion von natürlichen Farben und Farbextrakten.

1991
Capri Sun Inc. USA wird an Kraft Foods verkauft, Kraft Foods wird Lizenzpartner.

1992
Capri-Sonne-Marktführerschaft bei den flexibel verpackten, fruchthaltigen Getränken in Europa.

1993
WILD Polska wird in Warschau gegründet.
WILD übernimmt den Aromenhersteller Blayn SA in Paris.

1994

Marktführerschaft von Capri-Sun in den USA.
Start von WILD Flavors Inc. Cincinnati, das Unternehmen produziert Aromen für die gesamte Lebensmittel- und Getränkeindustrie.

1995

Firmengründer und Seniorchef Rudolf Wild verstirbt am 16. September.
WILD gründet die WILD Juice B. V. in Rotterdam, Niederlande, sowie die WILD K.K. in Yokohama, Japan, und die WILD Romania.
WILD Flavors, Inc., Cincinnati übernimmt DRI Flavors, Kanada, und baut WILD Flavors (Canada) Inc., Toronto auf. Das Unternehmen produziert Gewürzaromen für die Snack-Industrie.

1996

Capri-Sonne-Produktionsstart in Südafrika und Thailand.
Hans-Peter Wild wird Ehrensenator der Ruprecht-Karls-Universität Heidelberg.
WILD Flavors (Canada) Inc. in Toronto übernimmt die Firma Can-Ex Ingredients zur Herstellung von Käsearomen.
WILD übernimmt die Firma Bras Foucard in Rouen, Frankreich, und verschmelzt sie mit Blayn SA. Das Unternehmen produziert aseptische Fruchtzubereitungen sowie Füllungen, Toppings und Saucen.
WILD Czech Republic, s.r.o. wird gegründet.
Start der Capri-Sonne-Produktion in Südafrika und Thailand.

1997

Gründung der Leonie-Wild-Stiftung.
Start der Capri-Sun-Produktion in Korea und Tschechien.
Eröffnung eines *Representative Office* in Peking.
In zwei neuen WILD-Werken in Karas und Mragowo, Polen, beginnt die Produktion, Verarbeitung und Lagerung von Früchten und Fruchtzubereitungen.

1998
In Taiwan und in der Ukraine entstehen Capri-Sonne-Produktionen.
WILD Russia wird gegründet.

1999
Start der Capri-Sonne-Produktion in Saudi-Arabien.
WILD Ukraine wird gegründet.
In Pécs, Ungarn, beginnt WILD Hungaria Kft. mit der Produktion von Grundstoffen.

2000
Gründung eines Büros in Dubai.
Relaunch des Capri-Sonne Internetauftritts.

2001
Spatenstich zum Bau der neuen Grundstoffproduktion im Stammwerk. Einführung von Capri-Sun BIG und diversen neuen Sorten.
Das Buch *Capri-Sonne. Faszination einer Weltmarke* von Hans-Peter Wild erscheint.

2002
Richtfest für ein neues Hochregallager in Eppelheim im Januar.
Start des Capri-Sonne Vertriebs in China und Jamaika.
Im Herbst Einweihung der neuen, weltweit modernsten Produktionsanlage für Grundstoffe. Festredner ist Altbundeskanzler Helmut Kohl.

2003
Die Wild-Werke akquirieren die Firma Sojaland GmbH, Schwerin, die modernste Fabrik zur Verarbeitung ganzer Sojabohnen in Europa. Nach dem Kauf der Firma Entwicklung und Einführung des Soja-Drink-Sortiments »Soy & Joy« in fünf Geschmacksrichtungen.
In Brasilien (Sao Paulo) wird eine Niederlassung gegründet.

In China startet die Grundstoff- und Trinkpackproduktion.
In Eppelheim eröffnet das INDAG Global Pouch & Machinery Center auf dem neusten Stand der Technik.

2004
Die Rekordmarke von weltweit über 5 Milliarden verkauften Capri-Sun pro Jahr wird erreicht.
WILD Flavors Inc. Cincinnati eröffnet ein neues Produktionsgebäude, diese Investition verdoppelt die Kapazitäten zur Produktion von Getränkegrundstoffen.
Einführung der stillen Fruchtsaftgetränkerange CAPS mit vier Sorten.

2005
Seniorchefin Leonie Wild verstirbt am 13. Juni.
Hotel Schloss Mönchstein am Salzburger Mönchsberg wird von Hans-Peter Wild erworben.

2006
Stadt Eppelheim verleiht die Ehrenbürgerwürde an Hans-Peter Wild.

2007
Die wiederverschließbaren 330ml-Capri-Sonne-Beutel werden eingeführt.

2010
Die European Space Academy setzt eine Weiterentwicklung des Capri-Sun Trinkpacks als Getränkeverpackung für die Astronauten auf der ISS ein.

2012
Spatenstich zum neuen Hochregallager in Eppelheim – größte Investition in der Firmengeschichte.

2013
INDAG feiert 50-jähriges Firmenjubiläum.

2014
Veräußerung von Wild Flavors an den Agrarkonzern Archer Daniels Midland Company (ADM).

2014
Westerweiterung in Eppelheim.

2015
Übernahme Sponsoring Heidelberger Ruder Klub (HRK).
Start der Capri-Sonne-Produktion in China.

2016
Roland Weeing wird CEO der Capri-Sun Group Holding AG in der Schweiz.
Spende von Hans-Peter Wild an die Marine Corp Scholarship Foundation.
Einführung von Pure Fruit & Water.

2017
Namensänderung: Capri-Sonne firmiert fortan in allen Ländern nur noch unter dem Markennamen Capri-Sun.
Übernahme der Anteile am französischen Rugby-Club Stade Français Paris.
Marketing: Sunny wird neuer Markenbotschafter der Marke.

2019
50-jähriges Jubiläum von Capri-Sun.
Capri-Sonne-Nostalgie-Ausgabe der ursprünglichen Sorten Orange und Zitrone.
Einführung von Capri-Sun Bubbles in Deutschland, Österreich, Schweiz.

Gewinn des Marketingpreises »Effie« in der Kategorie Brand Image für die Sunny Markenkampagne.
Capri-Sun lanciert seine erste TikTok-Kampagne und gilt damit als einer der ersten TikTok-Werber im deutschsprachigen Raum.

2020
Zwölf Milliarden Capri-Sun-Beutel pro Jahr werden anvisiert.
Hans-Peter Wild spendet 2 Millionen Euro für die Förderung der Forschung an der Universität Mannheim.
Stipendien für hochtalentierte Studierende an der Ruperto Carola Universität Heidelberg.
Sicherstellung der Produktion und kontinuierlichen Kundenbelieferungen während des Covid-19 Lockdowns.

2021
Hans-Peter Wild wird Ehrensenator der Universität Mannheim.
Einführung von Capri-Sun-Sirup in UK und Irland.
Start der lokalen Produktion von Capri Sun 330ml in UK.

2022
Einführung von Capri-Sun-Sirup in Westeuropa (Deutschland, Österreich, Schweiz, Frankreich, Belgien, Niederlande).
Gründung der Capri-Sun Polen Geschäftseinheit in Warschau.

QR-Codes und Links zu Werbespots aus verschiedenen Ländern und mit Muhammad Ali

Afrika
https://youtu.be/DioAX1Y4-Fk

China
https://youtu.be/3DnQt6riRTA

Deutschland
https://youtu.be/yyBHxDAm-8o

Frankreich
https://youtu.be/ZboEbLfIAIY

Grossbritannien
https://youtu.be/ecfdh5xbtu4

Indonesien
https://youtu.be/r4OiasjzhC4

Korea
https://youtu.be/ilRMFeN294w

Orient
https://youtu.be/gASDu_y7x8I

USA
https://youtu.be/I_lgyDE8oDQ

Muhammad Ali
https://youtu.be/IDaXAsNA3j4